No Siempre Es
Un Valle De
Lágrimas

Los Recuerdos de una Vida bien Vivida

Pascuala Herrera

Esto es una autobiografía. Algunos nombres, lugares, incidentes y diálogos han sido recreados por la autora.

Para ver más fotografías, por favor visite la página de Pascuala en pascualaherrera.com

Diseño de la portada *100 Covers*
Diseño del libro *Formatted Books*
Editor de copia *por Gerardo Cruz*

Impreso en los Estados Unidos de América

A mis papás,
Eulalio y Virginia Herrera,
que sacrificaron todo por nuestra familia,

mis hermanos, hermanas y sus familias,

y, sobre todo,
a mi amada familia,
Isidro, Ariel y Ariana

AGRADECIMIENTOS

Tengo muchas personas a quienes agradecer, algunas que han dejado este mundo para estar en un lugar mejor como mis papás. Mi papá y mi mamá siempre han sido mis héroes. Hicieron tantos sacrificios por cada uno de sus hijos, pero especialmente por mí. Estoy especialmente agradecida con mi mamá, que nunca se rindió conmigo y que siempre mantuvo la fe incluso cuando nadie más la tenía. Ella era mi vara en la que apoyarme, en la que contaba para todo. Mi mamá era gentil y cariñosa, pero dura y severa cuando necesitaba serlo. Ella me empujó a ser todo lo que pudiera ser, incluso cuando eso la destrozaba.

Mi papá vivía para su familia e hizo todo lo que pudo para asegurarse de que tuviéramos lo mejor de esta vida. Estoy aquí por ellos. Les debo todos los éxitos y todos los logros. Todavía recuerdo todas las historias que compartían. He usado muchas de estas historias para contar lo que sucedió en mis primeros años, ya que no tengo muchos recuerdos de mi infancia. He intentado volver a contar las muchas historias con la mayor precisión posible. A veces, los nombres que uso son ficticios para proteger la identidad de una persona, pero los eventos son reales vistos desde mi perspectiva y memoria.

También agradezco a cada miembro de mi familia, especialmente a mis hermanos y hermanas, por aceptarme siempre y buscar lo mejor para mí. Gracias por ayudarme a llenar los huecos de mis recuerdos al comienzo de mi vida.

Además, siempre he tenido la suerte de tener los mejores amigos porque me han apoyado, animado y cuidado en cada paso del camino. En cada etapa de mi vida, he conocido a las personas más maravillosas, muchas de las cuales se hicieron amigos de por vida.

Y por supuesto, estoy eternamente agradecida por mi esposo, Isidro y dos hermosas hijas, Ariel y Ariana, quienes me llenan de amor la vida. Sin ellos, no sería la mujer exitosa y realizada que soy hoy.

También agradezco a todos los que apoyaron la publicación de este libro. Agradezco a María Sotelo y Gerardo Alanis, dos amigos que me animaron y se convirtieron en mi apoyo durante este proceso desconocido. Por supuesto, no podría haber publicado el libro en español sin el apoyo profesional de mi editor, Gerardo Cruz.

Sobre todo, estoy agradecida con Dios. Gracias a su amorosa gracia, todo fue posible.

PREFACIO

Ahora que tengo más de medio siglo de vida y muchos logros que parecían imposibles, me estoy tomando el tiempo para revivir muchas experiencias, buenas y difíciles. La mayoría de la gente nunca entenderá cómo mi mente está llena de energía, pero mi cuerpo no quiere seguirla. En mi mente, sigo siendo esa chica joven y arriesgada que siempre se dio cuenta de que era diferente, pero nunca dejó que eso le impidiera seguir adelante. Ahora, mi cuerpo me recuerda constantemente que esos días terminaron. Quienes me conocen de toda la vida no pueden aceptar este cambio y dicen que todavía soy demasiado joven para tener esa actitud y que debe ser un tipo de depresión. Sin embargo, estoy completamente en paz con este cambio y sólo necesito ayudar a quienes me rodean a darse cuenta de que esta "nuevo yo" no es una peor yo. Ésta ahora "yo" no se está rindiendo ni tiene algún tipo de depresión. Es muy sencillo, ésta nuevo "yo" sólo quiere descansar.

Estoy en la cima de la montaña. Miro a través del horizonte y respiro profundamente mientras saboreo la realización de que llegué a la cima. ¡Lo hice! Estoy viviendo lo que soñé. Estoy viviendo mi utopía. Entonces, mientras miro a mi alrededor, miro profundamente en mi alma y me pregunto: "¿Soy feliz?" La respuesta no sale rápida y espontáneamente como debería. Analizo todo lo que tengo y todo lo que he logrado, y racionalmente me digo a mí misma que soy feliz. Pero la felicidad no viene de la mente, viene del corazón. Y la felicidad no tiene una postura racional. Porque si fuera racional, entonces sería evidente que soy feliz, porque he logrado cada objetivo que me he propuesto. ¡El corazón es más complicado! No es una fórmula que puedas armar; a veces no cuadra. Como en mi caso, mi corazón está lleno de tristeza, aunque debería estar ligero de felicidad.

Desde que tengo memoria, esta tristeza en mi corazón ha estado ahí. Nunca percibí ese sentimiento como malo, porque siempre me servía bien y me hacía dar el siguiente paso en mi vida. Eso que pesaba en mi corazón, elevaba mi alma. Tenía tantas ganas de hacer mi corazón más ligero y feliz, que inmediatamente me sumergía en: el próximo proyecto, el próximo objetivo, la próxima fecha, y el próximo éxito. Me adormecía. Aunque la pesadez estaba ahí, me daba energía para seguir adelante. Nadie en mi alrededor notó la tristeza de mi corazón. Todo lo que vieron fueron mis logros. Me vieron como esa feliz sobrehumana, que era más fuerte que cualquier obstáculo frente a ella. Los engañé.

Ahora, sin embargo, estoy dejando que la tristeza de mi corazón se asiente. Es un sentimiento aterrador, porque nunca me he tomado el tiempo para estar en contacto con esos sentimientos. Sin embargo, en mi mente, e incluso en un pequeño rincón de mi corazón, creo que ese será mi mayor logro. Finalmente podré reconocer lo que hay en mi corazón, dejaré todas mis cargas y tal vez vaciar algo de ese peso en el abismo para que nunca más lo sienta.

El proceso no es fácil porque como seres humanos estamos condicionados por la rutina. Debo cambiar de paradigma y el cambio será un giro total. Estoy segura de que saldrán muchas lágrimas, sentiré muchos miedos y surgirán muchas dudas no deseadas. Pero estoy igualmente segura de que una vez en la superficie, conquistaré lo que hay en mí. Subiré a la cima. Quizás sea a través de esta reflexión que entenderé que, aunque mi vida ha sido difícil, "No siempre es un valle de lágrimas". A veces, las propias lágrimas han florecido en los más hermosos jardines de rosas.

CAPÍTULO 1

A menudo he dicho que mi mamá me dio la vida dos veces. La primera vez fue cuando me llevó en su útero hasta el término completo de su embarazo, y la segunda fue aproximadamente un año y medio después de mi nacimiento, cuando su amor y fe me devolvieron la vida. Sinceramente, creo que la gracia de Dios eligió a mi mamá, que se llamaba justamente Virginia, para darme la vida dos veces. Como la "Virgen" María, se le encomendó una responsabilidad muy difícil de cuidarme y ayudarme a vivir una vida productiva y con propósito. Mi vida no ha sido fácil, ¡pero ha sido maravillosa! Nací el 17 de mayo de 1965 después de un embarazo a término, la octava hija de una familia de nueve. Nací en La Purísima, Durango México, por una partera que también trajo al mundo a mis hermanos.

La Purísima es un pequeño pueblo en las afueras de Tepehuanes en Durango, México. Tiene aproximadamente doscientos cincuenta habitantes, todos conectados de una forma u otra. El pueblo no tenía agua corriente ni electricidad en las casas en ese tiempo. La fuente de agua más cercana estaba a un par de millas donde está un arroyo con la cascada más hermosa. La ciudad sólo tenía una escuela que estaba a una milla de la mayoría de los hogares. No había hospital ni atención médica a excepción de la "enfermera" no oficial que hacía muchos remedios caseros y en ocasiones inyectaba a las personas con medicamentos que traía de Tepehuanes.

1

Para la mayoría de la gente, esto se parecería a un país del tercer mundo devastado por la extrema pobreza, pero para los habitantes, La Purísima era un pedazo de cielo en la tierra. Todos conocían a todos. Los niños jugaban libremente en las calles entre los cerdos y los animales callejeros. Era normal escuchar los gruñidos de los cerdos siendo molestados por los niños. Cada mañana, el despertador era el canto de un gallo y las gallinas que comenzaban su ajetreado día al amanecer.

Los hombres eran responsables de la agricultura y el cuidado del ganado si eran lo suficientemente ricos como para tener su propia granja y animales. De lo contrario, no era extraño que los hombres fueran a Estados Unidos, a menudo indocumentados, a ganar dinero para mantener a sus familias, como fue el caso de mi papá, Eulalio. Mi papá emigró a los Estados Unidos en 1956, sólo seis años después de casarse con mi mamá. Mi mamá sólo tenía diecisiete años cuando se casó con mi papá, que tenía veinticinco. Su primera interacción fue cuando mi mamá tenía unos ocho años y mi papá dieciséis.

Mi papá estaba jugando con un trompo hecho a mano mientras mi mamá lo miraba. Mi papá, siendo un adolescente bullicioso, pensó que sería divertido levantar el trompo y colocarlo en la cabeza de mi mamá. Por supuesto, fue divertido hasta que vio cómo el trompo se enredó dolorosamente del cabello de mi mamá haciendo un nudo apretado. Mi mamá corrió hacia su madre llorando mientras el trompo todavía colgaba sobre su cabeza. Mi abuelita, a quien llamábamos mamá Petra, NO estaba feliz. Regañó a mi papá y se quejó con mi abuela paterna, Tina, a quien llamábamos Mamá Tina. Por supuesto, en ese momento, nadie hubiera imaginado que mi papá convertiría a mi mamá en su esposa el 15 de septiembre de 1950. Mis papás me contaron esta historia muchas veces, y cada vez, sonreía, imaginando el hermoso cabello castaño de mi mamá. todo enredado mientras mi papá intentaba esconderse debajo de una roca.

Aunque la familia de mi papá tenía más dinero que la familia de mi mamá, mi papá había sido un espíritu libre que nunca se calmó. Era conocido como alguien que pasaba el rato con amigos bebiendo cuando no estaba en el campo ayudando a sus padres. Nunca asistió ni un sólo día a la escuela. Cuando se casó, fue la primera vez que se puso un par de zapatos y se vistió formalmente, en parte porque no tenían mucho dinero, pero también porque no le gustaba. Mis abuelitos eran estrictos y exigían que mi papá fuera responsable y cuidara de su familia. Eran católicos devotos y exigían buenos valores y comportamiento. Mi papá siempre sintió que nunca cumplió con las expectativas de sus padres, a menudo contándome historias de cómo decepcionaba a su papá.

Mi papá me contó una historia que nunca olvidaré. Una vez, cuando ya era un hombre adulto, pero aún soltero, estaba en la granja. Uno de los animales se había extraviado en la propiedad de otra persona, así que fue a buscarlo. Vio unas manzanas en el suelo que se habían caído de un árbol. Sin pensarlo mucho, tomó una manzana y comenzó a comérsela. Mi abuelo lo había seguido y vio cuando mi papá comenzó a comerse la manzana. Se le acercó y le preguntó: "¿Esta tierra es tuya?" Mi papá respondió: "No", aún sin saber hacia dónde se dirigía la conversación. Mi abuelo, todavía en su caballo, preguntó: "¿Es tuyo ese árbol de manzanas?" Nuevamente, mi papá respondió: "No". Hizo una tercera pregunta: "¿Es tuya esa manzana?", apuntando hacia las manzanas. Mi papá por tercera vez dijo: "No". Mi abuelo se quedó callado durante unos segundos, luego se bajó del caballo y preguntó: "¿Alguien te dio esas manzanas?" Mi papá miró hacia abajo, y esta vez sólo respondió con la cabeza. Sin decir nada, mi abuelo se quitó el cinturón y lo fajó. Cuando terminó, mi abuelo dijo: "Nunca tomes nada que no te pertenezca". Cuando mi papá me contó esta historia, me dolió el corazón por él. Tenía tantas ganas de defender a mi papá. Lo admiraba mucho, sobre todo porque me contó la historia sin ningún resentimiento, pero en cambio, quería enseñarme una lección que aprendió.

Sin una educación, la única forma que mi papá podía mantener a la familia era ganando dinero en los Estados Unidos para enviárselo a la familia. Decidió cruzar ilegalmente, sólo seis años después de casarse con mi mamá. Fue una decisión que tomaron juntos porque era la única forma de sobrevivir, sobre todo ahora que tenían tres hijas y otra en camino. No puedo imaginar el miedo que sintieron, tanto mi papá como mi mamá, cuando decidieron "lo desconocido".

Ahorró algo de dinero para pagar un "coyote", pero todo lo que se llevó consigo fue la ropa que llevaba puesta. Los coyotes eran generalmente ciudadanos estadounidenses que cobraban a los mexicanos indocumentados por ayudarlos a cruzar la frontera, generalmente en condiciones inhumanas. Estaba dispuesto a arriesgarse por una vida mejor para su familia. Mi papá nos visitaba cada dos años porque no podía permanecer mucho tiempo alejado de la familia, y con cada visita, la familia crecía. A veces, la inmigración lo atrapaba y lo traía de regreso a México, pero él simplemente se daba la vuelta y trataba de cruzar nuevamente. La inmigración era mucho más fácil en ese tiempo, por lo que se convirtió en residente legal unos años después. Fue muy revelador para mí aprender sobre lo peligroso que era cruzar a los Estados Unidos siendo indocumentado. Era obvio que la esperanza de una vida mejor siempre era mayor que cualquier miedo que mi papá sintiera.

Mi mamá provenía de una familia pobre donde era la mayor de las mujeres de seis hermanos. Su mamá, mamá Petra, se quedó viuda a una edad temprana, por lo que mi madre tuvo que intervenir para ayudar a la familia, prácticamente criando a sus hermanos menores. Mi mamá sólo asistió unos años a la escuela cuando tuvo que renunciar para ayudar a su familia. La esencia de mi mamá era ser una servidora, ya que eso fue lo que aprendió al principio de su vida. Era una de las mujeres más trabajadoras que he conocido, siempre anteponiendo las necesidades de todos a las suyas. Estaba llena de virtudes, pero lo que la hacía aún más maravillosa era que nunca veía sus propias cualidades. Su humildad la hacía brillar dando vida a todo lo que tocaba. Su legado fue cuidar a sus hermanos, hijos, nietos y cualquier planta viva que tocara. Su legado vive en todos nosotros.

Mi mamá una vez me contó una historia que realmente pintó una imagen clara del grado de su pobreza, ayudándome a poner las cosas en perspectiva. Cuando era adolescente, vio cómo otras muchachas de su edad llegaban a hacer cosas que ella no podía. Su familia apenas podía poner comida en la mesa, por lo que no tenía dinero para ni siquiera soñar con comprar maquillaje. Ella sonrió cuando compartió la historia de uno de sus inventos para "encajar" con sus amigas. Ella dijo: "No podía comprar maquillaje, así que decidí hacer mi propio. Quería tener las mejillas rosadas, así que agarré un ladrillo marrón rojizo y lo raspé. Recogí el polvo y lo froté en mis mejillas". Por supuesto, no necesitaba maquillaje ya que era hermosa por natu-raleza, lo que me alegró de que mi papá reconociera.

En La Purísima, las mujeres eran responsables del hogar y el cuidado de los niños. Varias veces a la semana, las mujeres caminaban con cántaros en la cabeza para llevar agua al hogar. A veces, su per-manencia en el arroyo era más larga por tener que lavar la ropa hecha a mano para la familia. Mi mamá no podía comprar ropa nueva en la tienda ya que el dinero que enviaba mi papá se usaba para comida y, a veces, para comprar telas para que ella nos hiciera ropa. Los hijos mayores rápidamente asumieron un papel responsable en la familia, ayudando con el cuidado de sus hermanos. Las mujeres aprendieron a hacer rendir el dinero recibido comprando sacos de frijoles y arroz que podían durar mucho tiempo. El marisco era algo inaudito y la carne se preparaba raras veces, y sólo en ocasiones muy especiales cuando la carne era compartida por otros familiares.

Nací sana y sin problemas dignos de mención. De hecho, mis primeros nueve meses de vida transcurrieron sin incidentes, excepto por mi entusiasmo por caminar. De acuerdo con nuestra fe católica, me bautizaron un par de meses después de mi nacimiento con el nom-bre de Pascuala. Este nombre era poco común, incluso en México, pero mi papá lo eligió según el día en que nací. Siguiendo un calen-dario católico, recibí el nombre de San Pascual Baylon, quien murió el 17 de mayo de 1592. San Pascual era conocido como un Santo que siempre era feliz, alegre, lleno de vida y alguien que respetaba a todos. Por supuesto, mis papás no tenían idea de la importancia de que me pusieran el nombre de este santo. Muchos años después, mis papás descubrieron el significado de esto. Supieron que no era sólo una coincidencia, sino que era sólo parte del plan divino de Dios. Cuando era más joven, odiaba mi nombre, sólo porque a muchas personas les resultaba difícil de pronunciar y deletrear. De adulta, me llegó a gustar mi nombre por su singularidad y especialmente por ser el nombre de un santo.

Mis papás tenían una forma de decidir los nombres de sus hijos. Se turnaban para decidir el nombre de cada niño. Curiosamente, mi papá decidió nombrarme siguiendo el nombre de un santo, aunque este método no se usó para todos sus hijos. Independientemente, los nombres que eligió mi papá siempre fueron peculiares. Nuestra familia está formada por seis mujeres y tres hombres. Los nombres de los miembros de mi familia en orden de nacimiento junto con nuestros apodos son:

Eulalio Herrera	12 de febrero de 1925
Virginia Díaz	5 de agosto de 1933
Silveria "Bella"	20 de junio de 1951
María de los Ángeles "Angelita"	31 de mayo de 1953
Teresa "Tere"	11 de marzo de 1955
Francisca "Kika"	3 de abril de 1957
José Ramón "Mon"	20 de mayo de 1960
Reynalda "Reyna"	29 de octubre de 1961
Eulalio Jr. "Lalo"	9 de mayo de 1963
Pascuala "Cuali"	17 de mayo de 1965
Enrique "Rique"	21 de febrero de 1967

Siempre me ha gustado tener una familia grande, aunque podría sentirme diferente si fuera una de los mayores. Ser la más chica tenía muchas ventajas. No tengo ni idea de cómo mis papás, con tanta falta de recursos, lograron alimentarnos y vestirnos a todos. Y todos adoptamos los fuertes valores que mis papás nos inculcaron.

A la edad de nueve meses ya caminaba, deteniéndome de los muebles. Mis hermanas mayores ayudaban con mi cuidado cuando mi mamá estaba ocupada haciendo otras tareas. Una mañana de invierno, mi mamá estaba emocionada porque mis abuelos paternos habían sacrificado un cerdo y traído algo de carne a nuestra casa. Mi mamá anduvo corriendo por toda la casa con una multitud de tareas, incluyendo la preparación del cerdo para cocinar. Éramos pobres y como mi papá sólo visitaba a la familia cada dos años, la mayor parte de la responsabilidad del cuidado diario de la familia recaía sobre los hombros de mi mamá. No puedo imaginar la presión que debe haber sentido mi mamá al criarnos a todos sin la presencia de mi papá.

En las prisas del día, mi mamá estaba pendiente mientras mis hermanas me cuidaban. Ella estaba ocupada cortando el cerdo con el único cuchillo sin filo que tenía. Colgó un lazo en la cocina para colgar los trozos de carne en el. Mientras los cortaba, los ponía en la cuerda como si estuviera tendiendo ropa para secar. Mis hermanas mayores, que tenían catorce y doce años, no se dieron cuenta de que me había vuelto letárgica y con fiebre. Simplemente estaban felices de que no les estuviera dando muchos problemas. Varias veces, mi mamá gritó: "¿Están bien?" queriendo tener la seguridad de que yo estuviera bien. Cuando llegó el momento de que mi mamá me alimentara, me recogió de donde me habían sentado mis hermanas y notó que tenía mucha fiebre. Inmediatamente, mientras mojaba un paño con agua fría del jarro para ponerme en la frente, preguntó a mis dos hermanas: "¿No se dieron cuenta de que estaba caliente? ¿Por qué no vinieron a buscarme?" Mi mamá tuvo que depender de los remedios caseros porque ni siquiera teníamos suficiente dinero para comprar y tener una aspirina en casa.

Mi mamá se preocupó cuando mi fiebre no bajaba. Sintió que mi cuerpo se debilitaba y mis ojos apenas estaban abiertos. Esperó un rato, continuando con las compresas frías, pero parecía que empeoraba. Les dijo a mis hermanas que se quedaran en casa y cuidaran a los niños porque me iba a llevar a ver a la "enfermera" con la esperanza de conseguir algún tipo de medicamento para bajar mi fiebre. Me envolvió en una manta y caminó, casi al trote, por varias calles hasta la casa de la enfermera. La enfermera rápidamente me acostó en una cama para examinarme. Ella se alarmó y dijo: "No puedo ayudarla. ¡Necesita un médico y rápido!" Mi mamá me envolvió de nuevo y me llevó rápidamente a la casa de los padres de mi papá para pedir ayuda ya que su propia familia no tenía a nadie con un vehículo. Tepehuanes está a unas dos horas en carro y necesitaba que alguien me llevara ya que no había autobuses por la noche. Mi tío Gabriel, uno de los hermanos menores de mi papá, estaba allí y rápidamente se ofreció como voluntario para llevarnos a Tepehuanes. Mi mamá le dijo a mi tío Gabriel que sólo tenía unos pesos, pero mi tío le dijo que no se preocupara, y rápidamente miró en su billetera.

Nos subimos al asiento trasero de su camioneta y nos detuvimos brevemente en mi casa para que mi mamá les dijera a mis hermanas que todos deberían irse a dormir ya que eran casi las diez de la noche. Mi mamá les dijo a mis hermanas: "Cuiden a sus hermanos y hermanas. No sé cuánto tiempo estaré fuera". Mis hermanas, ambas con caras de asombro, contestaron que sí con la cabeza. Luego, mi mamá le dijo a mi hermana mayor, "Ve a buscar a mamá Petra para que no estén solos". Mi mamá me abrazó fuertemente y, en ese momento, ya no respondía. Mientras mi hermana Bella se ponía su suéter para ir a buscar a mamá Petra, mi mamá suplicó: "Gabriel, apurémonos, por favor".

El camino a Tepehuanes es muy rocoso y con cada brinco, mi mamá me abrazaba más fuerte. Muchos automóviles a menudo se salían de la carretera, especialmente con lluvia o en la oscuridad. Mi tío perdió el control durante una de las curvas y el camión se hundió en una zanja. Afortunadamente, estábamos atados y mi mamá me tenía abrazada tan fuerte que nadie resultó herido. Mi tío intentó por todas las formas posibles para sacarnos, pero no tuvo éxito. Le dijo a mi mamá "Comadre, voy a buscar ayuda. Hay una gasolinera más adelante". Mi mamá, todavía sorprendida, preguntó: "¿Qué tan lejos está?" Él respondió: "Caminaré unas tres millas para buscar ayuda". Mi mamá trató de ser fuerte, pero comenzó a llorar. Mi tío la tranquilizó: "Volveré lo más rápido que pueda". A menudo, cuando mi madre me contaba esta historia, se agitaba, como si reviviera el trauma de una experiencia tan angustiosa.

Mi mamá estaba en el asiento trasero en la oscuridad absoluta meciéndome de un lado a otro. En su angustia, rezaba sin parar. Insegura del tiempo, mi mamá sintió que era una eternidad cuando al fin mi tío vino con alguien en una camioneta para sacarnos. Mi tío le pagó al hombre que nos sacó, y tan pronto como el camión salió de la zanja, rápidamente continuamos nuestro camino.

Para entonces, mi tío decidió llevarme directamente a la ciudad de Durango (tanto la ciudad como el estado se llaman Durango) en lugar de la ciudad, Tepehuanes. Tepehuanes no tenía hospital y la clínica ya estaba cerrada porque era cerca de las 2:00 de la mañana. Durango está a otras dos horas en auto desde Tepehuanes, pero mi tío trató de calmar a mi mamá explicándole que las carreteras estaban mucho mejores. Aproximadamente a las 4 de la mañana, mi tío llegó al hospital principal. Ayudó a mi mamá mientras ella continuaba abrazándome fuerte. Fuimos recibidos por una enfermera y mientras nos conducía a una sala de examen, mi mamá le instó: "Rápido por favor, no se está moviendo".

Mi mamá notó que la enfermera se puso una máscara y guantes y nunca tocó mi frágil cuerpo. Le dijo a mi mamá y a mi tío que me pusieran en la cama y que me sacaran de todas las cobijas en las que mi mamá me había envuelto. La enfermera dijo: "Déjenme ir a buscar al médico" y rápidamente se dio la vuelta. Mientras se iba, mi mamá imploró con una voz suplicante: "Por favor, dese prisa".

Al cabo de un minuto, el doctor Medina entró en la habitación. Antes incluso de presentarse, se puso una máscara protectora y guantes. Luego comenzó a hablar cuándo comenzó a examinarme: "En los Estados Unidos, he escuchado que hay una gran epidemia de una enfermedad grave". Antes de nombrar la enfermedad, comenzó a hacer una serie de preguntas una tras otra, sin siquiera esperar una respuesta: "¿Hay alguien más enfermo en la casa? ¿Cuánto tiempo ha estado así? ¿Le dio algo de comer o de beber? ¿Le dio alguna medicina?

El Dr. Medina escuchó mi corazón y mis pulmones y dijo: "Que bueno, está respirando". Abrió mis párpados con un dedo y con una linterna brillante examinó la reacción de mis pupilas. Él sólo sacudió la cabeza. Apretó mis dedos de los pies, mis piernas, mis dedos y mis brazos para ver si reaccionaba. Una vez más, agitó su cabeza mientras se la rascaba y dijo: "Esto es serio".

Mi mamá me levantó y me sostuvo en sus brazos y le preguntó: "Doctor, ¿qué puede hacer?" Él dijo: "Hay una enfermedad grave que está matando a muchas personas en los Estados Unidos y en todo el mundo. Se llama poliomielitis. Esta niña tiene polio". Mi mamá nunca había escuchado una palabra así, pero sabía que era mala por el tono del médico. El médico continuó diciendo: "No hay nada que hacer. Probablemente morirá en cualquier momento". El doctor Medina continuó: "En cualquier momento dejará de respirar, como dejó de moverse. No hay nada que hacer. Sólo preparase para su muerte".

Luego, el médico salió de la habitación. Mi tío abrazó a mi mamá conmigo todavía en sus brazos y trató de consolarla. ¿Cómo consuelas a una mamá cuya esperanza acaba de hacerse trozos? Mi mamá lloró por lo que pareció una eternidad, hasta que sus sollozos fueron interrumpidos por un equipo de varios médicos y enfermeras. Al enterarme de lo que le dijo el médico a mi mamá, la admiré mucho más por no hacerse pedazos y darse por vencida. Esto sería lo que habrían hecho la mayoría de las mujeres en su situación.

Mi mamá dejó de llorar y por un momento, cuando vio al grupo de médicos y enfermeras, tuvo esperanzas de nuevo. ¿Quizás haya algo que se pueda hacer? ¿Quizás vinieron los médicos a despertarme y curarme? El doctor Medina me agarró de los brazos de mi mamá sin preguntar ni decir una palabra. Me puso sobre la mesa y comenzó a picarme y picarme, demostrando a todos que estaba sin vida. El médico dijo: "Polio significa muerte". Luego se sentó en una silla y comenzó a hablar con mi mamá y mi tío. El doctor dijo: "Lo siento, pero su hija tiene una enfermedad muy grave y es muy contagiosa". Mi mamá casi se cae al suelo, pero él continuó y dijo: "Deben usar una máscara y no tenerla tan cerca de ustedes. Además, debemos mantenerla en una habitación separada hasta que muera para asegurarnos de que el polio no se propague".

Mi mamá miró a mi tío y luego al médico, queriendo que le dijeran que era un error. Mientras el médico se quitaba los guantes y se lavaba las manos, dijo: "Tan pronto como podamos, llamaremos a la Cruz Roja para que venga y nos ayude a asegurarnos de que nadie más en su ciudad contraiga esta enfermedad. Comprendan, el polio es muy peligroso". Mi mamá siempre recordaba las palabras que dijo el Dr. Medina. Con lágrimas en los ojos, revivía ese terrible momento y las palabras del médico resonaron en su mente durante más de cincuenta años.

Mi mamá recuerda la salida del sol al día siguiente. En Durango, las mañanas son siempre veinte grados más fríos y, especialmente en febrero, el clima puede bajar a los cincuenta. Mi mamá se entristeció al ver la luz del sol porque esto significaba que no era sólo un mal sueño que estaba teniendo. De hecho, ésta era la realidad. Observó cómo se hacían llamadas telefónicas, y las enfermeras y los médicos corrían con sus máscaras y guantes puestos. Una de las enfermeras le ofreció a mi mamá una taza de café, pero mi mamá ni siquiera levantó la vista. Ella todavía me abrazaba, incluso en contra del consejo del médico. La enfermera le recordó a mi mamá: "Póngase la máscara", pero de nuevo, mi mamá no respondió y sólo me miraba.

Más tarde esa mañana, me acompañaron con mi mamá a una habitación de hospital. Mi tío había llenado el papeleo y, aunque mi mamá no tenía dinero, mi tío firmó en su nombre. La habitación del hospital era muy simple, pero lo que mi mamá recordaba más era un gran crucifijo colgado en la pared sobre la cama.

Inmediatamente quedó hipnotizada viendo a la cruz y comenzó a orar sin parar. No dejaba de decir una y otra vez: "Dios, por favor, no te la lleves". Mi tío le dijo a mi mamá "Tengo que regresar a La Purísima, pero volveré". Mi mamá lo escuchó y le suplicó: "Por favor, échales un vistazo a todos mis hijos". Prometió que lo haría. Luego la abrazó con un brazo y dijo: "Comadre, entrégala a Dios". Mi mamá le gritó fuertemente "¡Nunca! ¡Nunca la devolveré a Dios!"

Todo el día, mi mamá simplemente sostuvo mi cuerpo sin vida. Me siguió revisando para asegurarse de que todavía respiraba. Cayó la noche y mi mamá continuaba rezando. Cuando llegó la mañana, mi tío regresó y le dijo: "Ya podemos irnos a casa". Mi mamá dijo: "Pero no han hecho nada por ella. Ella todavía no se mueve". Mi tío dijo: "No hay nada que puedan hacer. No tiene sentido quedarse en el hospital cuando no hacen nada". Me miró y le preguntó a mi mamá: "¿Está mejor?" Lamentablemente, mi madre reconoció que no estaba mejor y sus lágrimas comenzaron a fluir de nuevo. Mi tío dijo: "La Cruz Roja fue a La Purísima y vacunó a todos. Ya es seguro regresar a La Purísima". Siguió con su explicación diciendo: "El resto de la familia fue vacunada, por lo que ahora están a salvo contra el polio".

Mi mamá no había comido nada en más de veinticuatro horas, así que mi tío le ofreció un trozo de pan. Se lo comió sin mucho entusiasmo mientras me abrazaba y escuchaba como se había perdido toda la conmoción de la Cruz Roja el día anterior. Por qué fui la única que contrajo polio, nunca lo sabremos. Extrañamente, ningunos de mis hermanas o hermanos tuvieron ningún síntoma de polio. Sin embargo, mis hermanos tuvieron convulsiones febriles cuando eran bebés, pero se recuperaron a medida que crecieron. Este diagnóstico cambió no sólo mi vida, sino la vida de todos los miembros de mi familia.

CAPÍTULO 2

Con corazones desilusionados, mi mamá y mi tío salieron del
hospital y comenzaron el viaje de regreso a La Purísima. No
hubo conversación, cada uno perdido en sus propios pensamientos. Mi mamá estaba buscando una explicación de por qué
contraje polio. Estaba recorriendo en su mente todo lo que había
sucedido los días anteriores. Se preguntaba: "¿Fue algo que hice?
¿Fue algo que le dieron de comer mis hijas? ¿Tuvo contacto con algo
dañino? ¿Por qué fue ella la única con esta terrible enfermedad?" Las
preguntas simplemente corrían por su cabeza. Cuanto más pensaba,
más buscaba la culpa y la explicación.

Junto con estos pensamientos, comenzó a sentirse culpable y deseó
no haber estado tan ocupada el día anterior. Odiaba no haberme protegido de lo que sea que me haya causado esa enfermedad. Se preguntó si la carne de cerdo que le dieron mis abuelos estaba contami-
nada. Intentó recordar si había tocado o estado demasiado cerca de la
carne que colgaba en la cocina. Mi mamá comenzó a sentirse cada vez
más ansiosa. Incluso con esta ansiedad, se negó a aceptar que me iba
a perder a pesar de que el Dr. Medina había enfatizado que probablemente dejaría de respirar. Ella me miró y no pudo evitar las lágrimas
que llenaban sus ojos.

Le vinieron otros pensamientos que la llenaron de desesperación.
Mi tío había pagado los gastos del hospital y sabía que había sido
caro a pesar de que el hospital no hizo nada. Todo lo que hizo el

hospital fue diagnosticarme con esa terrible enfermedad que había afectado a tanta gente la década anterior. Recordó la explicación del Dr. Medina una y otra vez. El Dr. Medina explicó que la enfermedad se extendió por todas partes del mundo, incluyendo Estados Unidos. Le dijo que se había desarrollado una vacuna en Estados Unidos, pero que México recién se estaba enterando. Explicó por qué había sido importante vacunar a todos en el pueblo. También insistió en vacunar a mi mamá, aunque mi mamá no podía preocuparse por nada más que por la bebé que sostenía.

Mi tío seguro tenía sus propios pensamientos, pero no los compartió mucho durante el viaje. Seguía mirando hacia atrás, comprobando si la expresión de tristeza de mi madre cambiaba. Después de un par de horas, sugirió que pasaran por Tepehuanes e insistió en que mi mamá tratara de comunicarse con mi papá para que él pudiera estar informado. Pagó para que mi mamá pudiera hacer una llamada de larga distancia. Como era temprano en la tarde, no sabía si mi papá estaría disponible.

En ese tiempo, mi papá vivía en Chicago trabajando en una fábrica. Se le presentó esta oportunidad después de trabajar durante varios años en California, recogiendo fresas por cinco centavos la hora. Mi papá decidió mudarse a Chicago y comenzó a operar máquinas de fábricas por veinticinco centavos la hora. Mi tío sabía el número de teléfono de la fábrica porque tenía otros dos hermanos que también trabajaban allí. Marcó el número y mi mamá casi deseaba que no pudieran comunicarse con él porque no tenía idea de cómo compartir una noticia tan devastadora.

Mi tío preguntó por mi papá y cuando le dijeron que lo iban a buscar, le entregó el teléfono a mi mamá. Después de un par de minutos de silencio, mi papá contestó el teléfono. Mi mamá murmuró un par de palabras y luego ya no pudo hablar cuando me vio en sus brazos todavía casi sin vida. Mi tío tomó el teléfono y le dijo: "Hermano, tu hija Pascualita está muy enferma y los médicos no dan muchas esperanzas". Mi papá hacía muchas preguntas, pero mi tío no podía responder a casi ninguna. Colgó el teléfono y nos acompañó de regreso a la camioneta.

Un par de horas después llegamos a nuestra casa. La casa de cemento estaba pintada de azul brillante. Cuando mi tío se detuvo al frente, las dos puertas de madera se abrieron de par en par. Mamá Petra salió sosteniendo a mi hermano Lalo que no tenía ni tres años. Después de ella, los otros seis hermanos salieron a recibirnos, como si llegábamos con muchos dulces. Los ojos tristes de mi mamá eran todo lo que mamá Petra tenía que ver para saber que las cosas no iban bien. Mi tío ayudó a mi mamá a trepar por la banqueta alta de nuestra casa y la guio adentro. Mi tío le dio a mamá Petra un breve saludo y un resumen, y luego se fue. Mi mamá le dio las gracias.

Mi mamá se sentó en la cama, todavía abrazándome. Trató de sonreír mientras miraba a los otros siete niños a su alrededor. Mamá Petra le sugirió que descansara y le dijo que me acostara. Mi mamá estaba cansada, pero no podía pensar en descansar. Mamá Petra pidió tomarme en sus brazos y empezó a mecerme. Ella imitó hablarme y decirme que no fuera perezosa y que me despertara. Ella notó que me sentía pesada porque estaba inmóvil. Mamá Petra trató de consolar a mi mamá y dijo: "Hija, Dios la está llamando a casa y tienes que aceptar su voluntad". Mi mamá respondió diciendo: "No, ella no va a morir. Ella se despertará". Mamá Petra insistió una vez más diciendo: "Ella es hija de Dios y hay que ser fuerte y aceptar que va a morir". En lugar de ser consolada, mi mamá levantó la voz y le dijo a mamá Petra: "¡No quiero escuchar que ella va a morir, así que pare!" Todos mis hermanos y hermanas se callaron cuando escucharon la voz elevada de mi mamá. Mamá Petra me devolvió a mi mamá y les ordenó a los pequeños que fueran a jugar. Mis hermanas mayores le preguntaron a mi mamá si quería un poco de arroz que mamá Petra había cocinado. Con un movimiento de cabeza, mi mamá dijo que no.

Cuando llegó la noche, Mamá Petra se fue a su casa. Mi mamá continuaba conmigo en los brazos mientras ayudaba a que todos se fueran a la cama. La casa en la que vivíamos tenía un total de cuatro cuartos (una sala en el frente, dos dormitorios y una cocina) y un corral acercado. Todos los cuartos, excepto la cocina, se utilizaban para dormir. Mis cinco hermanas dormían en dos camas en uno de los dormitorios. Mi mamá y yo dormimos en una cama y mis dos hermanos en otra cama en el segundo dormitorio. La habitación del frente también tenía una cama para que mamá Petra u otros visitantes pudieran dormir. Las noches solían ser frescas, así que mi mamá se aseguraba de que tuviéramos muchas cobijas calientitas para cubrirnos.

Mi mamá fue la última en irse a la cama. Estaba exhausta después de cargarme todo el día. No quería acostarme y posiblemente perder alguna señal de vida. Su fe fue asombrosa. Incluso tenía miedo de irse a dormir por miedo a perderse algún movimiento. Decidió hacer una cuna usando sus piernas envueltas en una cobija. Pensó que al dormir sobre sus piernas, ella sentiría si me movía. El cansancio se apoderó de ella y finalmente quedó dormida.

Después de unas horas de sueño, mi mamá se despertó con la llamada de atención del gallo. Aunque no teníamos vacas, caballos, ni cerdos, teníamos gallinas en el corral. Además, el corral tenía dos tuneras enormes. La rutina de la mañana consistía en ir a recoger los huevos y recoger las tunas maduras. Sin embargo, las mañanas cambiaron con mi enfermedad.

Debido al polio, mi mamá tuvo que establecer una rutina diferente. Se sintió decepcionada al ver que no me había movido en toda la noche. Todavía estaba envuelta en la misma posición que ella me había dejado por la noche. Su nueva rutina era primero inspeccionar para asegurarse de que todavía respiraba. Ponía su mano cerca de mi nariz y boca para sentir mi aliento. Luego, usando sus manos, abría ligeramente mis ojos. Además, notaba que mis pies siempre estaban helados. Usando su cálido aliento, los soplaba y los frotaba hasta que estuvieran calientitos. El amor de mi mamá era tan inmenso. Se aferró a mí y nunca me dejó ir. Quería que su amor fuera mi medicina y quería que yo fuera parte de su vida por siempre.

Otro paso hacia la nueva rutina fue aprender a alimentarme de alguna manera. En el hospital, había recibido líquidos por vía intravenosa, pero en casa, mi madre no estaba segura cómo alimentarme.

Sólo unos días antes, me nutría con leche materna y recién había comenzado a comer alimentos blandos. Ahora, mi mamá sabía que este modo de amamantarme no funcionaría. La única solución que encontró fue echarme leche en la boca con una cuchara. Tenía que aprender el mejor ritmo. Una vez se sobresaltó cuando dejó caer varias cucharadas de leche y parecía que me estaba ahogando. Tuvo que levantar mi cabeza para que la leche se fuera suavemente por mi garganta.

Esta nueva forma de alimentarme tomaba tiempo. Se las arreglaba para darme varias onzas de leche cada mañana, y le tomaba una hora para hacerlo. Su amor dedicado probablemente me alimentó más que las varias cucharadas de leche que logró alimentarme. Mis tres hermanas mayores, de catorce, doce y diez años, tuvieron que hacer más para ayudar a mi mamá. Ellas recogían los huevos y preparaban el desayuno para asegurarse de que los niños de edad escolar se prepararan para caminar a la escuela. Mi hermano, Lalo, que estaba por cumplir tres años, se quedaba con mi mamá y conmigo.

Otras partes de las rutinas del día también tuvieron que cambiar. Mi mamá no estaba segura si iba a poder llevarnos a mi hermano y a mí al arroyo como solía hacerlo antes de mi enfermedad. Le preocupaba que pasara algo malo y sabía que era importante estar siempre pendiente de mí, siempre rezando para que mostrara algún tipo de movimiento. Ella siempre mantuvo su fe incluso después de que pasaran días, semanas y meses sin que me moviera. Me abrazaba amorosamente y me hablaba como si pudiera escucharla. "Mija, despierta. Es hora de despertar. ¡No puedes dejarme!" Ella me contaba sobre todo lo que me estaba perdiendo, "Mira qué hermoso es el día hoy. El sol está brillando." Ella oraba en voz alta: "Dios, por favor ten piedad de mí. Sé que es tuya, pero la necesito". Ella negociaba con Dios: "Prometo que siempre estaré con ella y la cuidaré si la dejas vivir".

Tres meses después de mi enfermedad, en mayo, alrededor de mi primer cumpleaños, mi papá llegó antes de tiempo de sus vacaciones del trabajo en Chicago. Por lo general, solía ir en agosto, pero debido a mi condición, se tomó las vacaciones lo antes posible. Cuando entró a nuestra casa, todos lo saludaron, aunque mi hermana de cinco años, Reyna, y mi hermano de tres años, Lalo no lo recordaban y se sentían intimidados, escondiéndose detrás de mi mamá que me sostenía. Después de abrazar a cada uno de mis hermanos, abrazó a mi mamá conmigo en el medio. Miró hacia abajo y se sorprendió de que yo pareciera tan tranquila y como dormida.

Mientras estaba en Chicago, después de hablar con mi tío Gabriel por teléfono, me había imaginado de manera diferente. Me tomó de los brazos de mi mamá y me abrazó mientras procedía a sentarse en una vieja silla de madera. Me miró intensamente, mientras un par de lágrimas rodaban por sus mejillas. Comenzó a hacerle preguntas a mi mamá sobre mi progreso y se sintió decepcionado al escuchar que no había habido cambios en mi condición en los últimos tres meses. Mi papá sostuvo mi pequeño brazo y lo levantó sin resistencia y notó cómo simplemente se caía cuando lo soltaba. Me besó en la frente y me abrazó un poco más fuerte. Mi mamá lo escuchó murmurar cuánto lo sentía.

Como de costumbre, mi papá sólo iba estar en casa por dos semanas de vacaciones y pronto regresaría a Chicago. Ya había obtenido su tarjeta de residencia estadounidense, por lo que no tenía que arriesgarse a que lo atraparan cada vez que venía a ver a la familia. Se dio cuenta que tendría que trabajar más duro que nunca para pagarle a mi tío los gastos del hospital. Como de costumbre, les trajo a cada hijo e hija un nuevo traje, imaginando las tallas basadas en la visita anterior. También trajo juguetes sencillos y dulces. La familia sentía que sus visitas eran la verdadera Navidad por todos los regalos que traía. Mi papá trató de enterarse sobre lo que se había perdido en los dos años anteriores. Por la noche, mi mamá y mi papá hablaban durante horas para que mi papá se pusiera al día.

Mientras observaba lo que mi mamá hacía por mí todos los días y cómo me vestía, me alimentaba y me cuidaba con tanta devoción, mi papá sintió el corazón roto. Aunque nunca lo verbalizó, le preocupaba mi mamá y si ella iba a estar preparada para mi muerte. Por otro lado, la fe de mi mamá era contagiosa y, como mi mamá, mi papá se aferró a la esperanza. Sentía que todavía estaba viva por alguna razón y oró para que me despertara en cualquier momento. Una noche, mi mamá se durmió conmigo entre sus piernas con la manta que usaba como cuna, y mi papá contempló la vista y comenzó a hablar con Dios pidiéndole: "Dios por favor déjala vivir. Prometo que siempre estaré aquí y siempre la cuidaré a ella y a toda mi familia".

Pasaron las dos semanas y mi papá tuvo que regresar a Chicago. Aunque era un momento triste cada vez que tenía que irse, por alguna razón, a mis papás les resultó más difícil despedirse esa vez. Se abrazaron con fuerza y mucho amor. Mi papá prometió enviarle más dinero y le dijo que la amaba. Se dio la vuelta y entre lágrimas salió por la puerta. Mi mamá, que nunca permitía que sus hijos la vieran llorar, rápidamente comenzó a dirigir a todos a sus quehaceres o a jugar. Trató de escucharse alegre, aunque estaba angustiada. Se había sentido apoyada durante la visita de mi papá, y nuevamente, sola, tenía que lidiar con el dolor de verme inmóvil.

CAPÍTULO 3

Semanas después de que mi papá se fuera, ¡mi mamá recibió su milagro! No podía creer lo que estaba viendo. Ella notó que yo movía mi cabeza de lado a lado. Al principio, fue lentamente y no tan frecuentemente. A medida que pasaba el tiempo, yo podía mover la cabeza de lado a lado con más frecuencia. Para mi mamá, este movimiento fue un milagro. Esto la hizo extremadamente feliz. Aunque otros estaban felices por este cambio, se sentían obligados a recordarle a mi mamá que mi futuro no parecía prometedor. Mi mamá comenzaba a acostumbrarse a ese tipo de comentarios. Al principio, se enojaba, pero a medida que pasaba el tiempo, aprendió a simplemente ignorar estos comentarios.

Estos movimientos de cabeza hicieron a mi mamá más feliz de lo que había estado en mucho tiempo. Estaba tan feliz que fue a Tepehuanes para llamar a Chicago y avisarle a mi papá. Dejó a mis hermanos con mamá Petra y me llevó en el autobús a Tepehuanes para hacer esta llamada tan importante. Su voz estaba radiante cuando le contó a mi papá sobre mi mejoría. Hablaba de ello como si yo hubiera logrado la mayor hazaña. Con orgullo le comentó: "Ella sigue moviendo la cabeza". Se río mientras explicaba: "Debo tener cuidado cuando le doy de comer porque si me descuido puedo echar la comida en su ropa en vez de en su boca". Mi mamá reía y mi papá sintió su felicidad a través del teléfono.

Después de la llamada, fue a comprar tela porque necesitaba hacer ropa nueva porque todos estábamos creciendo demasiado rápido. También compró una caja de galletas y una botella de Pepsi. A veces mamá compraba estos regalos en ocasiones especiales y sentía que mis logros merecían una celebración. Después de sus compras, tomó el autobús de regreso a La Purísima y no podía dejar de sonreír durante el viaje de dos horas. Había sido un buen día. Ella agradeció a Dios sin parar todo el camino a casa, "Gracias Dios mío, gracias".

Mi mamá recibió otra señal de que sus oraciones fueron contestadas. Dividió la caja de galletas entre cada uno de sus hijos. Su distribución se basó en la edad; cuanto mayor fuera el niño, más galletas obtendría. Estaba tan feliz que decidió incluirme en la distribución por primera vez. Agarró una galleta y la empapó con Pepsi, aplastándola con una cuchara hasta que quedó como una pasta. Ella puso un poco en mi boca y fue entonces cuando notó que movía mi dedo meñique derecho. Ella pensó que estaba teniendo visiones, pero cuando me dio otra cucharada, moví el meñique nuevamente. Una vez más, para ella, ese movimiento era como si yo hubiera ganado una medalla de oro en los Juegos Olímpicos. No es sorprendente que uno de los dichos favoritos de mi mamá era: "Mientras haya vida, hay esperanza".

Habían pasado seis meses desde mi diagnóstico de polio, y para entonces, podía mover la cabeza, abrir los ojos y mover el brazo derecho. Mi recuperación fue muy gradual, pero mi mamá esperó pacientemente. Mi mamá estaba llena de alegría. Por esta época, también se enteró de que ella estaba embarazada por novena vez. La visita de mi papá la había dejado embarazada, lo que explicaba por qué cada niño nacía aproximadamente con dos años de diferencia y varios nacimos en mayo debido a las vacaciones habituales de mi papá en agosto. Mi madre nunca se decepcionaba de estar embarazada, incluso con sus problemas económicos. Asimismo, mi papá se llenaba de alegría cada vez que se enteraba de cada uno de nosotros. Mi papá solía expresar que era el hombre más rico del mundo gracias a sus hijos e hijas.

Mi mamá estaba tan agradecida de que yo comenzaba a reaccionar que le agradeció a Dios por traerme de vuelta a la vida y por la nueva vida que estaba creciendo en su vientre. Cada nuevo movimiento mío era un logro que le daba a mi mamá aún más esperanzas. Comenzaba a mover más los brazos y mi intento por hablar era música para sus oídos. Se daba cuenta de que no movía las piernas, pero estaba contenta de que me despertaba por mi sola. Mi mamá trataba de animarme a moverme más. Estaba convencida de que una galleta y Pepsi me motivarían a mover el brazo para que yo sola comiera una galleta. Ella gritó de alegría cuando agarré una galleta y lentamente levanté mi mano para tocar mi boca. Para entonces, ya estaba comiendo sin ningún signo de asfixia. Estaba muy alerta y quería estar donde ocurriera la acción. En la Navidad del '66, pude sentarme sola y usé mis manos para jugar. Mi mamá se sentía bendecida de que mi salud estuviera mejorando, ya que ahora sentía que yo estaba a salvo bajo el cuidado de mis hermanas mayores y mi abuela.

Durante el noveno mes de su embarazo, tres semanas antes de dar a luz, mi mamá le pidió a su hermano mayor, Chano, que la llevara a Tepehuanes para un examen general porque no se había sentido bien y estaba preocupada por el embarazo. Nos dejó a todos al cuidado de mamá Petra y les recordó firmemente a mis hermanas que no me dejaran desatendida. Mi mamá había pasado los meses anteriores cuidándome día y noche, así que todavía le preocupaba dejarme.

Mi tío la acompañó a Tepehuanes y la llevó a la clínica. Durante esa visita, mi mamá fue examinada por un médico y le dijeron que parecía haber complicaciones con el embarazo y que era necesario que se sometiera a una cesárea. Sus otros ocho embarazos no habían tenido complicaciones y fueron a término, por lo que esta noticia era preocupante. El médico le dijo que la cesárea se tendría que hacer en Durango porque no tenían el equipo necesario. Mi tío Chano se las arregló para llevarla a Durango. El viaje de dos horas fue tan estresante que cuando llegaron al hospital ya estaba de parto. Los médicos tuvieron que realizar una cesárea de emergencia. El parto duró varias horas y nació mi hermano Enrique (Rique). Mi hermano menor nació en febrero, exactamente un año después de que yo contrajera polio.

Mi mamá llegó a La Purísima aún débil por la terrible experiencia. Estaba en reposo de cama, como era habitual en las mujeres después del parto, especialmente con una cesárea. Se sentía tan cansada y le faltaba todo tipo de energía. Para ella era un desafío, incluso para sostener a su hijo recién nacido para amamantarlo. Ella simplemente no se sentía bien. El malestar duró un par de semanas y, en eso también empezó a tener fiebre y no podía ni siquiera ponerse de pie sin sentir que se iba a desmayar. Ella también tenía un dolor severo alrededor de su abdomen. Mi mamá se preguntaba si su incisión de la cesárea se había infectado. Mamá Petra la convenció de que fuera a Tepehuanes para que la examinaran y de nuevo, mi tío Chano la llevó a la ciudad.

El médico la examinó y su fiebre era extremadamente alta. Examinó el abdomen y mi mamá se encogía cuando le presionaban el lado izquierdo. El médico recomendó que fueran a Durango para que le hicieran una ecografía y más pruebas. Nuevamente, mi tío y mi mamá recorrieron la ya tan conocida ruta a Durango. Cuando llegaron al hospital el médico ordenó pruebas de inmediato. Les dijo: "La cesárea no parece estar infectada, así que solicité otras pruebas para ver qué está causando la fiebre y el dolor". A medida que mi mamá pasaba por cada examen, se sentía cada vez más enferma. Una vez que se realizaron los exámenes ordenados, el médico entró y compartió el diagnóstico.

El Dr. Madero explicó: "Durante la cesárea, el médico que la operó ató involuntariamente uno de sus riñones debido al complicado parto". Disculpándose, prosiguió: "Como resultado, uno de sus riñones dejó de funcionar. Esta insuficiencia renal es lo que le está causando su fiebre y el dolor insoportable". Sin darle a mi mamá la oportunidad de hablar, dijo: "La única solución sería extirpar el riñón afectado, ya que dejó de funcionar por completo".

El Dr. Madero fue enfático y asintió: "Lo siento, pero hay más riesgos si no se realiza la cirugía, aunque la cirugía puede poner en peligro su vida". Además, el médico explicó los peligros de un procedimiento tan grave: "La esperanza es que el riñón derecho haga el trabajo para ambos riñones una vez que se extraiga el riñón izquierdo". Cuando el médico observó la desesperación de mi mamá, en su intento de infundir esperanza, dijo: "Ha habido muchos casos en los que otras personas han vivido muchos años con un riñón, lo cual espero que también sea cierto para usted". Mi mamá, a pesar de su dolor y las malas noticias, seguía pensando en su hijo recién nacido, en mí, en mi recuperación, y en mis otros hermanos, preocupándose por nuestro bienestar. Mi tío no dejaba de recordarle a mi mamá que tenía que ponerse bien para poder cuidarnos.

Mi mamá no quería tomar la decisión de que le extrajeran el riñón sin que mi papá supiera de la situación y sin su opinión. Ella preguntó si podía hacer una llamada de larga distancia a Chicago. Le permitieron hacer la llamada y tanto mi mamá como mi tío trataron de explicarle a mi papá las opciones que el médico compartió con ellos. Mi mamá era fuerte, pero era grande su preocupación por lo que sucedería con sus nueve hijos. Mi papá escuchó lo que había causado la emergencia médica y lo que causó la insuficiencia renal. Se mantuvo firme en no querer que mi mamá se sometiera a un procedimiento tan grave en el mismo hospital que había causado el problema. Mi papá dijo: "No me importa el costo, pero quiero los mejores médicos que puedan realizar la operación. Por favor averigüen quiénes son. Volaré a Durango en el primer vuelo que pueda tomar".

Mi tío le pidió al Dr. Madero que le recomendara el mejor hospital de México que pudiera hacer la cirugía. El Dr. Madero comprendió perfectamente la falta de confianza después de lo sucedido. Les dijo que investigaría un poco y volvería a hablar con ellos al día siguiente. Mi mamá estaba tan débil que no tenía la energía ni siquiera para hacer preguntas. Además, la habían sedado para aliviar parte de su dolor. Sin darse cuenta, cerró los ojos. Todo lo que estaba en su mente era orar por la misericordia de Dios, ya que no quería abandonar a su familia. Mi tío se sentó junto a su cama. Eran muy unidos, por lo que la posibilidad de perder a su hermana realmente lo asustaba.

Al día siguiente, mi papá llegó a Durango. Cuando el Dr. Madero llegó a la habitación, encontró a mi papá sentado junto a mi mamá, quien apenas podía abrir los ojos por el dolor. El Dr. Madero les dijo: "La mejor opción es que vayan a Juárez Chihuahua a un hospital que ha realizado este tipo de procedimientos en el pasado", la cirugía es cara y costaría alrededor de $25,000 pesos" (alrededor de $1,500 dólares). A mi papá no le importaba el costo, porque todo lo que quería era tener a los mejores médicos para ayudar a mi mamá. El Dr. Madero tranquilizó a mi papá y le dijo: "Arreglaré todo para que su esposa pueda ser transportada a Juárez". El viaje tomaría todo el día ya que Juárez está a unas 650 millas de Durango. Mi papá tomó la mano de mi mamá mientras ella gemía de dolor y ni siquiera podía hablar. Mi papá le dijo a mi tío: "Por favor regrésate a La Purísima y cuida a mi familia. Prometo no separarme ni por un segundo del lado de Virginia".

Mi mamá y mi papá nunca habían estado en Juárez. La ciudad estaba llena de mucha gente yendo y viniendo. El hospital era mucho más grande, aunque no tanto como los de Chicago, y esto le dio más esperanza a mi papá. Como indicó el Dr. Madero, el hospital estaba esperando a mi mamá. Tenían la cirugía programada para la mañana siguiente. Le dieron a mi mamá una habitación en la unidad de cuidados intensivos. Mi papá, cansado por el largo día, se sentó en un pequeño sofá y tomó la mano de mi mamá. Cada vez que mi papá estaba a punto de quedarse dormido, no fallaba que una enfermera viniera a ver cómo estaba mi mamá. Ella estaba con una vía intravenosa con medicamentos y sedantes. Mi papá no había dormido durante más de veinticuatro horas, pero sabía que el día siguiente sería el más difícil.

A las seis de la mañana, vino un equipo de médicos y hablaron con mi papá antes de examinar a mi mamá para llevársela a la cirugía. Explicaron "la cirugía será larga porque cuidadosamente le extirparemos todo el riñón izquierdo". Mi papá se quedó mirándolos, sin querer hacer las preguntas que le preocupaban. Poco después vinieron a llevarse a mi mamá, pero mi papá los detuvo para poder besar a mi mamá. Él se inclinó y le dio un beso suave y en voz baja le dijo: "Todo estará bien. Dios estará contigo y te protegerá. Te quiero." Se quedó inmóvil mientras se llevaban a mi mamá.

Mientras tanto, en La Purísima, con la guía de mamá Petra, mi hermana mayor, Silveria (Bella) se hizo cargo de mi hermano que estaba recién nacido, Rique, mientras mis otras dos hermanas me cuidaban. Mamá Petra sabía que una vecina cercana también acababa de tener un bebé, así que le preguntó si podía amamantar a mi hermano también. Mi hermana Bella llevaba a Rique tres veces al día para que lo alimentara la vecina. La vecina también tuvo la amabilidad de compartir un poco de leche para que mi hermana pudiera darle a mi hermano con un biberón. Mis hermanas también ayudaron a mamá Petra a preparar comida para toda la familia y primero se aseguraban de que yo comiera antes de que comieran ellas mismas. Tuvieron que aprender rápidamente y adaptarse a la ausencia de mi mamá. Mi tío Chano le dijo a mamá Petra, "no sé cuánto tiempo estará Virginia en Juárez porque le están tratando el riñón." No le contó sobre el peligro para evitar que mamá Petra se preocupara.

De vuelta en Juárez, mi papá decidió ir a una capilla cercana mientras esperaba que terminara la cirugía de mi mamá. La capilla estaba cerca del hospital, a la vuelta de la esquina. Lo primero que notó fueron las hermosas vidrieras alrededor de la capilla. La capilla sólo tenía unas diez filas de bancos y en el centro había un gran crucifijo. Entró, fue a la primera fila, y se arrodilló. Inmediatamente comenzó a orar, sin darse cuenta de que estaba orando en voz alta: "Dios, por favor protege a Virginia. Todos nuestros niños la necesitan. Sabes que Cuali la necesita como nadie, pero todos nuestros hijos necesitan a su mamá. Sabes que no puedo hacer esto sólo. Por favor bendícela". Se acordó de mí y de la última vez que me vio, cuando todavía estaba totalmente paralizada. Aunque sabía que había comenzado a recuperar algo de movimiento, todavía tenía esa imagen de mí y sabía que yo necesitaba a mi mamá más que nadie.

Cerró los ojos y prometió: "Siempre seré el mejor esposo y papá". Sus ojos se llenaron de lágrimas y se le escapó un profundo suspiro.

Mi papá luego se quedó en silencio mientras se sentaba en el banco. De repente sintió una brisa y olió un suave aroma. Miró al banco donde estaba sentado y vio una pequeña flor de lavanda junto a él. Estaba seguro de que no estaba allí cuando entró por primera vez. Miró a su alrededor y trató de averiguar de dónde había venido esa pequeña flor. Después de mirar a su alrededor y no encontrar ninguna fuente posible de la flor, la recogió y la olió. De hecho, estaba fresca porque todavía tenía un dulce aroma a lavanda. Mi papá estaba lleno de asombro, y sintió una enorme sensación de paz entendiendo que era la señal de Dios de que había escuchado sus súplicas. Creo totalmente que de hecho esa fue la manera en que Dios envió su mensaje.

Después de permanecer en la capilla por un largo tiempo, regresó a la sala de espera del hospital. Se dio cuenta de que en un rincón había un escritorio con una pequeña botella de vidrio vacía que supuso se había usado para tinta. Le preguntó a una de las enfermeras: "¿Me puede dar esta pequeña botellita?" La enfermera, confundida sobre por qué preguntaba cuando la botella era obviamente basura, respondió: "Sí, puede tenerla". La agarró y puso la flor de lavanda adentro. Guardó el frasquito en el bolsillo y esperó pacientemente, tranquilo, con su fe en que la cirugía sería un éxito y de que mi mamá se iba a recuperar por completo y volver a cuidar a todos sus hijos. Toda la cirugía duró siete horas, pero a mi papá, que esperó solo, le pareció mucho más. El médico vino y dijo: "La cirugía salió bien y sin complicaciones. Sin embargo, las próximas cuarenta y ocho horas serán cruciales para descubrir si el riñón restante funciona en lugar de dos".

Lo que mi papá tomó como mensaje de Dios en la capilla a través de la flor caída, fue cierto. El riñón restante de mi madre funcionó perfectamente. Mi mamá tendría un largo camino hacia su recuperación, pero el pronóstico del médico fue excelente. Repentinamente, la rabia que sentía mi papá por el error que cometieron los médicos de Durango que provocó la insuficiencia renal desapareció. Mi papá no presentó ninguna demanda por negligencia contra el hospital de Durango por la flor y el milagro que cree que recibió después de pensar que iba a perder a mi mamá. Fue como si el milagro borrara cualquier resentimiento o enojo, por lo que decidió dejar atrás la mala experiencia para siempre.

Las primeras semanas de la recuperación de mi mamá fueron muy dolorosas, pero aún peor fue la preocupación de mi mamá por nosotros en La Purísima. Mi papá se quedó a su lado casi siempre. Una semana después de su cirugía, cuando su vida ya no corría peligro, alquiló una pequeña habitación donde pasaba la noche. Mi mamá recibió fisioterapia durante un par de semanas y luego fue dada de alta. Se había debilitado mucho después de la terrible experiencia de dos meses. Trabajó constantemente para recuperar sus fuerzas y poder regresar con su familia.

Mis papás regresaron a La Purísima después de seis semanas en Juárez. Nos extrañaban a todos, pero estaban más preocupados por mi hermano menor y por mí. Llegaron días después de mi segundo cumpleaños. Recibieron todo tipo de abrazos y besos de todos. Mi mamá comentó cómo todos habíamos crecido. No podía creer que yo pudiera mover tan bien los brazos. Mis hermanas me pedían que mostrara cómo había aprendido a gatear en una posición sentada usando mis brazos. Mamá besó a mi hermanito y no podía creer lo grande que había crecido en un par de meses. Ella le dijo a mi papá: "Tenemos que bautizarlo lo antes posible". Mi papá respondió: "Lo arreglaré para que pueda suceder mañana, ya que debo regresar a Chicago en los próximos días".

Durante la larga estadía en Juárez, mis papás tuvieron mucho tiempo para planear lo mejor para la familia. Mi papá esperaba poder traernos a todos a Chicago lo antes posible. Convenció a mi mamá para que permitiera que mis dos hermanas mayores, Bella y María de los Ángeles (Angelita), volvieran con él para que entre los tres pudieran ahorrar dinero más rápidamente. Le dijo a mi mamá que se quedarían con él y que les encontraría trabajo en la fábrica donde trabajaba actualmente. Aunque mi mamá tuvo dudas al principio, la idea de que todos estaríamos unidos era emocionante, así que aceptó el plan. Cuando Bella, que tenía casi diecisiete años, y Angelita, que estaba cumpliendo quince, fueron informadas sobre el plan, estaban emocionadas de viajar a Chicago.

La despedida de mi papá con mis dos hermanas fue muy difícil para mi mamá. Rezó para que hayan tomado la decisión correcta. Le recordó a mi papá que las cuidara y les dijo a mis hermanas: "Hijas, si por alguna razón no están contentas, díganselo a su papá para que vuelvan a casa". Mi papá había trabajado para obtener permisos para que pudieran ir a los Estados Unidos y estaba en el proceso de obtener la residencia legal para toda la familia. Su objetivo era tener a toda la familia en Chicago en tres o cuatro años. Al principio, deseaba que hubiera sido en sólo un par de años, pero con los costos de la cirugía de mi mamá, mi papá estaba endeudado con sus dos hermanos que trabajaban con él en Chicago y tenía que devolverles el dinero. Mi mamá lloraba en silencio cada noche mientras enviaba bendiciones a mis dos hermanas que estaban tan lejos.

CAPÍTULO 4

Los siguientes cuatro años fueron largos para mi mamá, pero cuidarnos a todos hizo que el tiempo pasara rápidamente. Mi mamá extrañaba a mi papá y a sus dos hijas, pero sabía que era el sacrificio que tenían que hacer si algún día íbamos a reunirnos. Yo había aprendido a moverme rápidamente arrastrándome en una posición sentada. Mi mamá no podía darse abasto con todos mis pantalones rotos por andar por la tierra de la Purísima. Ella cosía mis pantalones en capas más gruesas usando la tela sobrante de la ropa que hacía para nosotros. Yo era tan activa que ella constantemente tenía una aguja en la mano. Incluso sin el uso de mis piernas, me divertía y jugaba, actuando como una niña normal de mi edad. Las calles de tierra, los cerdos errantes y el terreno rocoso no me detenían. Todos me trataban como parte del grupo, y me ayudaban cuando lo necesitaba.

Era común que mi hermana Francisca (Kika), que tenía doce años, me llevara en su espalda. De hecho, Kika a menudo me enseñaba a pedirle permiso a mi mamá para ir a lugares porque Kika sabía que mi mamá no me diría que no a mí. Kika me enseñó a actuar como si estuviera llorando cuando mi mamá no nos quería dar permiso fácilmente. Mientras estaba sentada debajo de un árbol un día, me dijo: "Cuali, dile a mamá que quieres ir a jugar lotería. Si ella dice que no, tállate los ojos y actúa como si estuvieras llorando hasta que ella te diga que sí".

A Kika le encantaba jugar a la lotería. Por supuesto, con el entrenamiento de Kika sobre cómo llorar mi mamá siempre decía que sí. Kika y yo, éramos felices porque disfrutábamos estar con las amigas de mi hermana. No importaba a dónde fuéramos, me daban muchos dulces para que pudiera entretenerme. Kika me cargaba en su espalda de un lado a otro por todo el pueblo y me llevaba a las casas de sus amigas sin importar cuán lejos vivieran. Yo era demasiado pequeña para entender los juegos que ellas jugaban, pero me encantaba estar fuera de casa. Tiempo después, Kika se preguntaba si cargarme en su espalda fue la causa de que yo no hubiera crecido y por eso terminé siendo la más chaparra de la familia.

A los cinco años, después de ver cómo mi hermana me llevaba en la espalda, mi mamá pensó que tal vez podría llevarme también a la escuela. Sabía que yo era inteligente y quería que fuera a la escuela. Kika tomó la larga caminata de una milla conmigo en su espalda, sentándose en las banquetas para descansar. Las caminatas eran largas y fatigosas. Teresa, apodada Tere, a veces la ayudaba, esperándome hasta que terminaba la escuela para llevarme a casa. Comencé la escuela cuando mi hermana estaba en sexto grado. Las dos aulas estaban en lados opuestos de la escuela. No había muchas aulas, pero los grados menores estaban en un lado del edificio, mientras que los grados altos estaban en el otro. Como la Purísima no tenía agua corriente, se usaban los mismos baños para todos los grados.

No tengo muchos recuerdos de mi infancia en México, pero sí recuerdo mi primer día de clases. En mi primer día de clases, mi hermana me dejó en mi salón de clases y le dijo a la maestra que volvería para llevarme a casa. Por supuesto, mi hermana no contaba con que el día fuera tan largo y que tal vez iba a necesitar usar el baño. Después de un par de horas, le dije a mi maestra: "Maestra tengo que hacer pipí". Mi maestra sabía que también tenía una de mis primas en el salón de clases, así que le pidió a mi prima Cruz que fuera a buscar a mi hermana Reyna, que estaba en tercer grado. Con alegría, mi prima Cruz salió de la clase para ir a buscar a mi hermana. Con toda inocencia, Cruz entró en la clase y anunció en voz alta: "Cuali quiere cagar".

Mi hermana se quiso morir. Estaba tan avergonzada cuando toda la clase se rio en voz alta a la vez. La maestra trató de recuperar la compostura de la clase mientras permitía salir a mi hermana para que me ayudara a ir al baño. Mi hermana Kika intentó llevarme a la escuela durante una semana entera. Después de una semana, la familia concluyó que era demasiado difícil. No me decepcionó esta decisión; Me encantaba poder jugar. Además, me daba vergüenza regresar a la escuela porque mi hermana me dijo que todos se rieron porque yo quería hacer caca.

Todos en La Purísima se divertían con mi personalidad y de cómo mi incapacidad no me impedía llegar a donde tenía que ir. Un día, un hombre apodado Kiko, vio cómo estaba jugando en la tierra. Como otros niños, yo disfrutaba atrapando a los mayates y atándolos a un hilo para hacerlos volar. Kiko vio lo mugrosa que estaba por arrastrarme para moverme. Quizás por compasión, decidió construir un tipo de tabla con ruedas para que me estiraran como si estuviera en un carro. Tomó un trozo de madera de un metro de largo y un metro de ancho y puso cuatro ruedas en la parte de abajo, atando una cuerda que los niños podían usar para estirarme. ¡Su invento fue un éxito! A los niños les encantaba jalarme. Al principio mi mamá estaba preocupada, pero cuando vio que el invento funcionaba y evitaba que me ensuciara tanto, disfrutó viéndome tan feliz. Con el tiempo las ruedas del carro se oxidaron por el barro y empezaron a hacer ruidos, así que todos sabían cuándo iba llegando. No es gracioso, pero algunas personas decían, "allí viene la pedorra". Me alegro de que el apodo no se me haya quedado.

De niña, no me sentía diferente. La palabra discapacidad nunca estuvo en el vocabulario de nadie y mucho menos en el mío. Todos me cuidaban y nunca me excluían, aceptándome exactamente como era. Me encantaba que nunca me sentía inferior a los demás. Aunque sólo tenía cinco años, tenía confianza en mí misma y nunca cuestioné por qué era diferente.

Otro recuerdo de mis primeros años fue verme en lo alto del techo de mi casa. Recuerdo esto vagamente, e incluso pensé que era un sueño. No recuerdo cómo llegué al techo ni qué estaba haciendo allí, pero muchos años después, mi familia confirmó que efectivamente estuve en lo alto del techo de la casa y que no fue un sueño. Riéndose mientras recordaban, me contaron cómo descubrieron el modo de subirme al techo atada con una cuerda alrededor de mi hermana para que no me cayera. Usaron una cuerda para estirarme, atándome con la cuerda alrededor de mi pecho. No pesaba mucho, así que dijeron que no fue demasiado difícil. A mis hermanas les gustaba jugar en el techo con sus muñecas de trapo y no querían excluirme, así que descubrieron cómo subirme. Por supuesto, cuando mi mamá se enteró, su corazón dio un brinco y les dio a mis hermanas una buena fajada.

Así mismo, tengo el recuerdo de estar en lo alto de una colina frente a una cruz grande donde podía mirar hacia abajo y ver las hileras de las casas. Una vez más, pensé que era un sueño, pero, así como mis hermanas descubrieron la forma de subirme al techo, también pensaron cómo llevarme a "La Cruz". Se dice que hace muchos años, cuando nació La Purísima, se construyó una enorme Cruz de cemento en el punto más alto del pueblo. Desde entonces, La Cruz es considerada un ícono de La Purísima y es un sitio seguro para cualquier visitante. De seguro fue muy difícil subirme a La Cruz, sobre todo en ese entonces porque no había camino establecido hasta hace muy poco tiempo. Así que es increíble que yo haya llegado hasta tan alto. Este es otro ejemplo de cómo vivía una infancia muy normal.

Por mi culpa mis hermanas fueron víctimas varias veces de regañadas o del "huarache volador". Aunque no lo recuerdo personalmente, en una ocasión mi hermana Tere y su amiga estaban tejiendo fundas de almohada en la granja de mi tío paterno cerca de un recipiente de madera para agua para los animales. Mi hermana Kika llegó conmigo en su espalda, me sentó cerca del comedero de animales y ella empezó a jugar. Me tomó un minuto de la distracción de mis hermanas para que yo me moviera de donde me dejaron y de pronto caerme. Sin previo aviso, caí empapándome con el agua de donde tomaban agua los animales. Mi hermana Tere me sacó rápidamente, pero estaba completamente mojada. Tere intentó secarme con su ropa cuando mi mamá llegó de repente. Mi mamá vio que estaba toda mojada, así que me agarró de los brazos de Tere. Mi mamá la regañó y le ordenó que se quitara la falda para envolverme y poder llevarme a casa. Tere la siguió, caminando rápidamente, toda avergonzada porque tenía que regresar en sólo un fondo. Tere recuerda ese día claramente y cree que mi mamá la castigó sin merecerlo simplemente porque era mayor que Kika.

A medida que crecía, era obvio que necesitaba atención y equipo médico para facilitar mi movilidad. Ya tenía seis años y gatear era mi única forma de moverme de un lugar a otro. De tanto gatear, mis piernas se fusionaron en una posición y mis coyunturas estaban rígidas. También tenía las manos con muchos callos por moverme siempre sobre la tierra. Después de la experiencia del intento de llevarme a la escuela, mi mamá le pidió a mi papá que nos reuniéramos como familia lo antes posible. Mi papá y mis dos hermanas habían estado trabajando mucho y ahorrando cada centavo. Mis hermanas nunca salían y todo el pago de la semana se lo daban a mi papá. Además, mi papá estaba esperando a que inmigración aprobara la solicitud de residencia legal para todos nosotros para poder traernos a Chicago. Incluso había alquilado una pequeña casa en el barrio de Humbolt Park en Chicago, donde la mayoría de los que vivían allí eran latinos. Mi papá seguía pidiéndole a mi mamá que tuviera paciencia. Ambos eran plenamente conscientes de la urgencia de traerme a los Estados Unidos desde que yo era un infante. Sabían que esta sería mi única esperanza de futuro.

Mi papá recibió la buena noticia de que debíamos presentarnos a inmigración de los Estados Unidos para recibir nuestra residencia legal. A mi papá le preocupaba que mi polio fuera un obstáculo para que yo obtuviera la residencia legal, así que se aseguró de discutirlo con su abogada. Ella le aseguró que debido a que ya no era contagiosa y que mi capacidad mental no se había visto afectada, no habría ningún problema. Mi papá respiro al saber que no habría ningún problema, especialmente porque yo era una de las principales razones por las que nos íbamos a mudar a otro país.

Mi papá y mis hermanas hicieron los planes para mudarnos a Chicago. Mi papá tenía una hermana, tía María de Jesús, a la que llamamos tía Chuy, que ayudó con todos los preparativos determinando los arreglos necesarios para dormir para una familia de once personas. Vivía cerca y tenía amigos que donaron cobijas, almohadas e incluso un par de colchones. Mi papá y mis hermanas compraron ropa de invierno ya que era diciembre y todos necesitaríamos ropa calientita para llegar a Chicago. Se aseguraron de tener todos los permisos necesarios y luego compraron dos boletos de ida y vuelta para mis hermanas y ocho boletos de ida a Chicago para el resto de nosotros. Mi papá se quedó en Chicago para asegurarse de que todo estuviera listo para nuestra llegada. Estaban tan emocionados que les resultaba difícil trabajar e incluso más difícil dormir.

Cuando mi mamá fue notificada por telegrama de que mis hermanas llegarían y que todos nos iríamos a Chicago, ella comenzó sus propios preparativos. Le dio todas sus gallinas a mamá Petra, quien lamentablemente se quedó. Se aseguró de pedirle a mi tío Chano que vigilara la casa que iba a dejar cerrada. Le dio algo de nuestra ropa usada a otras familias. Todas las noches, cuando nos metíamos en la cama, nos contaba cómo se imaginaba Chicago y nos advertía del frío que hacía. Por supuesto, sólo compartía lo que imaginaba ya que nunca había salido de México en su vida. Lo que recuerdo claramente fue su explicación del color de nuestra piel. Nos dijo: "En Chicago, la gente tiene la piel clara porque el sol está lejos. Aquí somos de piel oscura porque el sol nos quema". Todos estábamos ansiosos por saber cómo era realmente Chicago.

El tiempo pasó rápido con todo lo que había que hacer, y antes de que nos diéramos cuenta, mis hermanas estaban en La Purísima para venir a buscarnos. Mi mamá estaba tan feliz de ver a mis hermanas y comentaba lo mucho que habían cambiado. Mis hermanas desempacaron todos los abrigos y bufandas y nos los probamos, riéndose de cómo nos veíamos. Una de mis hermanas nos dijo: "Todos nos subiremos a un ENORME avión que nos llevará a Chicago". Mi otra hermana intervino emocionada diciendo: "Cuando el avión despega, va muy rápido y luego levanta las ruedas delanteras hasta que el avión está en el cielo. El estómago se puede sentir raro y los oídos a veces truenan". Simplemente no podíamos creer que estaríamos en el cielo. Mientras hablábamos durante nuestro último día en La Purísima, mi mamá describió todo lo que teníamos que hacer cuando llegáramos a Chicago. "Lo primero es la escuela. Su papá ha encontrado un buen hospital para Cuali y su seguro puede ayudar a pagar los costos". Ese comentario hizo que mi mamá dijera: "No te olvides de no gatear. Yo te llevaré en brazos." También nos advirtió, "Todos deben portarse bien y escucharme. En el aeropuerto hay mucha gente". Todos estábamos de acuerdo.

Mi mamá me cargó todo el camino hasta que llegué a Chicago el 15 de diciembre de 1971. Algunas personas que vieron a mi mamá cargándome me dijeron en broma: "Jovencita, ¿no eres demasiado grande para que te carguen?" Afortunadamente, no les entendía o de lo contrario de seguro hubiera abierto la boca para contestar algo inapropiado. Mi mamá simplemente sonría y no respondía porque tampoco entendía. Todo el viaje fue fascinante. Ojalá pudiera recordar el vuelo, pero no lo recuerdo. Lo que sí recuerdo es haber visto la nieve por primera vez. No podía creer lo bonito que se veía, pero de inmediato me pregunté cómo podría gatear sobre la nieve. No podía imaginar cómo se sentiría la nieve.

¡Nos encantó nuestro nuevo hogar! Cada uno de nosotros quedamos asombrados con diferentes aspectos de la casa. A mis hermanos les encantaba el baño. Deben haber bajado el agua del inodoro una docena de veces. Por otro lado, los otros estábamos tratando de averiguar cómo mi mamá hablaba por teléfono. Pensábamos que de seguro había alguien escondido en el armario. Me arrastré para abrir la puerta del armario cercano para asegurarme de que la persona con la que estaba hablando no estuviera allí. Sentíamos que habíamos pasado de la pobreza a la riqueza. Nuestro refrigerador era increíble. Tenía dos puertas y estaba lleno de comida. No podíamos creer que pudiéramos mantener la comida en la nevera durante tanto tiempo.

Como niños normales, encontramos que la televisión era increíble. Nunca habíamos visto una televisión. También nos sorprendimos con el inglés e intentábamos imitar hablar como los actores de la televisión. Mi hermano decía: "blah blah blah". Mi hermana respondía: "Yes, yes, blah blah". Mientras exploramos la televisión, algunos programas de televisión fueron un éxito de inmediato. Todos nos enamoramos de "Los tres chiflados (stooges)", quizás porque no necesitábamos saber inglés para entender lo que estaba pasando, y los encontramos divertidos. Recuerdo haber batallado para descubrir cómo funcionaba la televisión. Sólo teníamos una televisión en blanco y negro, y una perilla se usaba para cambiar el canal. Sin embargo, no nos dábamos cuenta de que los programas de televisión tenían un horario y que salían en canales determinados. Cada mañana, le dábamos vuelta a la perilla lentamente hasta que encontrábamos a "Los tres chiflados". A veces, dábamos varias vueltas a la perilla hasta que encontrábamos el programa y no un comercial. También nos turnábamos para sostener la antena en forma de "V", lo que servía para obtener la mejor señal. Hicimos esto hasta que descubrimos que el papel de aluminio podía mantener la antena en su lugar. Como faltaban pocos días para que terminaran las vacaciones navideñas, aún no teníamos que preocuparnos por la escuela. Estábamos disfrutando de nuestro nuevo hogar al despertarnos cada mañana con Los tres chiflados y nuestra caja de "confleis" (Corn Flakes), la palabra que mi mamá usaba para todos los cereales.

Nuestros arreglos para dormir eran poco creativos ya que no era fácil acomodar a once personas en una pequeña casa de dos dormitorios. Nos mudamos al segundo piso de una casa de tres pisos. Teníamos cuidado con el ruido que hacíamos porque otra familia vivía debajo de nosotros. Después de todas las advertencias de nuestros papás, creo que los ratones hacían más ruido que nosotros.

Mi papá ya había descubierto el problema con los ratones, así que había comprado trampas para capturarlos. Recuerdo una noche, cuando estábamos todos en la cama con las luces apagadas, y los ratones estaban más activos que nunca. Algunos de nosotros ya nos estábamos quedando dormidos cuando una trampa atrapó a un ratón haciendo un fuerte 'SNAP'. Mi hermano mayor, Mon, no pudo resistirse y gritó: "¡Uno!" Poco después, otro ratón fue atrapado y de nuevo hizo un ruido fuerte: '¡SNAP!' No estoy segura de cuál hermana gritó "dos". Mi hermano inició una tendencia en la que todos sentimos que queríamos participar. Creo que llegamos al "siete" antes de que mi papá nos calmara. Por la mañana, queríamos ver a las víctimas, pero muy temprano mis papás recogieron los ratones y los tiraron a la basura en nuestro callejón.

Celebramos nuestra primera Navidad unos diez días después de llegar a Chicago, y continuamos con esta tradición anual desde entonces. Mis papás siempre sintieron que la Navidad era la fiesta más importante para estar juntos como familia. Mis hermanas tenían un árbol de Navidad que habían comprado cuando vivían con mi papá antes de que todos llegáramos. Era un árbol de oropel de plata brillante de unos cuatro pies de altura. Nunca había visto un árbol tan hermoso. Me encantaba cómo las luces se reflejaban en el oropel para formar un arco iris de colores. La mayoría de nosotros todavía creíamos en "El niñito Dios" que nos traía dulces y regalos si éramos buenos. La imagen de Santa Claus era nueva para nosotros y no fue hasta que estábamos en la escuela que nos unimos al club de fans de Santa Claus. Esa Navidad fue la más especial que habíamos tenido. Fue la primera vez que estuvimos todos juntos. Había más comida que nunca y teníamos regalos que eran más que un viejo calcetín remendado lleno de dulces. Recuerdo vagamente que vestía una blusa de color rojo brillante y dorado y tenía una gran sonrisa todo el tiempo. ¡Cuánto me encantaba estar con mi familia!

Vivíamos en la calle St. Louis y luego nos mudamos a una casa un poco más grande en la Kimball un año después, que estaba sólo un par de calles más abajo. Ambos hogares estaban cerca de una primaria pública. Estábamos emocionados porque mi mamá iba a inscribirnos en la escuela ahora que las vacaciones habían terminado. Matilde, una amiga bilingüe de mi tía Chuy, aceptó ir con mi mamá y todos nosotros para inscribirnos en la escuela. Debido a que los nueve teníamos entre cuatro y veinte años, no a todos nos inscribieron en la primaria. Mi mamá pensó que podía registrarme a mí (seis años), Lalo (ocho años), Reyna (diez años), Mon (once años) y Kika (catorce años). Mis tres hermanas mayores no iban a ir a la escuela porque iban a trabajar para ayudar a mantener a la familia.

Mamá nos vistió a todos muy bien y caminó por la calle hasta la escuela primaria Stowe, una escuela pública de Chicago. Mi mamá me cargaba mientras sostenía la mano de mi hermano pequeño que era demasiado pequeño para ingresar a la escuela. El director inscribió a algunos de mis hermanos y hermanas en los distintos grados según su edad. Por supuesto, no entendíamos nada de lo que estaba él diciendo excepto cuando mencionaba nuestros nombres. Me senté allí con los ojos bien abiertos, tratando de captar lo que se decía. No podía entender por qué seguían mencionando mi nombre completo "Pascuala". Era extraño incluso escucharlo porque nadie me llamaba Pascuala. La gente de mi familia y de La Purísima siempre me llamaban Pascualita o Cuali. Miré a mi mamá, la directora y Matilde, para ver si me daban alguna pista sobre lo que estaba pasando.

Matilde luego explicó: "Pascualita no puede ir a esta escuela porque tiene una discapacidad y no puede caminar". Empecé a preguntarme si de nuevo no podría ir a la escuela. No me decepcionó la idea, pero no podía entender por qué no me dejaban ir a su escuela. Me imaginé que la escuela estaba tan cerca que no sería un problema que me llevaran en la espalda como en La Purísima. Matilde continuó diciendo: "Tiene que ir a una escuela especial para niños que tienen diferentes discapacidades". Creo que nunca había escuchado la palabra discapacidad. Por primera vez, me sentía señalada porque no podía caminar y ahora había una palabra para describirlo, no sólo polio. En esa fracción de segundo, me di cuenta de que yo era diferente a mis hermanos y hermanas y que, como no podía caminar, tenía que ir a otra escuela. Interrumpí a Matilde y le pregunté: "¿Por qué?" mirando a mi mamá y respondió: "Como no puede caminar, la recogerán en autobús y la llevarán a una escuela especial llamada Spalding que está a unas diez millas de distancia". No sabía cómo me sentía, pero sabía que no me sentía bien. Cuando llegamos a casa, Matilde hizo una llamada telefónica. Cuando colgó, nos dijo que había hecho arreglos para que fuéramos a la escuela Spalding al día siguiente.

CAPÍTULO 5

Mi estómago comenzó a dolerme después de la llamada telefónica a Spalding a pesar de que no había comido demasiado. En el fondo me sentía molesta, pero no podía verbalizar la razón. Mis otros hermanos estaban listos para ir a la escuela, pero yo no, y pensaba que era injusto. Mi mamá me preguntaba si sentía ansiedad porque tendría que ir sola a la escuela. Nunca había estado lejos de al menos una persona en mi familia, y las cosas eran tan diferentes en Chicago. Le pregunté a mi mamá: "¿Por qué no puedo ir a la escuela que está cerca de nosotros?" Ella no dio mucha respuesta y simplemente dijo: "Porque necesitas una escuela especial". Esa noche, fue difícil dormir porque estaba preocupada por todas las nuevas experiencias y me sentía tan perdida sin saber lo que estaba pasando.

Llegamos a la escuela primaria/secundaria Spalding, la escuela principal a la que tenían que asistir las personas con discapacidades en Chicago. Inmediatamente, noté enormes sillas de ruedas de madera en las entradas y en varios rincones. Mi papá me había dicho que me compraría una silla de ruedas en Chicago para que no tuviera que ser cargada, pero nunca imaginé que fueran tan grandes. Parecían aterradoras y pensé que no me ayudarían. También noté mujeres afuera de cada salón en los pasillos que parecían enfermeras, todas vestidas de blanco. Casi quería preguntar si era un hospital en lugar de una escuela, pero pensé que lo averiguaría después, así que me quedé callada. Vi a algunos estudiantes en el pasillo, pero todos se veían tan extraños. Algunos llevaban cascos, otros iban con bastones que me recordaban a un anciano que vivía cerca de nosotros en La Purísima.

Esta también fue la primera vez que recordaba haber visto a personas que se veían diferentes a las personas que había visto en La Purísima. Vi a estudiantes de piel clara y con diferentes colores de cabello. También vi gente de piel más oscura que la mía por primera vez en mi vida. Estoy segura de que había gente oscura en el aeropuerto, pero no me fijé porque todo el viaje fue borroso para mí debido a mi emoción. En La Purísima conocía a una amiga que se veía mucho más clara que yo, pero no con el pelo rubio como uno de los niños que vi esperando el ascensor mientras caminábamos hacia la oficina de la directora. También vi a niños de mi edad que caminaban con barras de metal en las piernas. En el ascensor, cuando se detuvo brevemente, vi a una niña en silla de ruedas y me sentía aliviada de ver que era una silla mucho más pequeña y bonita que la que vi junto a la puerta cuando entramos.

Algunos estudiantes estaban siendo empujados en sus sillas, mientras que otros caminaban con alguien detrás de ellos sosteniéndolos con un cinturón amarrado alrededor de ellos. Más tarde me enteré de que las mujeres vestidas de blanco no eran enfermeras, sino que se les llamaba asistentes que estaban allí para ayudar con el cuidado de los estudiantes, como para comer o ir al baño. La escuela también contaba con fisioterapeutas como el que ayudaba a la estudiante a caminar con un cinturón alrededor de la cintura. Me dio mucho miedo, como si estuviera en un mundo extraño. Dudaba que me pudiera adaptar a esta escuela. Sin embargo, Matilde ayudó a mi mamá a registrarme incluso cuando yo seguía esperando que dijeran que no podía asistir por una razón u otra, como las dos escuelas anteriores. Lo único que me repetía a mí misma era, "quiero irme a casa".

Estaba tan feliz de irme de la escuela. Fue como si pudiera respirar de nuevo. Sentía que no pertenecía allí y esperaba que tanto mi mamá como Matilde estuvieran de acuerdo. Lamentablemente, basándome en su conversación, me di cuenta de que no se sentían de la misma manera que yo y que querían que fuera a ese horrible lugar. Matilde le dijo a mi mamá que tenía que ir al hospital infantil, llamado Children's Memorial Hospital porque necesitaba una silla de ruedas para la escuela. Hablaban como si yo no pudiera oír o entender, pero cada comentario me ponía más nerviosa que el anterior. Por un lado, me alegró saber que no tendría que usar esas feas sillas de ruedas de madera y que todavía no podía empezar la escuela. Por otro lado, me decepcionó que continuaban con su plan de que yo iría a Spalding.

Matilde sugirió que fuéramos al Children's Memorial Hospital de inmediato, ya que no estábamos demasiado lejos. Mi mamá pensó que era una buena idea, ya que odiaba dejar a mi hermano menor con mi tía Chuy por varios días. Matilde estaba segura de que nos atenderían sin cita previa si íbamos a urgencias. No pensé que las cosas pudieran haber empeorado, pero estaba equivocada. Estaba en un completo choque cultural, no sólo por el nuevo idioma y las diferentes razas, sino porque ahora también tenía que lidiar con la discapacidad como si algo me pasara. Empecé a imaginarme lo peor. Me dije a mí misma: ¿Me voy a morir y no saben cómo decírmelo? Me sentía extraña al pensar que tenía que ir al hospital cuando no me sentía mal, más que nerviosa y con malestar estomacal. Fue como si de repente, no era lo suficientemente buena y el objetivo era arreglarme. Nunca me había considerado alguien a quien había que arreglar, así que no me sentía tan feliz.

De camino al hospital, miré por la ventana del auto y vi estos hermosos prados cubiertos de nieve. No vi mucha gente alrededor, pero era enero y hacía mucho frío. Me pregunté qué sería ese lugar. Unas cuadras más tarde llegamos al Children's Memorial Hospital, y era enorme. Cuando llegamos, Matilde le preguntó a un hombre si podíamos usar una silla de ruedas porque mi mamá estaba cansada de cargarme todo el día. Esta silla de ruedas no era como la de madera que vi en la escuela. Era mucho más pequeña y no estaba hecha de madera. La silla estaba reluciente y pude alcanzar las ruedas grandes, lo cual estaba segura de que no podría hacer en las sillas de ruedas de madera.

Entramos y Matilde nos inscribió para ver a un médico. También le preguntó a la joven con quién podía hablar sobre la obtención de ayuda financiera para pagar el hospital porque no sabíamos si el seguro de mi papá me cubriría. No esperamos mucho antes de que nos llamaron a uno de los cuartos. Mi mamá me levantó de la silla de ruedas y me puso en la mesa de examen. El médico que entró era alto y tenía el cabello canoso, pero parecía agradable porque me sonrió y quiso estrechar mi mano. Me acostó en la mesa y me examinó cada uno de mis huesos. Estaba tan nerviosa y sus manos estaban frías. Me preguntaba a mí misma "¿qué estará buscando?" Seguía pidiéndome que hiciera cosas que no entendía hasta que Matilde me dijo qué hacer. Él preguntó: "¿Sientes esto?" Matilde tradujo y yo dije "sí" sin importar dónde me tocaba. Intentó enderezar mi pierna derecha desde la posición doblada, pero no pudo. Mi mamá le dijo a Matilde: "No puede estirar la pierna derecha porque gateaba por el suelo". Matilde tradujo mientras yo escuchaba atentamente para tratar de entender algo que estuviera diciendo.

El médico se paró junto a la puerta y dijo: "Necesitamos unas radiografías y quiero que vuelva en dos semanas". Justo antes de salir, el médico dijo: "Una de las prioridades será estirar su pierna dere-cha, pero podemos hablar de eso en nuestra próxima cita". Matilde le recordó al médico que necesitaba una silla de ruedas y le preguntó si podía apresurarse porque la necesitaba para ir a la escuela. Matilde sabía que yo calificaría para recibir apoyo de agencias como March of Dimes y Easter Seals por mi discapacidad. Ella le dijo a mi mamá que solicitaría por nosotras. Después de que calificamos, mi papá con-tinuó contribuyendo con donaciones a esas dos maravillosas agencias durante muchos años debido al apoyo que me brindaron. Matilde programó la cita y le dio las copias de las citas para radiología y el médico a mi mamá.

Mientras Matilde nos llevaba a casa, habló de todo lo que se había decidido y otros planes que tenía para ayudarnos. Mordiéndome el labio, le pregunté: "¿Cuándo iré a la escuela?" Matilde respondió: "Tan pronto como consigas tu silla de ruedas". Me relajé sabiendo que al menos durante unos días estaría a salvo en casa con mi mamá. No tenía muchas ganas de ir a la escuela donde todos actuaban y se veían tan diferentes. Tampoco estaba a favor de volver al hospital en dos semanas. Todavía estaba confundida y no podía comprender bien cómo tomarían fotografías de mis huesos como Matilde le explicó a mi mamá antes de que se fuera de nuestra casa.

Es posible que, aunque mi mamá no haya ido al arroyo a buscar agua como solía hacer, de todas maneras, estaba ciertamente ocupada. Simplemente ir de compras al supermercado era una experiencia diferente. En el pasado, ella compraba principalmente lo que necesitaba para el día, excepto los sacos de frijoles y arroz. Sin embargo, ahora que teníamos un refrigerador, tenía que pensar en todo lo que necesitaríamos durante toda la semana. Tampoco estaba segura de poder comunicarse, pero pronto descubrió que siempre había alguien que hablaba español e inglés y que con gusto la ayudaban. No todas las tiendas de abarrotes vendían los productos mexicanos que necesitaba, pero afortunadamente había un mercado que no estaba demasiado lejos que tenían los productos que necesitaba. Me encantaba ir con ella, pero recibía muchas miradas de personas que no sabían la razón por la que me cargaban o me metían en carros.

Mi mamá también tuvo que aprender a usar los electrodomésticos de nuestra casa. Al principio, la lavadora le resultó especialmente difícil, aunque estaba muy agradecida de no tener que lavar a mano. Ella comentaba: "Esta ropa no sale tan limpia como cuando la lavaba a mano". Mis hermanos mayores habían comenzado sus rutinas en la escuela y todas las tardes compartían las palabras que aprendían en inglés. Yo estaba triste por no poder ir a la escuela con ellos.

Mi hermana Kika estaba en octavo grado y se graduaría al fin del año escolar. La familia necesitaba más ingresos por lo que se decidió que ella iría a trabajar en lugar de ir a la escuela secundaria. Sin embargo, más tarde obtuvo su GED. Ella también aprendió rápido el inglés en el trabajo, y pronto ascendió en responsabilidades y comenzó a ganar más dinero. Mi papá no sabía conducir y, aunque aprendió a usar el sistema de autobuses de la CTA (Autoridad de

Tránsito de Chicago), había encontrado un compañero de trabajo que los llevaba al trabajo si mi papá le daba dinero para la gasolina. Mi papá nunca aprendió a conducir, especialmente cuando sus hijos se convirtieron en conductores.

Mi mamá tenía tantas citas para conseguirme la ayuda que yo necesitaba. Solicitó ayuda económica para mi atención médica, que me aprobaron de inmediato debido a mi discapacidad porque éramos una familia enorme y mi papá no tenía muchos ingresos. También me llevó a una cita para que me tomaran medidas para una silla de ruedas que me entregaron una semana después. Luego, me llevó de regreso al hospital para las radiografías que el médico había ordenado y para verlo nuevamente.

Sacarme radiografías fue una experiencia tan extraña. La mesa estaba tan fría que me estremecí cuando tuve que acostarme en ella. La señora también me pidió que me pusiera en diferentes posiciones mientras colocaba grandes marcos debajo de mí y movía una enorme máquina sobre partes de mis piernas. Cuando se dio cuenta de que no sabía lo que me estaba diciendo, ella me movía como quería. Si yo no podía estar en la posición que ella quería, usaba almohadas, cinta adhesiva y pesas pesadas para mantenerme en la posición. Realmente no necesitaba saber inglés porque la señora simplemente me movía de la manera que quería, murmurando palabras que no entendía. Con acento, las únicas palabras que ella me decía en español eran "no respira" y "respira".

Después de tomar las radiografías fuimos a ver al médico. Ya estaba cansada, hambrienta y quería irme a casa. Mi mamá sacó una tortilla de harina casera de su bolso y dijo: "Ya casi". Sabía que tenía que ser paciente. El médico nos llamó e inmediatamente comenzó a decir: "Miré las radiografías y creo que es importante enderezar su rodilla derecha para que podamos ver si puede caminar con aparatos ortopédicos". Matilde tradujo y mi mamá se puso claramente emocionada de la posibilidad de que yo pudiera caminar. Me hubiera emocionado también, pero me preocupaba de lo que tenían que hacerme. El médico dijo: "Quiero programar una cirugía para enderezar su pierna, pero el proceso será largo y difícil". Matilde estaba interpretando para mi mamá, dándole los detalles de la cirugía. Mis oídos estaban bien abiertos mientras mi corazón comenzó a latir cada vez más rápido. No me gustaba el plan porque le dijeron a mi mamá que tendría que estar en el hospital por mucho tiempo. Mi mamá sabía que me estaba poniendo ansiosa, así que me miró como diciendo: "Sé fuerte y no llores". Cuando miré a mi mamá, era obvio que ella también estaba tratando de ser fuerte. Ella sólo escuchaba atentamente a la explicación que Matilde le estaba dando. Si tenía alguna pregunta, no se atrevía a formularla.

La cirugía estaba programada para poco más de un mes después de haber llegado a Chicago. Mi mamá estaba preocupada por el retraso de la escuela, pero le dijeron que iría a la escuela en el hospital durante mi recuperación y luego iría a Spalding. De alguna manera, estaba ansiosa, pero no se me había ocurrido pensar que estaría completamente sola en el hospital. No tenía idea de lo que vendría. La cirugía estaba programada para la primera semana de febrero. Cuando Matilde y mi tía Chuy nos llevaron al hospital, el día estaba muy gris y nevando. El clima coincidía con mi estado de ánimo. Una vez más, no estaba segura de por qué era tan importante enderezar mi pierna. Desde siempre, había tenido la pierna así y no me molestaba. Aun así, tenía que confiar en mi mamá y ser fuerte.

No estoy exactamente segura de cuánto tiempo duró la cirugía, pero pareció ser rápida. Lo último que recuerdo fue a mi mamá abrazándome cuando me llevaron a la sala de operaciones. Cuando desperté, noté que mi pierna estaba recta, y se veía y se sentía extraña. La pierna estaba toda vendada pero no enyesada. Todavía tenía mucho sueño y no me sentía nerviosa ni me dolía. Estaba buscando a mi mamá y comencé a sentir miedo cuando las enfermeras me hablaban como si entendiera todo. Dos hombres me llevaron por un largo pasillo notando las luces brillantes en el techo. Empecé a llorar en silencio sin saber a dónde me llevaban.

Me sentí más calmada al ver a mi mamá, pero comencé a llorar. Me llevaron a lo que terminó siendo mi hogar durante los siguientes treinta y un días. Sin embargo, no se parecía en nada a mi hogar, donde me sentía segura y amada. Este cuarto estaba frío, triste, doloroso y lo odiaba. Los dos hombres me llevaron con cuidado a otra cama en la habitación. Dijeron algo que ni mi mamá ni yo entendimos. Mi mamá notó mi cara de desconcierto y me dijo: "Tu tía Chuy y Matilde bajaron a comer cuando nos dijeron que estabas fuera de la operación. Cuando los dos hombres se fueron, ella me preguntó: "¿Cómo te sientes?" Todo lo que pude hacer fue llorar. Ella simplemente me peinó el cabello hacia atrás con su mano y suavemente me dijo: "Mija vas a poder caminar. Es por tu bien". Aunque caminara y fuera por mi bien, no me gustaba. Estábamos felices de que mi tía y Matilde habían vuelto cuando la enfermera regresó a la habitación. Mi mamá había notado que incluso mi pie izquierdo estaba vendado, y era algo que no se esperaba. Lo que más la sorprendió fue ver un clavo largo de acero inoxidable atravesando cada uno de mis talones. No dijo nada porque yo no me había dado cuenta de eso y no quería alarmarme.

La cama tenía una barra enorme en la parte de arriba con un triángulo colgando hacia abajo. Lo había notado y me preguntaba para qué sería, pero estaba demasiada asustada para siquiera preguntar. Luego, la enfermera comenzó a hablar mientras se movía, ajustó la barra de arriba de la cama y estiró lo que parecía cuerdas elásticas. Ella dijo: "El triángulo es para ayudarla a sentarse cuando se sienta mejor". Luego dijo: "Lo siento, esto va a doler". Luego ató las cuerdas a cada uno de los clavos que perforaron mis talones. Ella le dijo a Matilde, "Este tratamiento se llama tracción y cada día, agregaremos más peso para que sus piernas se puedan estirar y enderezar". Mientras ella ataba las cuerdas, comencé a llorar y, en ese momento, ya no me importaba ser fuerte. Le grité que se detuviera y grité: "No me gusta. Ama dígales que no". Mi mamá estaba atragantada sufriendo mientras me decía que me calmara. Le supliqué, "¡Me duele!" ¡Fue doloroso! Nunca había sentido ese tipo de dolor, ni siquiera la vez que me caí del carrito que Kiko hizo para mí.

Por la noche, mi papá y mis tres hermanas vinieron después del trabajo. Me trajeron un mono de peluche y un globo, pero ni siquiera me importó. Todavía estaba con mucho dolor. Matilde y mi tía se habían ido, así que mi mamá trató de explicarles lo que estaban haciendo para enderezar mis piernas. Mi papá preguntó: "¿Por qué también la pierna izquierda?" Mi mamá no sabía, pero dijo: "¿Quizás esa pierna también estaba entumecida?" Intentaron distraerme de mis piernas y del dolor, pero no lo lograron.

Después de un par de horas, mi papá dijo en voz baja: "Deberíamos irnos a casa porque es posible que no encontremos un taxi más tarde". Mis ojos se abrieron de par en par. ¿Qué? ¿Me iban a dejar todos? Me volví loca. Empecé a gritar con todos mis pulmones. "¡No me dejen!" Me aferré al abrigo de mi mamá mientras mi papá intentaba apartarla. Todos se fueron llorando. Lloré hasta que no pude más. Mis papás y mis hermanas también lloraron tanto como yo esa noche. Rezaron para que esto fuera lo mejor para mí.

Durante treinta y un días, la agonía continuó. Me enojaba mucho e incluso comencé a usar malas palabras que nunca había usado. Grité, rogándoles que me dejaran morir. Les decía a todos los médicos o enfermeras que los odiaba. Quizás como una táctica de manipulación, también le decía a mi familia que los odiaba por dejarme. Sé que se volvió cada vez más difícil para mi mamá visitarme. Incluso había preguntado si podía quedarse a pasar la noche conmigo, pero mi papá le recordó que el resto de los niños, especialmente Rique, necesitaban que ella estuviera en casa. No estaba comiendo la comida del hospital. Mi mamá obtuvo permiso para traerme comida de casa. Ella esperaba que la comida me hiciera sentir mejor, pero no fue así.

Durante los días, había gente yendo y viniendo a mi cuarto en el hospital. Una de ellas debió haber sido una maestra porque me pedía que copiara letras diferentes. Ya sabía escribir algunas letras porque mis hermanos y hermanas mayores me habían enseñado. Me alegró ver que las letras eran iguales en inglés y español. Aprendí a deletrear mi nombre completo, aunque toda mi familia me llamaba Cuali. A los 30 días de estar en el hospital, me llevaron a otro lugar y me volvieron a dormir. No sabía que me estaban sacando los clavos que atravesaban mis talones. Vendaron mi pie izquierdo, pero enyesaron mi pierna derecha desde los dedos de los pies hasta la parte más alta de mi pierna. No me importaba el yeso o el vendaje; ¡lo único que me importaba era volver a casa al día siguiente!

Me dieron de alta y mi papá le pidió a mi tío Jesús, a quien también llamábamos Chuy (el esposo de mi tía Chuy) que me recogiera. Mi papá me levantó con cuidado y me recostó en el asiento de atrás. Mi mamá y mi tía se sentaron en el asiento de delante con mi tío mientras mi papá se sentó en un pequeño rincón en el asiento atrás. Mi familia me recibió con dibujos, globos y galletas. Todos me trataban de animar y me decían que mi yeso era bonito. También estaban emocionados de mostrarme mi silla de ruedas nueva. Dijeron, "mira, puede ir rápido". No me emocionaba. Estaba cansada y sólo quería ver televisión.

El hospital hizo arreglos para que una maestra viniera a mi hogar para recibir educación en mi casa. Era una maestra diferente a la del hospital. Había comenzado a aprender algunas palabras en inglés, pero aún no podía formular una oración. Afortunadamente, la maestra era bilingüe para que mi mamá pudiera hablar con ella directamente. Ella le dijo a mi mamá: "Voy a venir tres veces a la semana por dos horas". Mi mamá preguntó: "¿Por cuánto tiempo?" Ella respondió: "El pedido es por seis semanas".

A lo largo de las seis semanas trabajábamos en muchas cosas. Cubríamos materias como ortografía, matemáticas e incluso dibujo. Me gustaba la profesora y lo que estaba aprendiendo. También fue una buena distracción porque estar en la cama todo el día comenzaba a ser aburrido. A veces, me llevaban a la sala, pero yo prefería estar en la cama. No podía esperar salir ahora que el clima estaba mejorando. Tristemente parecía que al único lugar al que iría iba a ser a citas de hospital.

Como no podía levantarme, tuve que acostumbrarme a usar una bacinilla para ir al baño. Una mañana le grité a mi mamá: "Ama". Cuando entró, le dije: "Quiero ir al baño". Trajo la bacinilla y yo subí mi cuerpo para hacer espacio para que me la pusiera debajo de mí. Cuando comencé a orinar, alguien llegó a la puerta. Habíamos olvidado que la maestra había cambiado la fecha de clases, por lo que no esperábamos que ella viniera. Cuando escuché la voz de la maestra, rápidamente agarré la sábana y me cubrí. Tanto mi mamá como yo estábamos demasiado avergonzadas para hacerle saber a la maestra que necesitaba un minuto para sacar la bacinilla. En cambio, tuve toda la lección de la escuela con esa cosa debajo de mí. Creo que nunca había estado tan concentrada y dócil. Pensé: "Cuanto más concentrada esté, más corta será mi lección". Nunca olvidaré esta experiencia; ¿Cómo podría? Estuve arriba de una cacerola durante dos LARGAS horas. Fue una tortura. Mi maestra de educación en casa nunca se enteró de que había estado usando el baño durante toda la lección.

Después de seis semanas, llegó el día de que me quitaran el yeso. Estaba tan emocionada de que me lo quitaran. Ya estaba cansada de mis baños de esponja y la picazón que sentía por la noche. Para quitarme el yeso, usaron un serrucho eléctrico especial y me daba miedo de que también me cortaran la piel. Hacía un ruido espantoso como si estuviera excavando en concreto. Cuanto más perforaban, más caliente se ponía mi pierna. Si no hubiera estado tan asustada, me hubiera reído porque hacía un poco de cosquillas. Cortaron dos líneas, una a cada lado, de arriba a abajo. Luego usaron una herramienta para empujar las piezas aparte. Se sintió extraño cuando me quitaron el yeso, pero me sentía también aliviada. Lloraba, más por el miedo y menos por el dolor. Eso fue hasta que lentamente doblaron mi pierna. Entonces, si lloré mucho de dolor. Después de dos meses de estar con el pie derecho, ahora mi pierna se había acostumbrado y no quería doblarse. El doctor le dijo a mi mamá, "Necesitará hacerle estos ejercicios en casa. Antes de acostarse, doble su pierna así al menos diez veces. Ella también necesitará terapia".

En casa, me cuidaba mi pierna como un tesoro precioso. Tenía miedo de que me la lastimaran doblándomela. Sabía que ya no podía gatear como solía hacerlo porque mi pierna ahora quería estar derecha.

Tampoco estaba acostumbrada a mi silla de ruedas, así que me sentía atrapada. Mi mamá quería hacerme los movimientos que el médico le dijo que hiciera con mi pierna, pero yo le rogaba que no lo hiciera. No me hacía caso y cada vez me decía: "Es por tu propio bien".

Ella nunca escuchó mis ruegos. Un día, mientras hacía los ejercicios, dijo: "Mija, empiezas la escuela el lunes. Un autobús te recogerá a las 7:30 de la mañana". Antes de que pudiera objetar, continuó diciendo: "Te harán terapia allí, así que cuanto más dobles la pierna, menos te dolerá". Sabía que no había forma de que pudiera cambiarle de opinión, así que por tres días temí que llegara el lunes.

CAPÍTULO 6

¡El primer día de clases fue corto! El autobús escolar vino a tiempo a las 7:30 de la mañana. Mi mamá me bajó con cuidado en mi silla de ruedas desde el segundo piso. Yo todavía era lo suficientemente liviana para que ella pudiera hacer eso, pero sabía que ella batallaría a medida que yo creciera. El autobús era amarillo y mucho más pequeño de lo que esperaba. Salió una plataforma del autobús, después que el conductor le puso los frenos de mi silla. Una asistente me estaba esperando y movió mi silla a su posición y luego me ató y subió a la plataforma. El conductor, con sólo presionar un botón, movió la plataforma que me subió al autobús. Estaba tan ansiosa y desesperada que le grité a mi mamá: "Ama no quiero ir". Le rogué a mi mamá que me dejara quedarme en casa. Le supliqué de nuevo: "Por favor, no quiero ir a la escuela". Mi mamá fingió no escucharme y comenzó a subir las escaleras.

La puerta se cerró y comencé a sentir más náuseas. Me sentía horrible durante todo el camino. Paramos a recoger a otros tres estudiantes de sus casas. Iba a decirle a la señora que tenía ganas de vomitar, pero no sabía cómo hacerlo. Antes de darme cuenta, vomité y me manché toda mi ropa. Ya casi estábamos en la escuela mientras la asistente le dijo algo al conductor. Esperaba que le hubiera dicho que me llevara de regreso a casa, pero cuando vi que el autobús no volteaba, me di cuenta de que seguían así a la escuela. Los otros estudiantes parecían disgustados y seguían mirándome. Cuando llegamos a la escuela, me llevaron con la enfermera. La enfermera pidió a un hispanohablante que llamara a mi mamá para decirle que me había enfermado y que me iban a llevar de regreso a casa. Me dio gusto.

Tan pronto como llegué a casa, me sentí mejor. Incluso tenía hambre porque no había querido desayunar por la mañana como una rebelión por tener que ir a la escuela. Vi televisión con mi hermano hasta que mis otros hermanos llegaron a casa. Mi mamá estaba confundida y se preguntaba así misma qué debería hacer. Ella me dijo, "Mañana sí vas". Tendría que ir a la escuela al día siguiente. Luego agregó: "Si desayunas, no te enfermarás". No me alegró tener que enfrentarme al autobús e ir a la escuela nuevamente al día siguiente.

Durante días, me seguía enfermando. Después de varias veces de traerme a casa, mi mamá le dijo a la enfermera que me dejara en la escuela porque en casa no daba señales de que estuviera enferma. Le dijeron que no podían dejarme porque me había ensuciado la ropa. Así que de vuelta a casa me fui. Y de nuevo, estaba perfectamente bien cuando llegué a casa. Mi mamá ahora estaba enojada conmigo, pensando que estaba fingiendo para volver a casa o pensó que también podrían ser los nervios. De cualquier manera, sintió que tenía que encontrar una solución. Decidió empacar un cambio de ropa adicional en mi mochila sin decirme nada. Al día siguiente, vomité nuevamente y cuando la llamaron, les dijo que por favor me cambiaran de ropa y me dejaran en la escuela. Finalmente tuve mi primer día completo de escuela.

Ojalá pudiera decir que me gustó mi primer día de clases, pero lo odié. Yo no entendía nada de lo que estaba pasando y especialmente odiaba la hora de la comida. No estaba acostumbrada a la comida extraña que nos daban. No vi frijoles, arroz, tacos ni ninguna de las comidas a las que estaba acostumbrada. Pensaba que la comida se veía extraña y el olor era demasiado fuerte. No quería comer nada. Durante el almuerzo, las asistentes caminaban para ayudar a aquellos que no podían comer solos. Una asistente pensó que yo no podía alimentarme independientemente cuando vio mi bandeja completamente intacta. No supe cómo decirle que mi bandeja estaba llena porque no me gustaba la comida. Me levantó, me sentó en sus brazos y trató de darme de comer con una cuchara. Cerré la boca con fuerzas e hice sonidos de asco cuando ella ponía la cuchara junto a mis labios. Ella tomó esto como un desafío y trató de forzar a alimentarme. Fue horrible. Estaba tan enojada conmigo cuando se dio cuenta que yo gané la batalla y no abría la boca ni un poquito. Ella me levantó y me sentó en mi silla mientras se marchaba frustrada.

No disfruté ninguna parte de mi día escolar, pero la hora de la comida fue la peor. Primero, me sentaban con otros niños que no conocía y que no hablaban español. Un niño latino, Eduardo, comenzó a sentarse a mi lado. Esperaba que hablara español, pero no lo hizo. Empezó a molestarme y a aprovecharse de mí, sabiendo que no podía delatarlo porque no hablaba inglés. Me estiraba una trenza y luego de la otra, mirando hacia otro lado, fingiendo que no era él. Le decía, "Ay, ¡No me jales!" pero él hacía esto cada vez que tenía la oportunidad. Incluso traté de imitar lo que me estaba haciendo para delatarlo, pero la asistente no entendía y pensaba que yo estaba jugando con mi cabello.

A medida que pasaban las semanas, los problemas en la cafetería continuaron. Creo que, gracias a mí, comenzaron una nueva regla. Decidieron que todos los estudiantes teníamos que comer antes de poder salir al recreo. El clima estaba volviéndose más cálido y era casi el mes de mi cumpleaños. Me estaba cansando de no salir al recreo y de quedarme sentada mirando mi comida. Algunas asistentes sentían lástima por mí y en secreto tiraban parte de la comida a la basura para que yo pudiera ir al recreo. Sabían que no me la comería, sin importar lo que fuera. A veces, no podían ayudarme porque los monitores estaban cerca.

Un día, tenía muchas ganas de ir al recreo y tuve un plan. Me senté y miré mi comida, y pensé, si dejo caer al piso la bandeja llena de comida, no tendré que comérmela. Entonces, eché un vistazo rápido a mi alrededor, y cuando no vi a nadie cercas, discretamente empujé la bandeja de la mesa, estrellándose ruidosamente en el piso.

La Sra. Murphy, la supervisora de almuerzos más mala, gritó: "¡No, no, no!" Pensé, "o no, ella me vio".

La Sra. Murphy agarró mi silla de ruedas, y comenzó a empujarme. No sabía a dónde me llevaba. Me llevó al baño, tomó un montón de toallas de papel y las puso en mis piernas. Yo me pregunté: "por qué me trajo aquí?" Mi corazón latía con fuerza y no tenía ni idea de lo que ella iba a hacerme. Luego me empujó de regreso a la cafetería, al lado de la mesa con la bandeja de comida todavía en el piso. Nadie se había atrevido a limpiar. Muy enojada, La Sra. Murphy me levantó de mi silla de ruedas y bruscamente me sentó en el piso y me dio las toallas de papel para que yo pudiera limpiar el desorden. Me sentía tan humillada porque todos parecían estar mirándome. Por un lado, veía a la asistente que me había ayudado a tirar algo de comida el día anterior. Casi parecía que ella estaba llorando. Pensé que en cualquier momento me iba a defender. Desafortunadamente, no lo hizo. Seguí limpiando el piso. Yo estaba llorando, pero en el fondo, estaba feliz de que al menos mi plan funcionó y no tuve que comer la comida.

Por la noche, le conté a mi mamá sobre la experiencia de la cafetería. Primero ella me dijo, "La comida no se desperdicia", recordándome que la comida no debe desperdiciarse porque hay gente que no tienen que comer. Después, me preguntó: "¿Por qué no comes?" Le respondí: "No me gusta la comida. Huele fea y no sé que es". Luego me preguntó: "¿Comerías si llevaras comida de casa?" Respondí rápidamente: "Claro que sí". No sé cómo lo hizo, pero a partir de ese día, todos comían comida de la cafetería mientras yo recibía la comida casera de mi mamá en la charola. ¡Incluso las asistentes estaban ansiosas por ver lo que estaba comiendo y querían probar mi deliciosa comida mexicana casera!

Mi único alivio de la escuela y los hospitales eran las noches y los fines de semana con mi familia. Después de solicitar la inmigración, se le concedió la residencia legal a mamá Petra y se vino a vivir con nosotros. Era divertida, despreocupada y entretenida; fumaba y, cuando mi mamá no estaba mirando, nos ofrecía un soplo. Por supuesto, sabíamos que estaba bromeando o al menos eso pensábamos. Tenerla viviendo con nosotros le dio a mi mamá un poco más de flexibilidad para llevarme a las citas médicas. Desafortunadamente, nunca conocí a ninguno de mis abuelos y mi abuela paterna, mamá Tina, murió poco después de que nos mudamos a Chicago. Ella siempre me había tratado de manera especial y soñaba que yo pudiera caminar. Incluso admitió que yo era su nieta más adorada. Como me hubiera gustado haberla conocido más.

Afortunadamente, Spalding no era una escuela residencial o de lo contrario no sólo se sentiría como una prisión; sería una prisión. Cuando estaba en casa, me olvidaba de todos mis problemas y volvía a sentirme normal. Cuando llegaba de la escuela, mi mamá tenía dos huevos fritos listos para mí y le pedía a uno de mis hermanos que fuera a buscarme papas fritas en un lugar donde vendían perros calientes en la esquina. Me encantaba comer huevos estrellados con papas fritas. Incluso de adulta, esa era la comida preferida que me ofrecía. Cómo me gustaría poder comer esos dos huevos, y papas fritas, preparados por mi mamá nuevamente. Creo que su secreto fue freírlos con manteca.

A veces mi mamá se ponía creativa, mientras intentaba asimilarse al nuevo país. Ella siempre buscaba las ventas de las pizzas Tombstone. A veces cambiaba de mis dos huevos habituales con papas fritas y me esperaba con un pedazo de pizza de Tombstone tostadita y caliente. La pizza Tombstone fue uno de los panes diarios de nuestra familia. Mi mamá nos crio a nosotros, a sus nietos y a los niños del vecindario con pizza. Por supuesto, ella era la única que podía cocinarla hasta quedar perfectamente tostadita en su horno tostador en ruinas. Incluso después de que el horno tostador perdió una bisagra, usaba una cuchara de madera para mantener la puerta cerrada. Debe haber sido su secreto porque nadie más podía cocinar la pizza como ella.

Yo me llevaba bien con todos los de mi familia, pero especialmente con mi hermano pequeño, Rique. Pensaba que era el niño más adorable. Él era tan inteligente. Sabía cada canción de cualquier disco que tenían mis hermanas. Todavía no sabía leer, pero reconocía visualmente qué canción estaba y en qué disco. Me encantaba pasar el rato con él e imitaba cómo no podía pronunciar sus Rs, y las pronunciaba como Ls en su lugar. Salíamos todos los domingos después de la iglesia. Mi papá nos daba un dólar a cada uno, y entonces juntábamos nuestro dinero para comprar una bolsa de palomitas de maíz O-Ke-Doke y una botella de RC Cola. Nos sentábamos afuera de la casa cuando estaba bonito el tiempo y comíamos nuestras deliciosas compras. Nuestros dedos se ponían amarillos y arrugados de lamerlos después de cada bocado de palomitas de maíz.

Recuerdo que un domingo arruiné la rutina de las palomitas de maíz. Mi papá, como siempre, nos daba un dólar a cada uno. Sin embargo, me dio el dólar en monedas y yo quería el billete que le dio a Rique. Me enojé, y aunque me explicó una y otra vez que ambos teníamos lo mismo, en una rabieta, tiré las monedas al suelo en dirección a mi hermano. Mi papá estaba consternado y visiblemente enojado. Recogió las monedas y dijo: "Ahora no tendrás nada. No recibirás más monedas o billetes de un dólar hasta que le pidas perdón a tu hermano y a mí". El domingo siguiente recuperé mi dólar y nunca más me quejé de las monedas, incluso cuando había centavos.

También amaba mucho a mis hermanas. Mis dos hermanas mayores ya estaban saliendo con novios. A veces pedían salir a ver una película o salir a comer con sus novios, pero mis papás no las dejaban ir a menos que me llevaran a mí y a mi hermano. Cuando íbamos al cine nos compraban una bolsa enorme de palomitas de maíz y también dulces, con la condición de que nos sentáramos en el frente mientras ellos se sentaban en la parte de atrás. Mis hermanas suplicaban para ir a los bailes y a menudo sobornaban a mis papás limpiando la casa y llevándome al parque si no hacía demasiado frío. Yo era buena en guardar secretos si me recompensaban con dulces u otras cosas. Nunca les dije a mis papás que a veces los novios los encontraban en el parque. No mucho después de venir a los Estados Unidos, mis hermanas mayores se casaron.

Incluso después de que mis dos hermanas se casaron, continuaron ayudando a la familia en todo lo que podían. Tere fue la primera en aprender a conducir, así que nos llevaba a donde teníamos que ir cuando no estaba trabajando. Mi mamá siempre era la que me llevaba a las citas con el médico porque mi papá tenía que trabajar en la fábrica para ganar dinero para pagar el alquiler y otros gastos de subsistencia. Mi papá comenzó a sentirse muy estresado y siempre le preocupaba cómo pagaría todas las facturas médicas. Creo que esto es lo que lo llevó a aumentar su consumo de alcohol. Durante los fines de semana, bebía cerveza marca Hamm's hasta emborracharse. Aunque bebía más de lo debido, siempre bebía en casa y nunca faltaba al trabajo. De todas maneras, era muy difícil para mi mamá verlo beber tanto. Cuando llegaban los lunes, mi papá se arrepentía enormemente y le pedía perdón a mi mamá.

Cuando mi papá bebía demasiado, se volvía muy sentimental. Le encantaba que me sentara con él para hablar. Me contaba historias sobre lo mucho que nos extrañaba cuando estuvo en los Estados Unidos sin nosotros. Él decía: "Quiero que todos vayan a la escuela porque yo nunca fui ni un día". Luego, me contaba cómo aprendió a leer por sí mismo. Me dijo que leyó la Biblia del principio al final varias veces. También me enseñaba cómo funcionan las calles de Chicago. Dijo: "Si sabes dónde está el lago Michigan, nunca te perderás". Estaba tan impresionada con todo lo que sabía. No sabía que algún día lo que me enseñó sería muy útil. Gracias a él, pude conocer toda la ciudad y convertirme en un atlas de Chicago.

Mi papá nunca dejó de expresar lo mucho que todos significamos para él, especialmente mi mamá. Se ponía lloroso y decía: "Soy un hombre muy rico". Sentía que era el hombre más rico de todos los tiempos porque nos tenía a nosotros y a mi mamá. A menudo me contaba todo lo que esperaba de cada uno de nosotros. Él decía: "Quiero que algún día camines y seas muy exitosa y ganes mucho dinero porque vas a ser bilingüe". Tenía una forma muy simplista de enfatizar lo que quería para mí en mi vida. Él dijo: "Si sabes inglés, tienes un dólar en el bolsillo y tienes una familia que te ama, nada te impedirá tener éxito". Dijo que ese era su mayor sueño. Esto me motivó e inspiró a trabajar mucho para aprender inglés y sabía que una educación sería mi única forma de hacer realidad sus sueños.

Mi mamá, por otro lado, no era tan expresiva verbalmente. Ella demostraba que me amaba con acciones y no con palabras. No podría haber hecho nada más para mostrarnos a cada uno de nosotros lo mucho que significamos para ella. No creo recordar a mi mamá diciéndome que me amaba. Sin embargo, nunca necesité que me lo dijera porque nunca dudé de su amor por mí. Sabía que ella me dedicó su vida y vivió para curarme. Tampoco nunca me dejó verla llorar. Pasara lo que pasara, ella era fuerte. Cada vez que empezaba a sentir lástima por mí misma y a quejarme por cosas que no quería hacer, ella me decía: "La vida es un valle de lágrimas". Dijo que era de esperarse el sufrimiento porque Dios nunca nos prometió un jardín de rosas. Me dijo una y otra vez que teníamos que aceptar nuestra "cruz" con valentía. Cuando era joven, realmente no me gustaba ni aceptaba su visión de la vida. Sin embargo, cuando llegué a la edad adulta, entendí esas palabras. Para ella, la vida era un valle de lágrimas y nosotros, su familia, éramos su único jardín de rosas.

Me tomó meses acostumbrarme a mi atención médica y educación. Decidí aprovechar al máximo la situación recordando las palabras de mi mamá y las esperanzas de mi papá. Sabía que no podía escapar y que tendría que seguir asistiendo a la escuela sin importar cuánto la odiara. Afortunadamente, estaba empezando a aprender más y más palabras y comprendía mejor a los demás. También contaba con las próximas vacaciones de verano. Mis hermanos y hermanas habían comenzado a hablar de todo lo que querían hacer durante las vacaciones. Aunque quería ser parte de sus planes, sabía que el verano sería diferente para mí. Parecía que los médicos estaban decididos a ponerme de pie. Yo acababa de cumplir siete años y todavía no me había puesto de pie, excepto cuando era un bebé antes del polio. Ni siquiera podía imaginar cómo se sentiría. Era más el deseo de otros que el mío.

Durante el verano, tuve otra cirugía, pero esta vez mi estadía en el hospital no fue tan larga. Todavía estaba muy enojada y era grosera con los médicos e incluso trataba de gritarles en inglés. Les gritaba a los médicos y enfermeras, diciéndoles"¡Shut Up!" Esas fueron las únicas palabras que sabía que sonaban como malas palabras. Mi cirugía fue en mi tobillo derecho para que pudiera soportar cuando me parara sobre él en el futuro. Me preguntaba por qué seguían intentando arreglar mi pierna derecha cuando sabía que era la mejor. No podía mover mi pierna izquierda en absoluto, pero podía mover mi pierna derecha. Eso no tenía sentido para mí.

Matilde todavía estaba muy involucrada en tratar de ayudar a mi mamá. Tratando de sonar emocionada, Matilde dijo: "Después de que le quiten el yeso y vaya a terapia, le medirán para aparatos ortopédicos para las piernas". Yo pensé: "Si se parecen en algo a los aparatos ortopédicos que he visto, no hay nada para estar emocionada". En la escuela había visto a algunos niños con aparatos, pero no se veían cómodos ni bonitos. Pensé, "preferiría usar los tacones altos de mis hermanas".

Cuando me recuperé de mi tobillo, todavía tenía una maestra que venía y me daba clases a casa, lo que pensé que era injusto porque mis hermanos y hermanas no tenían que aprender durante el verano. Una vez que me quitaron el yeso, tuve terapia, tanto en casa como en el hospital. Esta vez, no me dolía tanto como mi cirugía anterior. El médico me programó para que fuéramos a un lugar diferente para que me midieran los aparatos ortopédicos. Tenía la esperanza de faltar a la escuela debido a esa cita, pero lamentablemente, el autobús escolar me llevaba a las citas y me traía de regreso a la escuela después de las citas. Mi mamá simplemente me encontraba allí.

El primer paso para medirme los aparatos fue algo que no esperaba. Entró el médico y comenzó a envolverme con vendajes húmedos, desde las caderas hasta los dedos de los pies. Mientras hacía esto, sentía que las vendas se calentaban mucho. También notaba que los vendajes se estaban endureciendo. Finalmente me di cuenta de lo que me estaban echando en las piernas. Nunca había visto cómo funcionaban los yesos. Cuando me habían enyesado la pierna y el tobillo en el pasado, me despertaba después de las cirugías ya con ellos. Entré en pánico porque por un minuto pensé que me estaban engañado para enyesar ambas piernas esta vez. Empecé a gemir y a decir: "No los quiero. Quítamelos." Luego, el médico dijo: "Te los quitaré en unos minutos". Le dijo a mi mamá: "Necesitamos un molde de sus piernas para poder hacer sus aparatos".

El doctor había dicho la verdad; Me quitó el yeso con ese serrucho ruidoso. Él tuvo mucho cuidado al quitar la parte de arriba y la de abajo, primero de mi pierna derecha y luego de mi pierna izquierda. Luego puso el molde de mis piernas a un lado y comenzó a medirme mientras escribía notas en su cuaderno. Midió desde la cadera hasta los dedos de los pies, la cadera hasta las rodillas y las rodillas hasta los dedos de los pies. Pensó en voz alta y murmuró "Hmm, su pierna izquierda es una pulgada y media más corta". También el médico se dio cuenta de que las tallas de mis zapatos tendrían que ser diferentes. Le preguntó a mi mamá: "¿De qué color quieren los zapatos, blancos o cafés"? Esperaba que dijera blancos, pero luego me preguntó otra vez: "¿Qué color quieres?" Respondí rápidamente: "Blancos". Pensaba que el blanco combinaría con más cosas. El médico había terminado todas las cosas que tenía que hacer y programó otra cita para mi primera prueba. La asistente le dijo a mi mamá que programaría la cita con la escuela. Esta escuela estuvo involucrada en todos los esfuerzos para "arreglarme".

CAPÍTULO 7

Estaba empezando a sentirme mejor con la escuela. Al menos, estaba aprendiendo palabras claves para poder comunicarme. A varias de las asistentes les agradaba mucho y eran amables conmigo. También estaba empezando a hacer algunos amigos, aunque estaba realmente interesada en aprender inglés más que nada. Una maestra, la Sra. Jennings, tenía exámenes de ortografía semanales y recompensaba a cualquiera que entendiera bien todas las palabras. Llevaba a todos los que sacaban un cien a la cafetería y nos dejaba elegir un refresco de nuestra preferencia. Ella sólo nos daba quince minutos para que nos bebiéramos toda la botella. Yo siempre elegía una 7-up y me la tomaba sin querer dejar ni una gota. Bebí muchas 7-ups ese año.

La Sra. Jennings siempre ha sido considerada una de mis maestras favoritas. No era sólo por las sodas que tomaba cada semana, sino porque ella siempre comentaba sobre mis escritos y decía que algún día me convertiría en autora. Tenía tantas ganas de creer en ella. Siempre sentía orgullo de que ella leyera mis párrafos a la clase. Estos logros, y la motivación de la Sra. Jennings, me ayudaron a tener más confianza en mi inglés. La Sra. Jennings era lo opuesto a mi maestra anterior, la Sra. Parson, quien insistía en que deletreara Pascuala con una Q en vez de una C. Ella ponía una gran marca roja en la C y ponía una Q. No podía explicarle que ya sabía escribir mi nombre y que era con una C y no con una Q. No me rendía; seguía deletreando mi nombre de la manera correcta. Me alegré de salir de su clase.

Otra razón por la que me empezó a gustar la escuela fue por el Sr. Berg, mi fisioterapeuta. Me enseñó a utilizar la alberca como terapia. Me enseñó a nadar sin usar las piernas. Podía flotar tan fácilmente. Aunque nunca había caminado sobre tierra firme, él me enseñó a caminar dentro del agua. Usaba mi pierna derecha para saltar hacia adelante. Tenía que usar sólo una pierna porque mi pierna izquierda tenía su propia mente y simplemente se alejaba flotando. Fue muy paciente y cuando no podía hacer algo, ajustaba el ejercicio para que yo pudiera. Me sentía ágil en el agua e independiente y no débil como normalmente me sentía. La natación se convirtió en mi deporte favorito porque era la única actividad física que realmente podía hacer por mi cuenta.

Di varias vueltas a la clínica de aparatos ortopédicos y los aparatos estaban progresando. Los había probado varias veces, tratando de prestar atención a cómo abrochar cada una de las correas. El médico quería hacer algunos ajustes más y dijo que tendría mis aparatos en las próximas dos semanas. Nos explicó que yo tenía que ir a terapia en el hospital y en la escuela para aprender a caminar con aparatos ortopédicos y muletas.

Desafortunadamente, el plan no funcionó como esperaba el médico. Una noche, mi mamá me sentó en el sofá para descansar de estar en la silla todo el día. Me trajo la cena para que pudiera comer mientras veía la televisión. Trajo una mesa de aluminio que estaba empezando a oxidarse para que pudiera poner mi plato y bebida en ella. Me resultó más fácil poner la bebida en el suelo y el plato en mis piernas. Empecé a comer y cuando me agaché para recoger mi Kool-Aid, perdí el equilibrio y me caí. Mi pierna se torció en una dirección extraña y me dolió tanto que grité de dolor. Todos corrieron a la sala y me vieron en el suelo. Cuando mi mamá y mis hermanas intentaron levantarme, lloraba aún más fuerte. Me dolía mucho la pierna y no quería que me la movieran ni la tocaran. Mi mamá le dijo a mi papá que llamara a un taxi para poder llevarme al hospital.

En el hospital, me tomaron unas radiografías de la pierna y las imágenes mostraron que tenía una fractura. Me enyesaron la pierna y me enviaron a casa. El médico anticipó que necesitaría el yeso durante seis semanas. No llegué a casa hasta casi la mañana siguiente. Mi mamá le pidió a Matilde que llamara a la clínica de aparatos ortopédicos para cancelar la cita y a la escuela para informarles sobre mi lesión. La escuela le dijo a Matilde que enviarían a la maestra a mi casa para que siguiera al día con las materias. Pararme en mis propios pies tendría que esperar un poco más.

Después de tres semanas de la fractura, mi mamá me llevó a una cita de seguimiento. Ella estaba perpleja sobre el por qué me había roto el hueso cuando sólo me había caído del sofá. El médico le explicó: "Sus huesos están muy débiles por la falta de utilización. Debe tener cuidado porque cualquier caída puede resultar en una fractura". Quizás esto sucedió para cambiar mi actitud sobre la escuela. Me aburría estar en casa todo el tiempo. Odiaba admitir que extrañaba mi viaje en autobús escolar por las mañanas. También extrañaba ciertas partes de la escuela como hablar con los pocos amigos que tenía.

Cumplí ocho años antes de que pudiera ponerme de pie. Me tomó mucho más tiempo en recuperarme del hueso roto, más de lo debido. Nuevamente, con el yeso, mi pierna se sentía muy débil y tuve que hacer más terapia. Después de mi rehabilitación, pude continuar con el plan de mis aparatos de fierro. Me enseñaron cómo asegurarme las rodillas cuando usara los aparatos ortopédicos y cómo asegurarme siempre de bloquearlas antes de comenzar a caminar. El médico nos advirtió: "Si no bloquea el aparato ortopédico, la rodilla se doblará porque no es lo suficientemente fuerte. Causará que se caiga." Los zapatos eran de un blanco brillante y noté que un zapato parecía más pequeño que el otro. Además, noté que mi zapato izquierdo tenía una suela más gruesa que mi zapato derecho. Por seguro no eran zapatos que iba a poder lucir.

No fue hasta ese verano que me puse los aparatos ortopédicos y me levanté por primera vez. Los aparatos no eran nada cómodos. El metal se clavaba en mi piel y me dolía mucho. Me estaba pellizcando el muslo. Me sentía como un robot y no me gustaba que mis piernas tuvieran que estar rectas todo el tiempo. Me llevaron a una sala de terapia y me dejaron al borde de dos barras de plata largas. El terapeuta me dio instrucciones y verificó si estaba entendiendo. Cuando no le entendía, señalaba a la pierna que quería que moviera. El aparato me pellizcaba cada vez que daba un paso, pero me gustaba estar de pie. Nunca me había sentido tan alta. Con orgullo, miré a mi mamá quien tenía la sonrisa más grande que jamás le había visto. Estoy segura de que ella estaba pensando que todo el sufrimiento por lo que yo había pasado valía la pena por ese momento. Ella estaba tan orgullosa. No tenía una cámara, sino habría tomado fotografías de este momento.

Mi mamá había orado para que caminara durante tanto tiempo, y ahora era real. Lo que todos le dijeron que sería imposible, estaba sucediendo. Ese fin de semana me llevó a un estudio de fotografía profesional para que me tomaran fotos de pie. Me puse de pie, con mi blusa roja y pantalones floreados mientras el fotógrafo tomaba la foto. Mi mamá me sujetó detrás de las cortinas para asegurarse de que no me cayera. Quería mantener esta felicidad encerrada en su memoria para siempre y esta imagen la ayudó a lograrlo. ¡Ella se sentía bendecida de que yo estuviera de pie, aunque tuvo que esperar ocho años!

Cada vez que comenzaba a sentirme mejor, algo siempre me recordaba de mi discapacidad. Cuando llegaba el autobús, mi mamá tenía que bajarme por las escaleras cada mañana. A medida que crecía y pesaba más, mi mamá sintió que no era seguro bajarme en la silla de ruedas. Decidió primero bajar la silla de ruedas y luego bajarme a mí en los brazos. Un día había nevado por la noche y las escaleras estaban resbalosas. Cuando me estaba bajando, se resbaló y se cayó por los doce escalones. Ella me protegió y nunca me dejó caer. Por otro lado, los pantalones de mi mamá se rompieron por el roce de las escaleras de cemento, raspándole toda la pierna. El conductor del autobús fue rápidamente a ayudarnos. Me agarró, me sentó en mi silla y le preguntó a mi mamá si estaba bien. Mi mamá se levantó lentamente, sacudiéndose la nieve y dijo que estaba bien.

Pasara lo que pasara, mi mamá nunca me dejaba preocuparme por su bienestar, lo que me ayudaba a concentrarme en la escuela y en mi atención médica. Con el paso del tiempo, adquirí mayor confianza en mi conocimiento del inglés. Quizás lo aprendí más rápido debido a tantas citas médicas. Toda la educación en el hospital y la educación en el hogar también me ayudaron a tener esa atención individual que me ayudó a aprender inglés mucho más rápido. Para el cuarto grado, ya podía tener conversaciones en inglés. Podía hablar por mí misma y expresar lo que sentía. Por ejemplo, si mi aparato ortopédico no se sentía bien, me aseguraba de decírselo al médico para que pudiera ajustarlo antes de irme a casa. Matilde no siempre podía ir con mi mamá a mis citas, así que como a la edad de diez u once años me convertí en la traductora de mi mamá.

A esta edad, ya me había roto los huesos al menos cinco veces, sin saber que me los rompería otras tres veces más. Tuve cerca de una docena de cirugías, siempre en mi pierna derecha. Los hospitales se convirtieron en parte de mi vida. Independientemente de cómo llegábamos al hospital, por alguien que nos llevara, tomando un taxi o tomando dos autobuses de la CTA, el hospital ahora era un lugar familiar para mí. La única parte del viaje por carretera que me gustaba era mirar los hermosos jardines de la Universidad DePaul. Todavía no me gustaba quedarme en los hospitales, pero al menos ya sabía qué esperar y podía expresar mis necesidades y hacer preguntas. Estaba acostumbrada a navegar sola por la escuela y los hospitales. Las citas, en lugar de ser algo de temer, se convirtieron en una simple molestia. Aprendí a sacar lo mejor de mi mundo, ya sea en la escuela o en el hospital. Aprendí que enojarme y rebelarme no cambiaría mi situación. Tenía que sobrevivir adaptándome a mi vida y viendo lo mejor de cada situación.

Spalding era tanto una escuela primaria como una secundaria. Lo único que separaba los grados de primaria de la secundaria era un pasillo. Aunque la mayoría de los estudiantes querían pasar a la escuela secundaria y estaban ansiosos por graduarse de la escuela primaria, mis metas eran diferentes. Todavía era infeliz de que, sólo por mi polio, tenía que estar separada de mi familia como si algo me hacía anormal. Quería dejar la escuela lo antes posible y unirme a los que yo consideraba gente "normal". Contaba con la esperanza de que una vez que me graduara del octavo grado, podría ir a la misma escuela secundaria a la que iban mis hermanos. Sentía que si aguantaba que pasara el tiempo y seguía las reglas, algún día podría irme y estar con gente normal. No tenía idea de que poco más de una década después, habría la ley para personas con discapacidades (ADA, por sus siglas en inglés). que consideraría la segregación discriminatoria.

Con el tiempo, mi actitud comenzó a cambiar. Empecé a tratar de comprender a las personas que me rodeaban. Cuando veía a un estudiante con un casco, tenía el valor de hablar con él incluso con mi limitado inglés, y para mi sorpresa, encontraba que era muy normal. Aprendí que usaba el casco para protegerse porque era propenso a sufrir convulsiones. Mi compañero dejó de ser raro una vez que me di cuenta de por qué llevaba el casco. De manera similar, decidí acercarme a un niño de mi clase que era ciego. Le pregunté: "¿Necesitas ayuda para ir a la cafetería?" Era el momento de ir a comer, así que pensé en ofrecerme para ayudarlo. Aceptó mi ayuda y se agarró de mi silla de ruedas mientras íbamos hacia el comedor. Un amigo mío llamado Quinn, que tenía distrofia muscular y no tenía la fuerza para levantar el brazo, siempre susurraba mi nombre para que lo ayudara cuando su brazo se resbalaba del escritorio mientras tomaba una prueba. Descubrí que muchos de los estudiantes de Spalding también estaban pasando por momentos difíciles. Al darme cuenta de lo que los demás sufrían, me hizo sentir menos mal por mí misma.

Diría que me hice bilingüe a los doce años. Creo que fue entonces cuando tuve mi primer sueño por la noche conversando en inglés. También comencé a pensar en inglés. Mis habilidades con el inglés eran útiles para mi mamá y para mí. Tener que interpretar situaciones difíciles me ayudó a crecer y a escapar de muchos aspectos dolorosos de mi infancia al obligarme a separarme emocionalmente de lo que estaba sucediendo. Por ejemplo, durante una cita con el médico, tuve que interpretarle a mi mamá sobre un procedimiento de lo que quizás un niño de doce años debería estar protegido de oír.

El médico recomendó una cirugía basada en su examen, y tuve que contarle a mi mamá todos los detalles sangrientos como si estuviera hablando de otra persona. El médico dijo: "Necesita una cirugía para detener su crecimiento, ya que su pierna derecha ahora es tres pulgadas más larga que la izquierda. Cada vez es más difícil ocultar la diferencia y si no hacemos algo, cuando deje de crecer, su pierna derecha podría ser seis pulgadas más larga que la izquierda". Sin procesar lo que eso significaba para mí emocionalmente, rápidamente me puse el sombrero de intérprete y dije: "Dice que necesito una operación..."

Fue como una experiencia extracorporal describirle este procedimiento a mi mamá. Continué traduciendo lo que decía el médico: "Me van a hacer dos cortes en la rodilla derecha, uno a cada lado para detener mi crecimiento". El médico continuó hablando sobre el procedimiento, los beneficios y la recuperación. Incluso compartió detalles sobre los peligros de la cirugía y lo que podría salir mal. Mientras traducía, yo evitaba cualquier emoción porque imaginaba que estaba hablando de otra persona.

Mi infancia hubiera sido insoportable si no fuera por mi familia tan cariñosa y los buenos momentos que pasábamos cuando estaba con ellos. No importa los horrores de mi tratamiento médico y mis luchas en la escuela, yo sabía que siempre tendría a una familia amorosa que me esperaba en casa.

Diría que a través del proceso de asimilación y experiencias difíciles que consistieron en numerosos huesos rotos y cirugías, que el destino me robo mi infancia. Poco después de llegar a Chicago, fui obligada a pasar por el proceso de como quien dice, "ser reparada". Sin embargo, tenía tantas experiencias positivas que casi borraron las malas. Cada uno de mis hermanos y hermanas siempre trataban todo lo posible por hacerme sentir valiosa y querida. Por ejemplo, mi hermano mayor Mon, que era el miembro más travieso de la familia, hacia cualquier cosa para hacerme feliz. Una vez tomó dinero que mi mamá había dejado en la mesa para comprarme un caballo de juguete porque sabía que me encantaría. Fue castigado y fajado por tomar dinero que no le pertenecía, incluso cuando lo usó para comprarme algo a mí. ¿Cómo no sentirme querida?

Mi última cirugía fue para detener mi crecimiento, pero esa no fue la última vez que tuve que ir al hospital. Cuando los médicos arreglaban una de las condiciones causadas por mi polio, descubrían otra. Sentía que yo era como un reto para cualquier médico que me examinaba. Fue como si me convirtiera en un experimento científico para que los médicos aprendieran más sobre el polio. Mi mamá, sin saber que podía decir que no, a menudo aprobaba que yo fuera el "sujeto" de la educación de los médicos ortopédicos. Tenía que acostumbrarme a que me miraran los especialistas, así que desarrollé una estrategia de afrontamiento y adormecí mis verdaderos sentimientos. El hospital parecía que nunca iba a terminar conmigo.

Mi activa personalidad me ayudó a sobrevivir todo esto. Aprendí a evitar la incomodidad de mis aparatos y caminaba por todos lados, a veces ignorando el cansancio y el dolor. Me había vuelto bastante buena para superar las dificultades que eran parte de mi vida. Incluso caminaba a la iglesia que estaba a varias cuadras de distancia de mi casa y también caminaba hacia la casa de mi tía Chuy para que ella pudiera prepararme para mi primera comunión. Me daba ilusión estar lista para caminar por el pasillo para tomar el pan de Dios y decir "Amén". Todos los sábados, caminaba con una de mis hermanas que pasaban el rato con mi prima Fidelia mientras que mi Tía Chuy me enseñaba todo sobre Jesús.

Ir a misa siempre ha sido muy importante para mí. Mi papá siempre decía: "Cuando estás en misa, tu vida se detiene, así que cuanto más vayamos a misa, más tiempo viviremos". Quería recibir la sagrada comunión asegurándome de siempre ir a misa para poder vivir más tiempo. No estoy segura sí sólo decía eso para engañarnos y para que no nos quejáramos de ir a la iglesia. Aunque fuera así, su estrategia funcionó. Después de mi primera comunión, solamente faltaba los domingos a misa cuando había una buena excusa como una hospitalización.

Rara veces usaba la silla de ruedas, las únicas veces que la usaba era para distancias muy lejanas o cuando el clima estaba frío y había nieve en el piso. Ignoraba cualquier malestar o dolor. Tenía lugares para ir y lugares donde quería estar. Dependía tanto de mis aparatos ortopédicos y muletas que me frustraba tanto cuando mi aparato se rompía. A veces cuando era sólo un tornillo perdido, mi papá buscaba uno en su caja de herramientas e intentaba arreglarlo. De lo contrario, un aparato ortopédico roto significaría que estaría fuera de servicio y volvería a la silla hasta que se reparara el aparato ortopédico. A veces usábamos cinta adhesiva, pero dependiendo de la ubicación de la rotura del aparato, no siempre funcionaba.

También tuve muchas caídas, y cuando sucedían me sentaba lentamente para evaluar el daño, rezando para que no tuviera otro hueso quebrado. A veces, contaba cuántas veces me caía en un año. Odiaba no tener las fuerzas para evitar una caída y que caía si el suelo estaba un poco mojado causando que mis muletas se resbalaran y me tiraran al piso. Yo bromeaba y decía: "Por favor, no escupan porque puedo resbalarme y caer". No sólo tenía que lidiar con la vergüenza de cada caída cuando todos me miraban, sino que todavía estaba lidiando con mis huesos frágiles, aunque mis fracturas comenzaron a estar más lejanas. Los aparatos parecían proteger mis huesos y cuanto más caminaba, más fuertes se volvían. Siempre recordaba los peligros al caerme, así que el miedo nunca se me quitaba.

Mamá Petra y yo éramos muy unidas desde que se mudó con nosotros. Éramos muy cercanas y amigas. Incluso con nuestras limitaciones individuales, las de ella por su edad y las mías por mi polio, éramos atrevidas. Un verano, decidimos caminar hasta la tienda como a una cuadra de mi casa. Cuando estábamos allí vio una sandía y dijo: "Vamos a comprar una". Le dije: "No mamá Petra, no puedo llevarla con mis muletas y es demasiado pesada para usted". Estaba tratando de hacerla razonar, sin embargo, ella insistió porque realmente quería la sandía. La pagamos y la cajera nos dijo que no cabía en una bolsa, así que nos la entregó. Mi mamá Petra agarró la sandía y salimos de la tienda. Unos veinte pasos después, la puso en el suelo y dijo: "Está muy pesada". No quería ser irrespetuosa y decirle: "Le advertí", así que sonreí y dije: "Lo siento, pero no puedo ayudarla".

Mi abuelita querida era tan ingeniosa que cuando vio al amigo de mi hermano en una bicicleta, le indicó que viniera. Ella no sabía inglés, pero de alguna manera le comunicó el problema antes de que yo pudiera traducir. La bicicleta del niño tenía una canasta en la parte de atrás, así que lentamente levantó la sandía y la puso en la canasta, sujetándola para que no se cayera. El niño preocupado, comenzó a pedalear lentamente, mientras mi abuelita se agarraba de la sandía. Trató de ir lo más lento que podía, pero todavía necesitaba que mamá Petra trotara para mantener el ritmo. Me quedé allí mirándolos, y reí tanto que mis ojos se llenaron de lágrimas.

La adolescencia es una etapa difícil de la vida para todos, pero para mí fue aún más difícil. Empecé a prestar atención a que yo era muy diferente en mi aspecto físico. A veces, era rebelde y me encerraba para enfocarme en mis pensamientos de lástima, pensando que mi vida era terrible y realmente estando de acuerdo con la filosofía de mi mamá de que la vida era un valle de lágrimas. ¿Cómo no sentir lástima por mí misma cuando era la única de mi familia que estaba en el hospital todo el tiempo, la única que se rompía los huesos, y la única que tenía que ir a una escuela "especial?" Mi personalidad extrovertida y mi creciente fe en Jesús no siempre me ayudaban con estos sentimientos.

Mis problemas físicos nunca terminaban. Cuando tenía doce años, mi médico notó que tenía escoliosis (columna vertebral curvada). El médico alarmó a mi mamá cuando le dijo: "Esta es la edad para corregirlo o de lo contrario tendrá que someterse a una cirugía de columna y es muy peligrosa". Esto fue suficiente para convencer a mi mamá de la urgencia de hacer algo para que no necesitara otra operación. Entonces, el doctor ordenó otro aparato ortopédico para el cuerpo junto con mis *fabulosos* aparatos ortopédicos para las piernas. Así que ahora, a excepción de mis brazos, iba a usar aparatos ortopédicos desde el cuello hasta los dedos de los pies.

El mismo día que fui a recoger mi nuevo aparato ortopédico, mi mamá y yo tomamos un taxi de regreso a casa conmigo usando el aparato. Cuando llegamos a casa, me ayudó a bajar del taxi y me dejó parada con mis muletas mientras pagaba al conductor. Al no estar acostumbrada a mi nuevo aparato ortopédico que me hacía sentir tan rígida, perdí el equilibrio y me caí con fuerza aterrizando sobre mi lado izquierdo. El aparato ortopédico para escoliosis impactó mi brazo con tanta fuerza que incluso escuché la quebradura y comencé a llorar de dolor. En el mismo taxi, en el cual habíamos llegado a casa, mi mamá me subió de nuevo y nos dirigimos de vuelta al Children's Memorial. Mi brazo izquierdo se quebró y lo enyesaron en una posición doblada para que pudiera intentar de caminar con los aparatos ortopédicos y las muletas. Esa posición no ayudó a que yo caminara mucho así que pasaba la mayor parte del tiempo compadeciéndome de mí.

Poco después de quitarme el yeso del brazo, comencé a ver la luz al final del túnel. Había convencido a mi médico de que no podía caminar de forma segura con el aparato ortopédico para la columna, por lo que me permitió usarlo para dormir en lugar de tenerlo puesto durante el día. Debo confesar que la mayoría de las noches me lo quitaba, probablemente mientras dormía, porque muchas mañanas lo encontraba en el suelo. Afortunadamente, no despertaba a mis dos hermanas con las que dormía porque ellas tenían el sueño pesado.

Además, otra noticia alentadora fue el resultado de toda la terapia en la piscina con el Sr. Berg. La rodilla de mi pierna derecha estaba más fuerte. El médico decidió que estaba lista para caminar con un aparato ortopédico más corto en mi pierna derecha. Todavía usaría el aparato completo de mi pierna izquierda, pero al menos podría doblar mi rodilla derecha. Es una tontería, pero para mí, poder doblar la rodilla me hizo sentir un poco más atractiva, aunque odiaba usar dos tipos de zapatos diferentes ahora que sólo llevaba un aparato ortopédico en la pierna izquierda.

Durante estos tiempos difíciles, mi mamá mantuvo su firmeza. Incluso con el ir y venir del hospital y el cuidado de la familia, decidió traer dinero extra cuidando a los niños del vecindario. Mi primer sobrino, Efraín, hijo de Bella nació, y a él también lo cuidó. Cuando mi sobrino empezó a hablar, mi hermana estaba tratando de enseñarle a decir mamá Virginia. Efraín nunca pudo, así que inventó su propia pronunciación y la llamaba mamá China. Ese nombre se quedó como su apodo. Todos la llamaban mamá China, niños y adultos por igual.

Con el dinero extra que ganaba cuidando niños, con la buena administración del dinero que ganaba mi papá, y con la ayuda de mis hermanas, mis papás lograron ahorrar dinero con la esperanza de comprar su propia casa. Mi mamá extrañaba el corral de La Purísima. Siempre le encantaron las flores y con rentar no podía plantar en el jardín ni cultivar su amor por las flores. Su forma ahorrativa resultó en tener suficiente dinero para dar un enganche para la compra de una casa de dos pisos con sótano. La casa de $40,000 estaba más al oeste de donde vivíamos, pero todavía en Chicago. Mi hermana Kika también firmó en la compra porque tenía buenos ingresos.

Capítulo 8

El día que nos mudamos a nuestra casa en Parkside me dieron de alta en el hospital después de una fractura en la pierna. Mi mamá hizo milagros con traerme a casa mientras aún estaba en el caos de la mudanza. Uno de los primeros muebles que movieron fue un asiento reclinable de la sala, estaba listo para recibirme cuando llegara del hospital a mi nuevo hogar. Cuando llegamos del hospital, me sentaron en el sillón reclinable mientras se apresuraban con el resto de la mudanza. Mi mamá mandó a mi hermano Lalo a que fuera a comprarme algo de comer. Un Wendy's estaba a la vuelta de la esquina, así que Lalo me compró una hamburguesa con queso. Todavía batallaba con la comida por mis traumas anteriores en la cafetería de Spalding y nunca había comido una hamburguesa. Supongo que después de cinco años en Chicago, y porque estaba hambrienta, era hora de comer mi primera hamburguesa.

Mi nuevo hogar fue más de lo que esperaba. A todos nos encantó. Mi mamá estaba emocionada de que ahora tuviéramos un jardín que nos pertenecía. Nos mudamos en el otoño, pero tenía ganas de que llegara la primavera para comenzar a plantar. Todos los años a partir de entonces, tenía el jardín más hermoso de todos. Cuidaba con amor cada una de las flores que plantaba. Durante la temporada de siembra, salía a cuidar su jardín al amanecer mientras dormíamos. En el día, nos atendía a nosotros, a los nietos que cuidaba y a los niños del vecindario que se le eran confiados. Ya en la tarde salía para seguir su labor en el jardín. Nos enseñó a todos, tanto a los niños como a los adultos, a respetar las flores. En nuestro honor nombraba cada flor con el nombre de uno de nosotros o sus nietos. A mi mamá no le avergonzaba admitir que hablaba con las flores, a menudo decía: "¿Ves esas dos flores? Yo las casé". Sobre todo, nos enseñó a no cortarlas porque según ella, estaban llenas de vida. Aprendí mucho sobre la vida y su belleza gracias al amor y la devoción de mi mamá por su jardín.

Había mucho que me gustaba de nuestro nuevo hogar. Primero, mi hermana Angelita estaba más cerca porque ella y su esposo alquilaron el segundo piso. En segundo lugar, aprendí que tendría que ir a una escuela diferente. Había una escuela más cercana, Burbank, que aceptaba estudiantes con discapacidades. Desafortunadamente, sólo estaría allí un año porque era una escuela primaria que sólo llegaba al quinto grado. Para los grados de sexto al octavo, tendría que ir a una escuela nueva, Hanson Park, que acababa de abrir para estudiantes con y sin discapacidades. Nunca esperé dejar Spalding antes de mi octavo grado. No sé si estaba feliz de irme ahora que apenas comenzaba a acostumbrarme a ese lugar.

Mi estancia en Burbank fue corta ya que sólo fui por un año, el quinto grado, pero tengo un gran recuerdo de ese año. En Burbank, conocí a la primera persona adulta con polio. La Sra. Zelesko, con quien todavía estoy en contacto, hacía sesiones individuales con estudiantes con discapacidades para brindar apoyo adicional según el plan de educación individualizado (IEP). Ella se convirtió inmediatamente en mi modelo a seguir. Me daba esperanza al ver que las personas con discapacidades físicas como yo podrían tener carreras exitosas. Me reunía con ella todos los días durante un período de clase y ella me ayudaba con el vocabulario. Lo que más disfruté fue que me enseñaba a escribir caligrafía. Me encantaron las diferentes formas de las letras. Esta habilidad fue muy útil para enviar muchas invitaciones para las bodas de mis hermanos cuando cada uno comenzó a casarse. Fue muy importante ver a alguien como yo.

La escuela Hanson Park, me encantó. Fui a Hanson Park durante tres años, del sexto al octavo grado. Estaba empezando a soñar con muchachos y me enamoraba de cualquier chavo guapo que veía. También hice amigas en la escuela, especialmente porque vivían muy cerca de mí. Me hice muy amiga de Rosanna, que también tenía polio, pero ella lo contrajo en las Filipinas. Rosanna usaba una silla de ruedas todo el tiempo. Me encantaba su personalidad y su lado alocado. Ella me involucró en cosas que nunca me hubiera atrevido a hacer, como bailar en silla de ruedas e incluso modelar en ella. Todos los sábados, el padre de Rosanna nos llevaba a nuestras lecciones de baile. Estábamos locas por los muchachos que también iban a los ensayos. Según nosotras, las dos estábamos enamoradas de los chicos, aunque desgraciadamente ni siquiera se fijaban en nosotras. Ella estaba enamorada de John y yo estaba enamorada de Keith. Una vez, les mentí a mis papás y les dije que estaría en casa de Rosanna. En cambio, nos encontramos con los muchachos en una pizzería, llamada Q's Pizza, cerca de nuestra casa. Me sentía tan bien siendo una adolescente mentirosa y muy normal.

Rosanna y yo éramos las típicas adolescentes inmaduras. Ambas estábamos llenas de sueños y queríamos que nuestras discapacidades no nos frenaran para disfrutar la vida. La única vez que hablamos de nuestro polio fue cuando Rosanna sugirió que rompiéramos el "hechizo", según ella, que causó nuestra discapacidad. Me pidió que fuera a su casa para poder realizar el ritual que nos permitiría volver a caminar. Ella vivía a unas cuadras de distancia, demasiado lejos para que yo caminara hasta su casa, pero mi hermano o hermana me empujaba en mi silla de ruedas y me dejaba allí por un rato y luego me recogían. Cuando llegué me llevó a su habitación que había preparado con muchas velas encendidas. Mi corazón se aceleró de emoción. De alguna manera, realmente pensé que caminaríamos después de recitar las palabras que ella escribió en su cuaderno. No recuerdo las palabras exactas, pero sé que dije el cántico como lo indicó Rosanna. Lamentablemente, cuando volví a casa, todavía estaba en mi silla de ruedas. El hechizo no se había roto. En ese tiempo no sabía que Rosanna sería mi amiga de por vida.

Yo también jugaba con amigas en mi propia cuadra. Descubrí que una familia, que también había inmigrado de La Purísima, vivía unas casas más abajo. Rápidamente me hice amiga de Estela, que tenía más o menos mi edad y a menudo venía a mi porche. Venía con su prima Maribel y jugábamos con una pelota o simplemente charlábamos mientras esperábamos el camión de helados. Todos los días nos reuníamos afuera de la casa hasta que oscurecía. Mi hermano Lalo también tenía amigos que venían a jugar con él. Estela, Maribel y yo nos divertíamos mucho. En una ocasión, Maribel y Estela ataron al amigo de Lalo, Dago, a un árbol. Con el tiempo, Dago también se convirtió en nuestro amigo.

A menudo, mientras jugamos a la pelota e intentamos hacer acrobacias con ella, la pelota se iba al patio de una casa donde vivía una pareja de ancianos muy enojones. Era evidente que a nuestro vecino no le agradó que nos hubiéramos mudado a su tranquila cuadra. Ya se había quejado con mis papás de que no quería que pisáramos su zacate, que hacíamos demasiado ruido y que no le gustaba que fuéramos a su patio a buscar nuestra pelota perdida. Mis papás nos habían advertido que tuviéramos cuidado y no dejáramos que la pelota se fuera a la propiedad de los vecinos. Bueno, un día ventoso, mientras jugábamos a la pelota, la pelota se fue al siguiente patio. Lalo, nuestro héroe, saltó la cerca para agarrar la pelota, sin saber que mi mamá estaba mirando por la ventana trasera. Cuando mi mamá vio que Lalo estaba en el patio del vecino, salió y gritó: "¿No les dije que no entraran a ese patio?" Mi hermano respondió rápidamente: "No lo hice", pero todavía estaba de pie del otro lado. Cuando mi mamá lo vio ahí, no sabía si reír o enojarse. Ella eligió lo último: todos estaríamos castigados y mamá nos hizo entrar a la casa.

Realmente no sé cómo mi mamá y mi papá manejaban los diversos problemas y las distintas personalidades de cada uno de nosotros. Y ahora, la familia estaba creciendo con los nietos y los esposos de mis hermanas. Mis papás inculcaron un fuerte valor familiar y aprendimos a estar siempre conectados. Mis papás sabían exactamente lo que cada uno de nosotros necesitaba. Para ese tiempo, los únicos que seguíamos en casa éramos Reyna, Lalo, Rique y yo, así que las bodas fueron frecuentes. Tanto Kika como Mon se habían casado después de que nos mudamos a la casa de Parkside, y Reyna y Lalo también se casarían poco después. Mon se mudó al sótano de la casa, y Angelita seguía en el segundo piso, mientras que todo el resto de mis hermanas encontraron casas cerca. Dado que mi mamá cuidaba a mis sobrinas y sobrinos, mis hermanos siempre nos visitaban. Me encariñé mucho de mis sobrinas y sobrinos porque prácticamente vivíamos juntos.

Mis sobrinas y sobrinos siempre me aceptaron e incluso me admiraron. Siempre estaban de acuerdo con mis ideas. A las hijas de Angelita, Verónica y Olivia, que vivían arriba, les encantaba pasar tiempo conmigo. Las convencía de que iban a salir en Sábado Gigante, un programa de variedades que se transmitía todos los sábados por *Univisión*. Según yo, las preparaba para los concursos de baile para que estuvieran listas para las audiciones. Les encantaba quedarse a dormir porque las dejaba estar despiertas hasta tarde y jugábamos a que eran modelos. Involucraba a todas mis sobrinas y sobrinos en la diversión preparando espectáculos navideños para la familia mientras les enseñaba a cantar canciones navideñas. Practicábamos durante meses y luego en Navidad, ellos mostraban su talento. También me conocían como la fotógrafa de la familia porque mi cámara nunca estaba demasiado lejos para capturar los buenos momentos.

Mis papás fueron muy sabios. Sabían de los peligros de la ciudad, se preocupaban por nuestra seguridad y querían que nunca nos involucráramos con malas influencias. Mi mamá era especialmente firme y quería proteger a mis hermanos de las drogas y las pandillas porque sabía que mis hermanos tenían esa edad. Mis papás tomaron la decisión de que mi hermano mayor fuera a una escuela católica porque era el más propenso a salirse del camino del bien por ser el mayor. Mi mamá consiguió dinero para pagar la matrícula y mi hermano Mon tomaba dos autobuses para ir a su escuela secundaria, St. Michaels. Además, ella personalmente salió con él a buscar trabajo durante el verano. Mon se casó poco después de graduarse de la escuela secundaria, a los dieciocho años. Pasara lo que pasara, mis papás nos aceptaban como éramos. Siempre estuvieron presentes, y eso nos impidió desviarnos de nuestros valores.

La única vez que vi a mi mamá perder su fuerza fue cuando recibió una llamada de México donde le dijeron que su hermano mayor, Chano, había sido matado por un rayo. Nunca había visto a mi mamá llorar, y mucho menos tan fuerte y con tanta desesperación. Mi mamá Petra también estaba destrozada al darse cuenta de lo sucedido. Mi tío Chano y mi primo estaban cultivando en La Purísima cuando llegó una tormenta, se refugiaron en un granero, pero un rayo atravesó la ventana, golpeando a mi tío y arrojando a mi primo al otro lado del granero. Cuando mi primo se despertó, vio que su padre había muerto. Mi mamá tuvo que volver a La Purísima para despedirse de su hermano al que tanto quería. Mi papá hizo arreglos para viajar con mi mamá y mi abuelita para apoyarlas durante esos momentos difíciles. Fue muy difícil para mamá Petra enterrar a su propio hijo.

Mis hermanas mayores cuidaron de mí y al resto de mis hermanos más chicos durante el viaje de mis papás. Mi papá le pidió a su hermana, tía Chuy, que también nos vigilara. Un día, mientras mis papás todavía estaban en México, yo estaba con mis hermanas. Reyna acababa de comprar un par de tacones de plataforma que estaban muy "de moda". Yo observaba con envidia cómo les mostraba los zapatos a mis hermanas. Yo quería usar ese tipo de zapatos y no los feos aparatos que yo usaba. En la noche, cuando nadie estaba mirando, me acerqué a los zapatos, me senté en la cama, me quité los aparatos ortopédicos y me probé los zapatos. No siendo demasiado inteligente, decidí intentar pararme sobre ellos, pero me caí torciéndome el tobillo. No quería que mis hermanas supieran lo que había hecho, así que me levanté y me fui a la cama y me tapé. Mi tobillo me pulsaba del gran dolor.

Al día siguiente, me desperté y me dolía mucho el tobillo. Traté de ponerme mi aparato ortopédico, pero mi pie estaba demasiado hinchado y me dolía demasiado, así que me subí a la silla de ruedas. Mis hermanas estaban ocupadas con todas las tareas del hogar, pero cuando mi tía Chuy vino a visitarnos en la tarde, me preguntó: "¿Por qué estás en tu silla de ruedas?" Recordé que ella me había enseñado sobre el pecado cuando me estaba preparando para la primera comunión y sabía que mentir era uno de ellos. Aun así, no quería confesar lo que había sucedido, así que le mentí y le dije: "Estoy cansada". Luego miró hacia abajo, vio mi pie izquierdo y vio lo hinchado que estaba. A estas alturas, mis dedos de los pies apenas eran visibles, casi tan gruesos como la parte arriba de mi pierna. Se levantó y se arrodilló para mirar más de cerca y dijo: "Esto no se ve bien". Le preguntó a mi hermana si sabía por qué mi tobillo estaba tan hinchado, pero mi hermana estaba aún más sorprendida.

Cuando volvieron mis papás, mi mamá estaba tan alarmada porque me encontró enyesada y me preguntó: "¿Qué pasó?" No tuve valor para mentirle ya que la miré toda vestida de negro (que usó durante un año por la muerte de su hermano). La vi con su expresión tan triste. "Me caí", dije. Esperó unos segundos con la esperanza de que yo entrara en detalles, pero cuando no lo hice, preguntó: "¿Cómo?" Le dije lo que no había hecho: "Probé los zapatos de Reyna y me caí". Continuó con el interrogatorio y esta vez preguntó: "¿Por qué?" Me puse a llorar y dije que no era justo que no pudiera usar zapatos bonitos y tuviera que usar los feos míos. Ella respondió de una manera que nunca olvidaré: "Al menos tienes pies para usar zapatos. Otras personas no tienen pies y les encantaría poder usar tus zapatos, pero no pueden".

Cuando me gradué de la escuela primaria, quería registrarme para ir a la escuela secundaria para estudiantes inteligentes, Lane Tech. Varios de mis compañeros en la escuela estaban solicitando ir allí. Si no me aceptaban pensaba ir a la escuela secundaria a la que pertenecíamos por vivir en el distrito, Prosser High School. Lo malo fue que ninguna de las dos escuelas eran una opción para mí. La preocupación era que, en caso de emergencias, me quedaría atrapada en el segundo piso y ellos no querían esa responsabilidad. Para mi decepción, me dijeron que tenía que ir a Spalding nuevamente, pero esta vez al lado de la escuela secundaria. Sentía como si alguien me hubiera estampado en la frente con un cartel de RECHAZO. Sentía que una vez más, me estaban robando opciones. La familia de Rosanna se había mudado a los suburbios, por lo que pudo ir a una escuela secundaria convencional. Yo no sólo iba a regresar a Spalding, sino que también estaba perdiendo a mi única amiga verdadera. Era hora de compadecerme de mi otra vez.

CAPÍTULO 9

Después de agotar todas las posibilidades de ir a Lane Tech o Prosser High School, volví a Spalding. Esta vez, mi viaje en autobús era mucho más largo ya que estábamos más al oeste de Chicago después de mudarnos. Yo era la primera en ser recogida porque siempre era la persona que vivía más lejos. No estaba muy contenta con mi situación y mi actitud fue negativa durante algunas semanas. Comencé a leer libros para entretenerme durante el viaje de dos horas. A veces no podía concentrarme porque un tipo siempre me miraba fijamente, sin avergonzarse cuando lo sorprendía mirándome. Me cerraba un ojo cada vez que lo atrapaba viéndome. Se presentó como Ray, así que sentí que tenía que ser educada y compartir mi nombre. Eso fue un error. Me molestaba cuando insistentemente quería tener una conversación conmigo. Él me preguntaba "¿Qué estás leyendo? ¿Te gusta la música? ¿Cuál es tu película favorita?" Hacía una pregunta tras otra y no entendía que yo estaba enojada con el mundo y no tenía interés en hacer un amigo. Su persistencia dio sus frutos porque terminamos siendo amigos.

El conductor del bus, Dwight, y la asistente, la Sra. Humphry, hacían todo lo posible para que el viaje fuera divertido para nosotros. A medida que avanzaba el año escolar, hacían cosas totalmente inesperadas. Dwight, como nos pidió que lo llamáramos, anunció que en su autobús, "está permitido fumar, incluso marihuana, pero hay que abrir la ventana". Todos nos miramos con caras asombrosas. Uno de los estudiantes tomó su palabra y encendió un cigarro. Abrí la boca con incredulidad y esperé a ver si Dwight o la Sra. Humphry decían algo, pero no lo hicieron.

Los viernes eran especialmente divertidos. En el viaje de regreso a casa Dwight iba a diferentes establecimientos de comida rápida y nos compraba comida a todos. Su lugar favorito era Home Run Inn Pizza. Por la mañana, si se le daba bien el tiempo, a veces nos compraba donas. No tenía miedo de detenerse y entregarnos toda nuestra comida. La Sra. Humphry incluso ayudaba a Ray, quien debido a un derrame cerebral no podía usar una de sus manos. Tuve la suerte de que Dwight y la Sra. Humphry fueron los que me llevaron a la escuela los cuatro años. Ciertamente lograron que no nos sintiéramos "discapacitados", sino simplemente que nos sintiéramos estudiantes normales.

Comencé mi primer año con rencor, enojada porque me "obligaron" a ir a esa escuela. No me di cuenta de que mi mala actitud hacía las cosas más difíciles para mí. Era terca y no me permitía que me gustara nada. Me cansé de esos sentimientos, así que de nuevo tomé la decisión de aprovechar mi situación al máximo. Empecé a hacer amigos, me relajé y busqué el lado positivo. Me dije a mí misma, "Si no puedes vencerlos, únete a ellos". Me volví muy activa y me registré para todas las actividades posibles. Al mismo tiempo, trabajé mucho académicamente.

Conocí a tres maestros extraordinarios, uno que era maestro de dibujo, el Sr. Keane, una que era maestra de Estudios Sociales, la Sra. Juntunen, y uno que era maestro de español, el Dr. Rosales. Fueron muy divertidos mientras nos enseñaban. El Sr. Keane era muy sarcástico y tenía un sentido del humor seco. Él también era el asesor del club de periódicos, del que yo era miembro. A él se le ocurrían las noticias más raras para el periódico. Una vez, él me tomó una foto vestida como el coronel Sanders, con una barba blanca falsa y una bufanda blanca para cubrir mi cabello castaño. Me hizo escribir un artículo como si yo hubiera sido entrevistada como el dueño de Kentucky Fried Chicken.

La Sra. Juntunen era divertida al enseñar Sociología. En su clase, comencé a pensar en la carrera que quería lograr algún día. Un semestre nos enseñó sobre los procedimientos en la corte. La clase se dividió en dos grupos. Un grupo era para el demandante y el otro para el acusado. El caso era sobre un accidente automovilístico y teníamos que representar la situación en un tribunal. Realmente me sumergí a ese tipo de actividad. Yo estudié los hechos detalladamente y desarrollé una defensa que hizo que nuestro equipo ganara el caso. Después de esta actividad, comencé a soñar con convertirme en abogada de verdad. Quería cambiar las leyes que mejoraran la vida de las personas con discapacidades.

La Sra. Juntunen también me animó a intentar ganar un concurso de escritura para poder ser seleccionada para ir a Washington DC. Ella me dijo: "Pascuala, creo que tendrías una oportunidad en este concurso". Me entregó las bases del concurso y dijo: "Todo lo que tienes que hacer es escribir un ensayo sobre lo que significa ser ciudadana". Le dije: "Pero yo no soy una ciudadana". Miró todos los requisitos y no vio nada que indicara que tenía que ser ciudadana estadounidense. Entonces, escribí el ensayo, pensando que no tenía nada que perder. Bueno, debí haber convencido a los jueces porque fui seleccionada para representar a Illinois. Irónicamente, probablemente yo fui la única que no era ciudadana y la única con una discapacidad.

Mi viaje con todos los gastos pagados a Washington DC fue increíble. Decidí llevar mi silla de ruedas porque sabía que habría que caminar mucho según el itinerario. Un estudiante de segundo año, de todos los estados, hizo ese viaje, yo como la de Illinois. Fuimos a todos los museos, monumentos e incluso a la Casa Blanca. Todos querían que yo fuera parte del grupo y me ayudaban a subir al autobús, a menudo cargando mi silla de ruedas. Me encantó aprender sobre este país. Esta experiencia me motivó a convertirme en ciudadana estadounidense y lo hice.

Mis papás siempre me apoyaron, incluso cuando se quedaban preocupados por mí. Estoy segura de que estuvieron preocupados durante esa larga semana porque la única vez que no había dormido en casa era cuando estaba en el hospital. Aun así, me dieron sus bendiciones y me dejaron ir. Estoy muy contenta de que lo hayan hecho porque experiencias como esas fueron las que me mostraron que la vida puede ser hermosa y que todos podemos tener muchos momentos felices.

El tercer maestro que disfruté mucho fue el Dr. Rosales. Era la primera vez que tomaba español. Para mi sorpresa, encontré la clase de español muy fácil, incluso después de haber estado sólo una semana en la escuela en La Purísima. Teníamos pruebas semanales, y si recibíamos una 'A', nos daba un dólar de oro al que llamaba "Dólar Rosales". Ahorré unos cuarenta dólares ese año escolar. En mi educación antes de estudiar con el Dr. Rosas, nunca había tenido un maestro hispano. Estaba orgullosa de ver a un latino. Cuando le dije eso, me mostró el cheque que apenas había recibido. Él me dijo: "Algún día, ganarás más que esto". Se me cayó la boca porque el cheque era de más de mil dólares. Esto me animó a trabajar duro. Ahora, un cheque de mil dólares no hace que se me caiga la boca.

El Dr. Rosales sólo tenía una hija y era de mi edad. Invitó a algunos de su clase a que fuéramos a su casa a cenar y a conocer a su familia. Su esposa cocinó espaguetis para la cena. Nunca había comido espaguetis, pero me recordó al "fideo", una sopa que mi mamá hacía a menudo. Era difícil para mí comerlo hasta que alguien me mostró cómo enrollarlo al tenedor. Estaba delicioso. Instantáneamente me convertí en una fanática de la comida italiana. Fue una noche muy especial porque pude ver cómo vivían las personas exitosas.

No encontré la escuela muy difícil a excepción de cálculo. Estudiaba cálculo individualmente con el profesor de matemáticas después de que se dio cuenta de que las matemáticas me resultaban fáciles. No sabía que yo era buena sólo porque mis hermanos mayores lo estaban aprendiendo en la escuela. Tomé varias otras clases como estudio independiente porque les pedía a mis maestros clases que no se ofrecían en la escuela. Por ejemplo, yo quería aprender contabilidad, así que un profesor me dio un libro y trabajamos en él durante los períodos de estudio.

Seguía nadando. Sin embargo, no me gustaba que nos obligaran a usar sus trajes de baño, que en ocasiones estaban estirados e incómodos. Después de cambiarnos a nuestros trajes de baño azules descoloridos, una asistente nos subía a una silla de ruedas de aluminio y nos empujaba al área de la piscina donde había un resbaladero para que pudiéramos sumergirnos. Odiaba salir de la piscina porque era mucho más difícil subir, especialmente cuando estaba toda mojada. La natación siempre fue el único ejercicio que no me cansaba ni me causaba dolores corporales.

Otra clase que tomé fue banda, donde tocaba el clarinete. La verdad es que elegí ese instrumento porque me gustó su apariencia. Me han gustado muchas cosas y he sido exitosa en ellas, pero talento musical no tengo. Aun así, me uní a la banda de la Sra. Kamp. Era obvio que el mundo de la Sra. Kamp era todo música. Ella tenía un aspecto tan único. Tenía el pelo completamente blanco con sus cejas y pestañas también. Ella era una maestra excelente. Siempre me impresionaba cómo podía darse cuenta del más mínimo error, que desafortunadamente a menudo se me atribuía a mí. Aun así, nos animaba a todos. Ella nos empujaba a aprender música, enfocándose más en los estudiantes que carecían de talento musical como yo. Increíblemente, me preparó para competir en una competición nacional de clarinete. Yo toqué 'Yesterday', una canción famosa de los Beatles. Practiqué mucho, así que, aunque carecía de talento musical, estaba orgullosa de haber ganado una medalla.

Mi familia siempre apoyaba mis actividades y se alegraban de que me adaptara y me involucrara en la escuela. Siempre que fue posible, mis hermanos y hermanas asistían a eventos patrocinados por la escuela. La escuela estaba a veinte millas de distancia, por lo que no siempre era posible que asistieran. Sin embargo, asistieron a varios conciertos de mi banda. No estoy segura qué les impresionaba más si: escuchar la música de la banda o mirar a su alrededor y ver tantos jóvenes con diferentes tipos de discapacidades. Siempre que visitaban a Spalding, hablaban de la suerte que yo tenía de que mi discapacidad no fuera tan grave.

Los maestros no nos estimulaban mucho en Spalding. Parecía que no tenían grandes expectativas de nosotros. Creo que la mayoría de los estudiantes lo aceptaban y simplemente se conformaban. Aunque no nos lo dijeran directamente, estoy segura de que muchos maestros pensaron que terminaríamos cobrando beneficios del Seguro Social por nuestra discapacidad después de la escuela secundaria. Sin embargo, los profesores se alegraban cuando yo pedía aprender materias más difíciles. Nunca se negaban a ayudarme y se desvivían por enseñarme lo que yo quería aprender. Me fue muy bien en la escuela secundaria, pero ¿cómo podría irme mal cuando estaba compitiendo contra mí misma? Me convertí en uno de los estudiantes "populares", lo que me sorprendía porque actuaba como una estudiante súper aburrida que siempre estaba estudiando.

Mis visitas al hospital empezaron a ser más lejanas. Todavía caminaba con un aparato para la pierna izquierda y muletas, pero la silla de ruedas siempre fue mi respaldo. Me resultó difícil sentirme atractiva porque era incómodo usar dos tipos de zapatos diferentes. Tampoco quería usar vestidos porque trataba de esconder mis piernas cuando fuera posible. Siempre usaba pantalones, pero después de un solo uso, se rompían debido al filo de los aparatos de metal. Aprendí a poner la mano en mi rodilla porque me daba vergüenza que se vieran rotos. Mi mamá trató de encontrar una solución cosiendo una capa en el interior, pero no me gustaba porque no se veía bien.

Entre mi tercer y cuarto año de secundaria, para nuestras vacaciones de verano, mis papás, Rique y yo volvimos a La Purísima. Nuestra casa en La Purísima estaba ocupada por mi tía Fina, la hermana menor de mi mamá que se había mudado allí unos años después de que nos fuimos. Compartimos la casa; nos quedamos con ella y su familia durante nuestras vacaciones. Por mucho que quería recordar mi pasado en La Purísima, no podía. Me sentía extraña de estar allí. De alguna manera, en lugar de estar feliz de volver a mi lugar de nacimiento, me deprimía mucho. Sentía que no podía hacer mucho allí. No todas las banquetas estaban pavimentadas y algunas calles eran muy altas. Ahora había agua corriente, pero todo lo demás me parecía inaccesible. Era irónico que de niña me sintiera libre cuando gateaba por el suelo, pero ahora que caminaba me sentía atrapada al estar en La Purísima.

Mi tía Fina notó mi tristeza, así que trató de animarme invitándome a un baile que iba a ocurrir esa noche. Aunque rechacé su invitación, ella no aceptó un no por respuesta. Ella dijo: "Tienes que ir. Allí habrá muchos muchachos guapos". Aunque ya tenía diecisiete años, no me pintaba con maquillaje, pero ella insistió en ponerme un poco para el baile. Mi mamá estaba un poco nerviosa, pero confiaba en que esta podría ser una buena experiencia para mí, así que me dejó ir. Mi tía y yo comenzamos a caminar hacia el salón donde se realizaría el baile. Sólo habíamos avanzado una cuadra cuando una de mis muletas se atascó entre dos piedras y me tiró al suelo. Me golpeé la frente con el borde de la banqueta y comencé a sangrar. Como siempre, me senté para evaluar el daño para asegurarme de que no me hubiera roto ningún hueso. Afortunadamente, fue sólo un golpe terrible. Mi tía se sintió muy mal y supo que teníamos que volver a casa. Cuando llegamos a casa, mi mamá miró a mi tía, pero no dijo una palabra.

En general, ese viaje fue memorable, pero no por buenas razones. Además de mi caída, tuvimos otro susto. Mi papá todavía estaba luchando contra el alcoholismo. Una noche, le dijo a mi mamá que iba al centro del pueblo para platicar con algunos de los hombres que frecuentaban visitarlo en la tarde. Después de varias horas, mi papá no llegaba. Ya estaba oscuro afuera. Mi mamá dijo una oración mientras yo escuchaba atentamente a las palabras. Fue una oración larga, pero la aprendí al oírla varias veces. *"Dios te salve, reina y madre de misericordia…"* Empezábamos a preocuparnos mucho porque mi papá no volvía. Se acercaba el amanecer, y nuestros ojos cansados casi se cerraban cuando oímos un golpe en la puerta. Mi mamá se levantó rápidamente para abrir la puerta. Dos hombres prácticamente traían a mi papá empapado de lodo. Mi mamá agradeció a los hombres y cerró la puerta. Acostó a mi papá en la cama y le quitó los zapatos. Luchando, le quitó la ropa y limpió todo el lodo que pudo. Ella me mostró cómo el lodo casi había desintegrado su cartera, arruinando todo lo que contenía. Mi papá estaba inconsciente, así que no pudimos averiguar qué había sucedido.

Unas horas después, mi papá vomitó, no sólo por la cruda, sino por la tierra que posiblemente había tragado. Se dio un baño y no quiso hablar de lo que había sucedido. Mi mamá le preguntó: "¿Qué pasó?" y él respondió: "No sé". No fue hasta días después que estuvo lo suficientemente calmado para tratar de recordar lo sucedido. Habló de estatuas y de que no podía respirar porque estaba en un agujero. Todo era incoherente y no podíamos imaginar qué había sucedido. La mejor explicación que encontró mi mamá fue que estaba en algún lugar del cementerio, pero era sólo una suposición. Además, mi mamá trató de averiguar quién lo había traído a la casa, pero nunca lo supo. Lo que sucedió esa noche siguió siendo un misterio. Lo único seguro es que la experiencia lo asustó lo suficiente como para dejar de tomar alcohol definitivamente puesto que desde esa noche nunca más tomo ni una gota de alcohol.

Las dos semanas en La Purísima terminaron siendo la última vez que volví de visita. Regresé a Chicago con recuerdos y una nueva apreciación por todas las cosas buenas que tenía en Chicago. Esperaba traer de vuelta dulces que sólo eran disponibles en México, pero ni siquiera eso funcionó. Compré bolsas de diferentes tipos de dulces y las dejé en la mesa de la sala en La Purísima. La puerta principal no estaba totalmente cerrada, por lo que de repente un marrano de mi tía Fina empujó las puertas y entró adentro, llevándose las bolsas de dulces. Esto fue otra prueba de que ese viaje no fue "dulce".

Mi último año de secundaria pasó rápido porque fue divertido. Creo que mi grupo de amigos y yo tuvimos mucha flojera todo el año. Era divertido trabajar en el anuario ya que la clase del último año era el tema principal. No fue tan grande la clase de graduados como había sido la de mi hermano. En total sólo tuvimos unos cincuenta estudiantes en mi clase de graduación. Tuvimos un baile de graduación y yo fui. Fuimos en grupo, pero mi compañero era Vernon, un compañero de clase afroamericano de voz suave que usaba una silla de ruedas debido a su discapacidad. Fue fácil convencer a mis papás de que me dejaran ir porque yo estaba en el Comité de planificación y ellos apoyaban todo en lo que estaba involucrada. La canción del tema de la graduación fue 'Lift Us Where We Belong' (Levántenos a dónde pertenecemos). Lo que más recuerdo de la fiesta de graduación fueron mis dos primeros momentos - subir a una limosina y ponerme un vestido que resultó ser muy incómodo.

Spalding terminó siendo un lugar que me ayudó a tener éxito. Aunque creo que no fue difícil para mí, me ayudó de otras maneras. Aprendí a ser mi propia defensora y a desarrollar habilidades de liderazgo. Tuve profesores que me apoyaron mucho y que estaban llenos de energía con mi entusiasmo y siempre estaban felices de ayudarme. En Spalding, me consideraban una de las estudiantes más brillantes. De todas maneras, siempre dudé de mis habilidades. Siempre había sentido que no pertenecía en Spalding con personas con discapacidades, pero ¿encajaría con aquellos sin discapacidades? Me preguntaba si iba a estar en desventaja académicamente cuando fuera a la universidad. Temía no poder tener éxito con lo que requeriría una Universidad. ¿Era lo suficientemente aplicada? ¿Era lo suficientemente inteligente? ¿Pertenecería a una Universidad?

Mi enfoque siempre fue seguir adelante incluso con mis dudas y miedos. Por estas inseguridades, sabía que tenía que trabajar mucho y dejar el resto a Dios. Tomaba un día a la vez. Sabía que mi vida era impredecible y que cualquier plan que hiciera podía cambiar en un instante con una simple caída. Seguía trabajando con mi lista de cosas por hacer y esperaba que mis esfuerzos y mi gran deseo de aprender y tener éxito me ayudaran a salir adelante. Sabía cómo era ser discapacitada en una escuela donde todos tenían una discapacidad. ¿Pero sabría cómo ser discapacitada en una escuela donde sería la única con una discapacidad? Estaba empezando a descubrir mi propia identidad y cómo la discapacidad afectaba mi propia percepción de quién era yo. Desde que había llegado de México, mi discapacidad había sido algo de lo que debía deshacerme y cada cirugía que tenía era para deshacerme de ella tanto como fuera posible.

Ya me estaba dando cuenta de que, culturalmente, la discapacidad se veía de manera diferente. Mi familia siempre me había aceptado, pero en lo general los mexicanos veían a las personas con discapacidad como seres dignos de compasión que siempre dependerían de sus padres. También, los incapacitados que luchaban eran de ser admirados por el simple acto de levantarse cada día. Sutilmente, estaba recibiendo el mensaje de que nunca viviría una vida independiente, nunca me casaría y nunca tendría mi propia familia. Nadie me decía eso directamente, pero sentía que mi propia cultura creía eso de mí simplemente por mi discapacidad. No me importaba el cuidado adicional de mi familia inmediata, pero me molestaba pensar que los demás se compadecían de mí. A veces, iba a misa y mi mamá veía a alguien de La Purísima. Siempre decían comentarios sobre mi como, "Hay, pobrecita con esos aparatos". Para sobrevivir, tuve que empezar a construir una "burbuja" donde podía esconderme de las habladurías y no dejar que los demás me impidieran alcanzar mis objetivos. Yo era más que: los aparatos ortopédicos, la silla de ruedas y mi discapacidad, y lo iba a demostrar algún día.

CAPÍTULO 10

¡Los últimos meses de mi último año de secundaria fueron muy ocupados! Parecía que mis días bajo el cuchillo y en yeso habían terminado. Todavía tuve muchas caídas, pero por lo general sin mayores consecuencias. Había aprendido a frenar la caída con los brazos para que el impacto no fuera tan fuerte. Realmente comencé a odiar los inviernos porque el clima representaba un gran peligro para mí con muletas. Aun así, seguía avanzando.

En mi clase de graduación de 1984, fui la mejor alumna, votada como la que tenía más probabilidades de tener éxito entre otras características similares. Todavía tenía el sueño de algún día convertirme en abogada para mejorar la vida de las personas con discapacidades. También había decidido ir a la Universidad de DePaul después de verla tantas veces cuando iba al Children's Memorial Hospital. En mi ingenuidad, no pensé que mis aspiraciones fueran irrazonables, pero mi consejera sí.

Hice una cita con mi consejera de la escuela secundaria. Después de una pequeña charla, preguntó: "Entonces, ¿qué planes tienes para después de graduarte?" Le dije: "Ir a la universidad'. Aunque ninguno de mis hermanos o hermanas había ido a la universidad, sabía que mi única opción era tener una carrera. Todos mis hermanos y hermanas consiguieron buenos trabajos, pero los trabajos eran en fábricas, construcción y en el aeropuerto. Además, mis hermanos se casaron jóvenes. Ninguna de mis hermanas terminó la secundaria porque comenzaron a trabajar para ayudar a la familia. Reyna y Kika obtuvieron su GED después. Todos mis hermanos se graduaron de la escuela secundaria, pero luego comenzaron a trabajar. Mi consejera dijo: "Veo que vives en la Parkside. Perteneces al colegio comunitario de Wright". Le conteste, "Yo sé, pero quiero ir a la Universidad de DePaul". Se aclaró la garganta y dijo: "Oh, esa universidad es muy cara. Miremos a Wright. Sé que tomaste mecanografía con la Sra. Pope y sabes dos idiomas. Creo que te iría bien como secretaria porque es una carrera que puedes hacer sentada". Le di una mirada severa y una vez más dije: "No. Yo quiero ir a DePaul".

La consejera me dio una lista de razones por las que DePaul no era realista para mí. Ella dijo: «Sabes, no hay autobuses que te recojan». También dijo: «Es posible que no te acepten porque es una escuela difícil». En mi terquedad, dije: «Si no voy a DePaul, no iré a la universidad». La consejera luego dijo: «¿Por qué estás tan interesada en DePaul?» Pensé en decirle la respuesta que quería escuchar, pero estaba demasiado enojada y en su lugar dije: "Quiero ir porque me encanta el zacate de DePaul. He visto el pasto cientos de veces cada vez que voy al Children's Memorial Hospital". También dije: "Quiero convertirme en abogada para que los estudiantes con discapacidades como yo puedan ir a la escuela donde quieran ir sin tener que ir a Spalding". Finalmente se dio cuenta de que no iba a cambiar de opinión.

Yo ya había pensado en todos los obstáculos y tenía una lista de obstáculos que vencer. Repetía la lista en mi cabeza una y otra vez. La lista incluía: Debo presentar una solicitud y ser aceptada; debo solicitar ayuda financiera y encontrar dinero para ir; debo aprender a conducir para tener transporte y etcétera.

Los últimos meses de la escuela secundaria fueron muy ocupados. Le pedí a la consejera que me programara para tomar el examen conocido como ACT para poder entrar a la universidad. Sólo unos pocos estudiantes de Spalding tomaron el ACT. También fui a una agencia llamada Departamento de Servicios de Rehabilitación (DRS) porque tenían que evaluarme para ver si iba a poder conducir. Una vez que me declararon aprobada para conducir, me inscribí en una clase para aprender a conducir con controles manuales. Los controles manuales permiten que personas como yo, que no pueden usar las piernas, puedan manejar usando las manos. Una palanca es instalada cerca del volante que se conecta al pedal del acelerador y al freno. Dependiendo de la dirección en que se presione el control, el automóvil acelera o frena. Por mucho que traté de explicarles a mis papás cómo iba a conducir, no podían comprenderlo. Mi papá dijo: "¿En serio? ¿Vas a conducir con las manos cuando yo ni siquiera puedo conducir con los pies?"

Aprendí a conducir en el invierno de mi último año de escuela. Al principio me daba miedo, pero aprendí a usar los controles manuales rápidamente. Empecé a conducir en un enorme estacionamiento vacío. Debido a que el lote no se usaba, estaba lleno de nieve, pero mi maestro pensó que era perfecto. Dijo: "Si aprendes a conducir en la nieve, estarás preparada para manejar en cualquier situación". El instructor estuvo de acuerdo en que no necesitaría ninguna otra modificación ya que no tenía problemas con el volante. Después de unas semanas de entrenamiento, dijo que estaba lista para hacer el examen de manejo.

DRS acordó pagar por los controles manuales, pero yo tendría que comprar un automóvil. Durante los veranos, había trabajado en Spalding dando clases particulares a los alumnos de la escuela primaria. Había ahorrado mi dinero. Además, mis hermanos contribuyeron para poder comprarme un auto usado y mi papá y mi hermano me acompañaron a comprarlo. Obviamente, no podría probar el carro que nos gustó debido a mi necesidad de controles manuales. Sólo me aseguré de poder tirar rápidamente mis muletas en la parte de atrás cuando entrara. Mi hermano caló el auto y todos nos decidimos por un Chevy Citation color café de 1981 con una cajuela amplia. Para mí, era el auto más hermoso del mundo.

Mi hermana Kika me acompañó a instalar los controles a mi carro nuevo, un sábado de abril. No había muchos lugares que instalaran controles manuales, pero el más cercano que encontramos fue en Elmhurst. No esperábamos que la ubicación fuera una residencia privada con un garaje adjunto que se utilizaba como taller. El mecánico me había dicho que tocara el pito cuando llegáramos. Ni siquiera un minuto después de tocar el pito un hombre sale rodando en silla de ruedas de su casa. Notamos que no tenía piernas. Dijo: "La instalación tardará unos treinta minutos. ¿Cuál mano usas para el control?" Tuve que pensar en ello por un minuto, luego dije: "Uso mi izquierda". No pude evitar preguntarme si él sería la persona que los instalaría, pero pronto descubrí que sí.

Kika se asombró cuando el hombre saltó de su silla y se subió a un carrito de madera que me recordó al que usaba yo cuando era niña. Usó sus manos para moverlo alrededor del Citación. Luego se sentó en el piso del asiento del conductor, encajando perfectamente en el pequeño espacio. Mi hermana no podía dejar de mirar. Oímos el ruido de sus herramientas eléctricas apagándose y encendiéndose. Después de un momento comenzó a chiflar como si no estuviéramos allí. No tuvo ningún problema para instalar los controles. Me impresionó su agilidad y cómo instaló los controles manuales tan rápido. Cuando terminó, le pregunté: "¿DRS le dio el cupón para que le paguen?" Dijo: "Sí, todo está listo". Mi hermana preguntó: "¿Puedo yo conducir el auto, aunque tenga controles? Aún no tiene licencia ella. Él dijo: "Seguro; los controles no estorbarán".

Kika no podía dejar de hablar de cómo el hombre pudo encajar justo debajo del volante. Ella dijo: "No puedo quejarme de nada. Mirándolo me di cuenta de que no tengo ninguna razón para no tener éxito y trabajar". A lo largo de los años, décadas después, Kika todavía recordaba esa experiencia. Para sentirse mejor, cuando Kika tenía dudas o se sentía ansiosa por algo, imaginaba al mecánico silbando, poniendo los controles manuales.

Estaba muy nerviosa cuando fui por mi licencia de conducir. Practiqué un poco más y luego pensé, es ahora o nunca. Mon me llevó al DMV (Departamento de vehículos motorizados) para tomar mi examen de manejo. El instructor que me llevó a la carretera ni siquiera parecía nervioso, a diferencia de algunas personas que temen a los controles manuales. Presté mucha atención a cada una de las instrucciones. Pasé el examen en mi primer intento y me convertí en una conductora legal. Mi mamá estaba tan feliz de que yo pudiera conducir, ya que ella nunca aprendió cómo hacerlo y sabía lo limitante que era depender de otras personas o del transporte público. De todos modos, mi mamá dijo que prefería que yo siempre estuviera con alguien cuando manejara. Ella decía: "¿Qué pasa si te quedas atascada en la nieve?" Siempre que me iba, ella me daba su bendición y decía: "Dios te bendiga. ¡Con cuidado!"

Las calles de Chicago no me asustaban. Era muy buena con las direcciones y conocía bien la ciudad. Utilicé las enseñanzas de mi papá para saber siempre en qué dirección iba. También aprendí las cuadras de las calles según los números de las calles. Por ejemplo, vivía en la cuadra 5600 que era Central. Antes vivía en la cuadra 3600 que era la Kimball. También tengo una memoria visual bastante buena. Siempre decía: "Si he estado allí, nunca olvidaré cómo llegar". Al principio, conducía por las calles y evitaba las autopistas. Sin embargo, una vez llegué a la Interestatal 290 por error. Rezaba en voz alta el "Padre Nuestro" y sostenía el volante como si se fuera a caer. Estaba tan asustada. Vi a un oficial de policía en el hombro, así que decidí detenerme detrás de él. Le dije: "Hola oficial, me metí en esta carretera por error. Quiero ir a Chicago". "Él dijo, "estás en Chicago". Dije: "Quiero ir al oeste". Él dijo: "Te diriges al oeste". Dije: "Quiero ir a la Central". Dijo: "Te diriges a la Central". Vio mi cara de pánico y luego dijo: "Baja en la segunda salida adelante". A partir de entonces, las autopistas fueron muy sencillas y pronto me deshice de los nervios.

Quizás debido a mis muchas citas, había aprendido a ser muy organizada. Progresé en la lista que me había hecho encantándome tachar las cosas mientras las hacía. Entonces, poco a poco fui tachando cosas de la lista para ir a DePaul. Mis papás no sabían cómo ayudarme porque el proceso universitario era extraño para todos en mi familia. Mi organización me ayudó a hacer las cosas paso a paso. Nuevamente, debido a mi experiencia con los hospitales y siempre navegando por mi cuenta, aprendí a hacer muchas preguntas sin tener miedo. Me convertí en mi propia abogada.

La solicitud a DePaul indicaba las expectativas y me dio temor no calificar. Pero lo logré. Me aceptaron porque tenía un buen porcentaje en mis grados y había salido bien en el examen universitario llamado ACT. Me sirvió mucho haber salido como la mejor alumna con un promedio de calificaciones de 4.0, que es lo más alto. Hubo muchos pasos que no entendía. Afortunadamente, DRS, que me ayudó a aprender a conducir con controles manuales, también acordó ayudar a financiar la universidad. Este bendito departamento de gobierno ayuda a los discapacitados a prepararse para obtener un trabajo y así evitar que cobren al seguro social. Me asignaron al Sr. McGraw, que creo ya debió haberse retirado por su edad. Era un hombre dulce, pero con poco entusiasmo y energía. A menudo era yo quien lo dirigía. Estuvo de acuerdo en pagar por cualquier cosa que la Ayuda Financiera Federal no cubriera. Solicité y califiqué para la mayoría de los costos. El DRS acordó pagar el resto y también el costo de los libros.

Mi papá se tomó una semana de vacaciones del trabajo para poder ayudarme durante la primera semana de clases. Mis papás fueron increíbles. Aunque temían constantemente por mi seguridad, nunca me impidieron lograr mis objetivos. Ninguno de mis papás condujo, por lo que era comprensible que tuvieran preocupaciones sobre mi capacidad. Mi papá decidió que iría a la escuela conmigo para poder ayudarme con mi mochila y para meter y sacar mi silla de ruedas de la cajuela en caso de que el salón estuviera demasiado lejos. Le dije que no era necesario, pero insistió. No tenía ni idea de lo que él tramaba o de lo contrario habría tratado más para convencerlo.

Mi objetivo era ser abogada, así que, durante mi orientación en DePaul el consejero me sugirió que obtuviera un título en Sociología, ya que incluía la mayoría de las clases de derecho, para ver si me gustaba. Afortunadamente, funcionó a mi favor porque todo el programa de Sociología se llevó a cabo en el campus de Lincoln Park y no era necesario ir al centro. Poco después, también me decidí por una especialización en Filosofía porque pensé que el pensamiento crítico era crucial para convertirme en abogada.

Mi primera clase comenzaba a las 11:00 de la mañana, así que le dije a mi papá que quería irme hacia DePaul a las 9:30 para tener suficiente tiempo y poder encontrar mi clase. Él dijo: "Está bien, vámonos para que puedas esperar el autobús de CTA". Lo miré confundida, "papá, planeo conducir allí". Dijo: "Lo sé, pero creo que hasta que practiques más a conducir, debes manejar detrás del autobús de CTA porque va muy lento y así no te sentirás apurada". No podía creerlo, así que le pregunté: "¿De veras?" Mi papá hablaba en serio y lo había pensado toda la noche.

Mi papá planeaba ir conmigo y luego volver a casa en el autobús, regresando más tarde cuando yo saliera. Le dije que era demasiado complicado, pero insistió en su plan. Entonces, seguí el autobús de la CTA desde la avenida North hasta la calle Fullerton, esperé el segundo autobús en Fullerton y luego lo seguí hasta que llegué a DePaul. Apenas llegué a tiempo, pero afortunadamente el salón de clases estaba justo dentro del primer edificio junto a los hermosos jardines. Lo bueno fue que mi papá vio que yo era una buena conductora y me dejó conducir al día siguiente sin seguir al autobús. Siempre me pregunté cómo mi papá podía evaluar mis habilidades de manejo cuando ni siquiera sabía conducir.

Mi primera clase fue matemáticas. Aunque el salón estaba cerca, me alegré de estar en mi silla de ruedas porque vi que las sillas tenían ruedas y no hubiera podido sentarme en la silla de manera segura. La clase tenía unos treinta estudiantes, pero yo era la única en silla de ruedas. Me senté en el primer espacio que vi donde no estorbara, que estaba junto a la puerta en el medio del salón. Era una ubicación extraña para la puerta, pero a la larga funcionó a mi favor. Eché un vistazo rápido a mi alrededor y noté que la mayoría de los estudiantes eran blancos. Esto fue muy diferente a la composición de mis clases en Spalding. Vi a dos estudiantes con cabello más oscuro, pero no estaba segura de que fueran latinos porque sólo vi la parte de atrás de sus cabezas. El profesor repasó los requisitos y nos dijo todas sus expectativas y cuándo iban a ser las pruebas.

CAPÍTULO 11

Después de la clase de matemáticas en mi primer día de clase, un joven latino bien parecido se me acercó para saludarme. Se presentó como Gerardo. Me presenté y seguí rodando, principalmente por nerviosismo y no queriendo estorbar. Gerardo fue la primera persona que conocí, sin saber que sería un amigo de toda la vida. Fue el primero en mostrarme que yo era más que las ruedas en las que estaba o los aparatos que usaba. Yo era una persona con metas, valores, una fuerte ética de trabajo, decidida y sencillamente digna de ser conocida. Aprendí a determinar cuándo alguien se sentía cómodo conmigo debido a mi discapacidad al captar pistas sutiles. Inmediatamente reconocí que Gerardo se sentía muy cómodo conmigo y que disfrutaba de mi compañía.

Fui muy afortunada de haber conocido a tantos grandes amigos en DePaul, la mayoría latinos. Fue chistoso, pero teníamos nuestro territorio en el edificio principal de Lincoln Park. Un área común donde se reunían los estudiantes se llamaba "The Pit" (El hoyo). Creo que se llamaba así porque era un área hundida en el medio del edificio cuando entras por primera vez. Había escaleras para llegar al fondo con asientos alrededor. Obviamente, rara vez bajaba allí debido a los escalones, pero entre clases o después de clases, me sentaba en un sofá fuera de "el hoyo". Gerardo solía verme sentada y pasaba a charlar. Poco tiempo después nos veían otros latinos y ellos también venían a hablar con nosotros. Antes de que nos diéramos cuenta, más de una docena de amigos se reunían allí todos los días. Me di cuenta de que si alguien más de otra raza estaba sentado en el sofá y veía que los latinos comenzábamos a congregarnos, se movían como diciendo: "Este lugar es propiedad de los latinos".

Mis clases académicas eran mi prioridad y mis amigos lo sabían. De hecho, lo apreciaban. Mi ética de trabajo para los estudios me ayudó enormemente porque sabía que tenía algo que ofrecer. Siempre estaba dispuesta a revisar un artículo o ayudar con una tarea. A cambio, no me avergonzaba al decir: "¿Puedes ayudarme a limpiar la nieve de mi coche?" A veces, cuando otro estudiante tomaba el espacio de estacionamiento para discapacitados, uno de mis amigos iba a estacionar mi automóvil y luego me lo devolvía cuando lo necesitaba. Fue un acuerdo de "dar y recibir" entre nosotros. Me iba bien en la escuela, pero no fue fácil. Mi organización y la falta de aplazamiento a fechas fueron de gran ventajas. La facultad me asignaba un trabajo o una tarea, y yo lo comenzaba de inmediato, incluso si no tenía que entregarse hasta unas semanas después. Me sentía bien tener éxito compitiendo con mis compañeros e incluso lo estaba haciendo mejor que algunos.

Unirme a una organización estudiantil, Latinos Unidos, me ayudó enormemente con mi autoestima. Conocí a muchos estudiantes que tenían las mismas dificultades que yo en términos de familia, finanzas y falta de oportunidades. Me ayudaron a darme cuenta de que mi discapacidad no era el único obstáculo para mí. Otro obstáculo real era mi raza y que la gente asumía que no pertenecía a posiciones de poder o éxito. Esto fue muy beneficial para mí, porque por primera vez, dejé de enfocarme sólo en mi discapacidad y comencé a sentir orgullo por mis raíces y herencia. Por primera vez, podía decir que estaba orgullosa de ser latina en los Estados Unidos.

Estudiaba mucho; salía de mi casa temprano y no volvía hasta el anochecer. Además de estudiar en "el hoyo", estaba constantemente en la biblioteca. Allí conocí a uno de mis amigos, Lucino. Lucino había inmigrado de México cuando era adolescente, pero estaba ansioso por aprender y desarrollarse. Como yo, a menudo estaba en la biblioteca tratando de estudiar. Había escuchado que yo era buena para escribir, así que me pidió que revisara sus trabajos. Después de hacernos amigos, le ofrecí llevarlo a su casa, especialmente cuando estaba oscuro. Cada vez, me hacía dejarlo en la esquina, sin importar cuánto insistiera en llevarlo hasta la casa. Después de que confió más en mí, admitió que le daba vergüenza mostrarme dónde vivía. Compartí algo de mi propia historia y, a partir de entonces, nos dimos cuenta de que éramos más parecidos que diferentes. Lucino es ahora un hombre exitoso de negocios que ha recorrido un largo camino de cuando era la persona que tenía vergüenza de mostrarme dónde vivía y aquel joven que necesitaba ayuda para revisar sus escritos.

Otro alumno que conocí por mi amor a la escritura fue Luis. Luis era un inmigrante nuevo de México que, como Lucino, estaba aprendiendo inglés. Se acercó a mí en busca de ayuda con sus escritos. A través de nuestras interacciones, aprendí que mi familia no era tan grande como yo pensaba. Luis tenía diecinueve hermanos de la misma mamá y papá. Luis asistía al seminario mientras estudiaba en DePaul. Estaba seguro de que quería ser sacerdote. Yo solía decirle, "Como que creo que, en vez de padre, vas a ser camote". Me encantaba burlarme de él insinuando que no había forma de que se convirtiera en sacerdote. Él demostró que estaba equivocada. Ahora es sacerdote y me ha ayudado en varias ocasiones a celebrar la misa para mi familia. Seguimos siendo amigos y en ocasiones voy a la parroquia donde él es párroco.

A veces, mi encuentro con personas que se convertirían en amigos para toda la vida era casual y no planeado. Un día, mientras estaba sentada junto a "el hoyo", una persona a la que no había visto antes se sentó a mi lado y comenzó a hablarme. Se presentó como Daniel. Me conecté de inmediato con él, sin saber por qué la afinidad que sentía era tan fuerte. Nos hicimos amigos al instante y nos buscábamos cada vez que estábamos en DePaul. Al igual que Gerardo, sentía que Daniel ni siquiera notaba mi discapacidad. Tenía una personalidad extrovertida y hacía que todos, incluyendo yo, nos sintiéramos apreciados. Sin importar las preocupaciones que tuviera, desaparecían cuando hablaba con Daniel.

Conocí a muchos otros estudiantes latinos durante mis cuatro años de universidad. Me sentía valorada y mi discapacidad no era un problema. Aunque no vivíamos en la universidad, como muchos lo hacían, fue una parte muy importante de nuestra vida social. Yo iba a las reuniones de Latinos Unidos y también a cualquiera de sus eventos. Mis papás seguían siendo estrictos, pero creo que me salía con la mía con más cosas que mis hermanas. Aun así, me exigían que llegara a la casa a cierta hora. A menudo me quejaba diciendo: "No es justo que tenga que estar en casa a las once. Por lo general, a las once es cuando la fiesta comienza a ponerse buena". Decían: "Ya que te perderás la fiesta, entonces no vayas". Sólo gruñía y empezaba a prepararme.

Hubo un par de eventos que siguen siendo recuerdos muy especiales para mí. Uno fue un baile que se llevó a cabo en el gimnasio donde jugaba el equipo de baloncesto Blue Demons. A este equipo les fue muy bien durante mi época en DePaul. El baile fue patrocinado por Latino Unidos. Tenían un DJ tocando música popular de los 80. Me encantaba bailar. En casa, veía a mis hermanas bailando sus cumbias, y en mi mente, estaba bailando junto a ellas. Por supuesto, nunca me había atrevido a bailar; estaba todo en mi cabeza. Me encantaba la música pop de Michael Jackson, Madonna, Duran Duran, Cindy Lauper y la lista sigue. Sólo un par de años antes de la universidad había quitado los carteles de mis músicos favoritos de mis paredes.

En el baile, mis amigos pusieron algunas mesas juntas para que todos nos sentáramos. Ellos ya sabían que los quería al frente para ver bailar a la gente. Daniel dijo: "Vamos todos a bailar". Miré a todos, como si su invitación no me incluyera. Él dijo: "Sí, tú también". Supongo que me sentía tan cómoda con mis amigos que no tuvieron que preguntarme dos veces. Todos fuimos a la pista de baile. Incluso con mis muletas, les gané a todos. El único que siguió bailando fue Daniel que bailó conmigo hasta que el DJ dejó de tocar. Mientras estaba en la pista de baile, me sentía tan viva. Todo el sufrimiento anterior a lo largo de mi vida se había disuelto. Fui liberada desde esa noche en adelante porque nunca dejé de bailar desde entonces, sin importarme lo que pensara la gente al verme.

Ese verano, un grupo de siete de nosotros de Latinos Unidos fuimos a la Feria Estatal de Wisconsin. Ahora que había probado el baile, quería más. Por la noche, fuimos a un bar llamado Marilyn Monroe (¿quién podría olvidar un nombre así?). Fuimos durante la noche de karaoke, y a quienes participaban les daban una copia de la actuación en una cinta VHS (sí, fue antes de los DVD). Por supuesto, no queríamos dejar pasar esa oportunidad. Decidimos participar como grupo. Cuando miramos la lista de canciones, la única canción que todos conocíamos era *La Bamba*. Empezamos a cantar, bailando al ritmo de la canción, mientras yo usaba mi muleta para simular una guitarra y Daniel fingía estar bebiendo una cerveza Corona. Ciertamente sabíamos cómo interpretar el papel, pero nuestro canto era el problema. Todos cantábamos terrible, hasta que el más tímido de todos, Javier, decidió rescatarnos con su linda voz. Fue muy divertido. Ojalá hubiera transferido el VHS a un DVD para poder verlo de nuevo.

Además de bailar, hicimos otras cosas divertidas. Un día yo quería ir a nadar, y Daniel me convenció de ir a la piscina de la escuela. Dudaba que la piscina tuviera accesibilidad para entrar, pero pensé que con la ayuda de Daniel me las arreglaría. Después de quitarme el aparato ortopédico y cambiarme en mi traje de baño, fui a la piscina en mi silla. Rick, quien era amigo de Gerardo, estaba en la piscina ya que nadaba con regularidad. No tuve problemas para entrar. Básicamente salté de mi silla de ruedas. Jugamos algunos juegos de "aguantar la respiración" y nadamos durante treinta minutos.

Después de pasar un rato en la piscina, estaba lista para salir. Traté de salir usando los escalones de la piscina. Usé las fuerzas de mis brazos para intentar salir, pero no podía. Intenté diferentes métodos sin éxito y finalmente tuve que admitir que necesitaba ayuda. Daniel, con su humor alegre habitual, al principio pensó que estaba bromeando, pero cuando dije: "Oh, no, estoy atrapada", se dio cuenta de que hablaba en serio.

Daniel sabía que no podría sacarme solo, así que llamó a Rick y le pidió ayuda para sacarme. Se miraron y dijeron: "Sí podemos sacarte. No te preocupes". ¡Sí estaba preocupada! Desde afuera de la piscina, tomaron un lado cada uno y empezaron a sacarme agarrándome de los sobacos. Yo gemí y les dije: "Esto no va a funcionar". Rick comenzó a ponerse notablemente ansioso y comenzó a caminar de un lado a otro. Cuando vi su reacción, estaba más preocupada por él que por mí. Luego, sin que yo lo esperara, Rick se sumergió en la piscina de nuevo. Daniel y yo estamos en estado de shock. Cuando su cabeza sale del agua, dice: "Necesitaba eso". Luego le dice a Daniel: "Puedo empujarla hacia arriba mientras tú la jalas". Rick no estaba seguro de dónde detenerme. Estaba tan nervioso que dijo: "Esperen, ya vuelvo". Rick salió de la piscina. Me pregunté: "¿Pues a dónde va ahora?" De repente se sumergió de nuevo en el agua. Cuando salió, dijo: "Está bien, hagámoslo". Tanto él como Daniel pudieron sacarme, pero creo que Rick necesito terapia después de este incidente.

Con las muchas experiencias que compartimos, Gerardo y yo nos convertimos en mejores amigos. Él tenía un trabajo de medio tiempo en una zapatería cercana y me invitaba a estudiar con él mientras él trabajaba. En su trabajo conocí a su hermano Jaime. A partir de ahí, ellos fueron mis torres gemelas, ya que eran muy altos, mientras que yo sólo medía cinco pies. Su lugar de trabajo no siempre era el mejor lugar para estudiar. Nunca fallaba: cada vez que empezábamos a estudiar, entraba un hombre a probarse los zapatos. Empecé a aprender todo sobre los estilos de zapatos observando trabajar a Gerardo. Fue una buena diversión para mí salir del campus y aun así intentar estudiar un poco. Un día, al salir de la zapatería, tropecé con algo y me caí. Antes de que Gerardo tuviera un momento de pánico, comenzó a cantar: "Si eres feliz y lo sabes, besa el suelo". No sabía si debía reír o llorar. Miré hacia arriba y aprecié cómo Gerardo hizo que el momento vergonzoso fuera divertido. Me sentía completamente segura de ser yo misma con Gerardo.

Una vez, Gerardo me invitó a cenar a su casa. Estaba nerviosa de conocer a sus padres, pero acepté su invitación. Lentamente subí las escaleras para entrar a su casa. Inmediatamente sentí que su hogar era sereno y cálido. Sus padres me dieron la bienvenida a su casa y me invitaron a sentarme a la mesa. Siempre he sido particular con la comida, así que esperaba no hacer nada que me avergonzara. Su mamá había cocinado "milanesa de pollo". Cuando les pregunté qué era, no podían creerlo, ya que es un plato común en una mesa mexicana. Nunca había comido pollo empanizado antes, pero deseaba que me lo hubieran presentado mucho antes. Estaba delicioso y al instante me gustó. Por supuesto, Gerardo ya había descubierto que no siempre estaba dispuesta a probar nuevos platillos, aunque siempre trataba de convencerme. Esta vez, no fue necesario convencerme porque su mamá era una excelente cocinera y la milanesa estaba deliciosa.

Desarrollé una amistad también con Jaime, el hermano de Gerardo, a medida que fui conociendo mejor a los hermanos. Estos hermanos tenían una manera de aligerar cualquier situación difícil usando su humor. En otra ocasión cuando caminaba junto a Jaime, durante un día muy ventoso, me resbalé y caí. El viento prácticamente me derribó. Jaime me dijo: "Pascuala, no te vayas rodando. Espérame." Jaime notó que el reportero de noticias del Canal 2, Harry Porterfield, estaba cerca haciendo su informe semanal "Thumbs up Chicago", una especie de "Viva Chicago". No sé si Jaime lo señaló para que viniera, pero lo siguiente que supe, fue que estaba sentada en el suelo con mi "pulgar hacia arriba" con una sonrisa llorosa. Estuve en las noticias esa noche.

Una de mis caídas durante mis años universitarios sí tuvo consecuencias más graves. Cuando estaba en mi segundo año en DePaul, dos semanas antes de los finales del semestre de primavera, me estaba preparando para ir a la escuela y de pronto me caí. Ojalá pudiera decir que me caí mientras hacía algo heroico o divertido, como esquiar. Desafortunadamente, me caí mientras me lavaba los dientes. Perdí el equilibrio mientras estaba de pie junto al lavabo y me caí de lado, golpeándome la rodilla derecha con fuerza en la bañera. Fue la peor quebradura de todas. No había duda porque la rotura era tan fuerte que el hueso era visible a través de la piel. No me había roto un hueso durante algunos años, así que no estaba lista para otro, y mucho menos para la peor ruptura de mi vida.

Lo primero en lo que pensé fue en la escuela. Me estaba preparando para los exámenes finales y tenía un importante trabajo de investigación para Composición en inglés II. Cuando fui al hospital, mi pierna derecha fue enyesada desde los dedos de los pies hasta la cadera. No habría forma de que yo pudiera asistir a clases para terminar mi semestre porque tenía que mantener la pierna elevada y no tenía transporte que pudiera acomodar mi nueva situación. Me comuniqué con mis amigos y profesores para establecer estrategias sobre cómo completar con éxito el semestre. Afortunadamente, en todas mis clases, excepto en inglés, estaba lo suficientemente adelantada que incluso sin el final, obtendría una A. Para inglés, sólo tenía que entregar el trabajo de investigación final. Pasé la primera semana después de mi lesión con una máquina de escribir Smith Corona entre las piernas, escribiendo mi artículo sobre el tema de la Revuelta Luterana contra la Iglesia Católica. Uno de mis compañeros me hizo el favor de venir a mi casa a recoger el escrito y entregarlo.

Después del pánico de entregar mi trabajo, me enojé mucho y me deprimí tal vez porque pensé que ya había terminado con los huesos rotos. Durante dos meses estuve en la cama, con la pierna elevada mientras miraba a dos películas repetidamente. Yo vi "Footloose" y "Greystoke: La leyenda de Tarzán" una y otra vez en la televisión. Debo haberlas visto al menos veinte veces. Incluso memoricé las líneas de las dos películas. También saqué mi ira en mi propio cabello. Como tenía el pelo largo y era difícil lavarlo mientras estaba enyesada, agarré un par de tijeras y me corté el pelo. Fue un verano difícil, pero como hacía a menudo en mi vida, seguía adelante y continuaba con mi vida. Aprendí que tener lástima por mí misma por mucho tiempo no funciona.

De manera similar a mi relación con Gerardo, mi amistad con Daniel crecía más cada año. Un tiempo después descubrí que él también era de La Purísima. Aparentemente, él lo supo todo el tiempo y pensó que yo también lo sabía. Ahora, era obvio por qué me sentía tan conectada y cómoda con él. Daniel vivía con otros jóvenes y con un cura en "Casa Claret". Casa Claret era un lugar para que los jóvenes decidieran sobre su vocación sacerdotal mientras asistían a la universidad. Aunque Casa Claret era para hombres, me convertí en una visitante frecuente. A menudo cenaba con todo el grupo. Todos me aceptaron inmediatamente. Una vez, durante un invierno, fui a cenar a Casa Claret. No esperaba que una tormenta de nieve cubriera la ciudad en unas horas. Estaba a unas quince millas de mi casa, y lo que normalmente me llevaría 40 minutos en coche, terminó siendo cinco horas en esa tormenta.

Cuando me acuerdo del pasado, aprecio aún más lo que mis papás hicieron por mí. Debieron haberse preocupado mucho, pero nunca dejaron que su preocupación me impidiera vivir mi vida al máximo. Incluso en los peores días de nieve, mi mamá me daba sus bendiciones, me ayudaba a subir al auto y sólo rezaba para que Dios me protegiera. A veces porque perdía la noción de la hora y, a veces, porque había una razón legítima, no siempre cumplía con sus pedidos de que volviera a casa a una hora específica. Cuando llegaba tarde en la noche, encontraba a mi papá, generalmente en calzoncillos, parado en la cocina comiendo un aperitivo, o al menos eso era lo que él quería que yo creyera. Intentaba entrar tranquilamente a la casa, pero en caso de que no lo viera, tosía o hacía ruido con los platos. Sin embargo, él nunca me hablaba ni yo tampoco.

Mi familia siempre me cuidó. Por la noche, cuando aún estudiaba, mi hermano Lalo, que trabajaba en el aeropuerto hasta las 11 de la noche, venía a platicar conmigo. Hablábamos sobre su novia Irene, quien luego se convertiría en su esposa. El también disfrutaba escuchar de mis cosas. Hablábamos mientras comíamos cualquier comida rápida que él recogía en el camino a casa desde el trabajo. Desarrollamos una relación de confianza y debido a esas charlas nocturnas, probablemente subí algunos kilos de más.

Además de mi vida académica, familiar, y social, también tuve varios empleos de tiempo parcial. La mayoría parte del tiempo trabajé en el colegio. Trabajé como tutora de escritura durante mi primer semestre en DePaul. El Centro de Escritura me recomendó entonces a trabajar para un programa especial llamado STEP (Paso). STEP era un programa que se ofrecía los sábados para estudiantes de secundaria el cual les ofrecía el primer "paso" para animarlos a considerar la universidad como una opción. Los estudiantes tomaban clases de escritura, lectura y matemáticas mientras aprendían sobre la vida universitaria. Yo realmente disfrutaba el programa y agradecía especialmente de haber conocido a la coordinadora, Dra. Rafaela. Ella era la segunda latina que había conocido que trabajaba en una carrera de Educación. Se convirtió en mentora y en alguien que me apoyaría durante toda mi experiencia universitaria.

En mi programa académico de Sociología, también conocí amigas que veía en varias clases. Shirley, Sara y Jenna se hicieron buenas amigas mías. Conocí a Shirley en mi único trabajo fuera de las instalaciones del colegio. Fui tutora de los estudiantes de Kelvyn Park High School que tenían problemas con el inglés como segundo idioma. Fue irónico que la misma escuela que me había rechazado como estudiante, ahora me contratara como una de sus empleadas. Uno de los estudiantes a los que ayudé fue Aureliano, quien más tarde se convirtió en un reportero de noticias de televisión de gran éxito en un canal de televisión en español. Shirley y yo trabajamos juntas, y en nuestra charla, descubrí que ella no vivía lejos de mí. Ella tomaba el autobús de la CTA, así que le ofrecí llevarla a su casa.

Shirley también es una amiga de toda la vida porque compartimos muchas experiencias. Aunque conocí a Shirley en Kelvyn Park High School, terminamos tomando muchas clases juntas en DePaul. También comenzamos a coordinar nuestros horarios para que yo pudiera llevarla a la escuela. No sólo me convertí en su conductora, sino también en la conductora de mis otros amigos. Me convertí en la limusina no oficial de la Universidad DePaul. Mi limusina siempre tocaba una melodía de Los Bukis, mi grupo musical mexicano favorito. Por la mañana, primero recogería a Shirley en la Central y Fullerton, luego conduciría hacia el este por la Fullerton y recogería a Gerardo y a Jaime, finalmente conduciría unas cuadras más al este y recogería a Miguel otro amigo de Latinos Unidos. No me importaba recogerlos, pero sí me fastidiaba que Gerardo y Jaime rara vez estuvieran listos cuando llegaba. Tocaba el pito y, por lo general, esperaba a lo menos quince minutos para que salieran. Mucho después, Gerardo me admitió que a veces oían el pito y rápidamente se metían a la regadera porque sabían que me estaba impacientando.

Shirley y yo también trabajamos juntas en otro trabajo. Ambas decidimos trabajar para el centro de llamadas de DePaul, donde los estudiantes llamaban a los exalumnos para pedir donaciones. El trabajo era todas las noches por cuatro horas, de cinco a nueve. Durante nuestro descanso, corríamos a Domino's y comíamos una pizza mediana entera en la cena asignada de 30 minutos. Intentamos divertirnos durante este trabajo lleno de estrés, pero a veces no era posible. Diariamente, llamábamos a exalumnos y comenzamos pidiéndoles una donación de un millón de dólares para estar en el "Club de presidente". Teníamos una guía de la cual no podíamos desviarnos, incluso cuando sabíamos que la gente colgaba mucho el teléfono cuando podíamos un millón de dólares. Shirley y yo nos sentábamos una al lado del otra, lo que a menudo terminaba siendo un error. Las risitas eran incontrolables a veces. ¿Cómo podría controlarme cuando escuchaba a Shirley decir: "Hola, Sr. Hurley, ¿esta es Shirley...?"

Sara era alguien de quien creía que sería mi amiga de toda la vida, pero a quien perdí debido a las circunstancias de la vida. Sara era una hermosa muchacha puertorriqueña que pensó que quería ser enfermera, pero luego se cambió a sociología como su especialidad. Era tan bonita que incluso participó en el concurso de Miss Illinois. Tomamos muchas clases juntas, pero todavía me preguntaba por qué ella quería ser amiga de una persona como yo. Shirley, Sara y yo salíamos a menudo los fines de semana. A veces íbamos al cine, salíamos a comer a nuestros lugares favoritos, Mr. Subs o Baker's Square, y en raras ocasiones íbamos a una discoteca.

Recuerdo cuando fuimos a un club nocturno me mostró claramente cómo los hombres preferirían la belleza a cualquier otra cualidad. Sara, tal vez porque sabía que era bonita, solía darles la espalda a los hombres. Cuando íbamos a un club nocturno, ni siquiera le daba la hora a ninguno. A veces incluso me sentía avergonzada por cómo los trataba. Yo, por otro lado, siempre era amable con cualquiera. Cuando los muchachos se nos acercaban, sonreía y charlaba con ellos. Esa noche, un tipo como de veinte años se acercó y empezó a hablar con nosotras tres. Sara claramente no estaba interesada, Shirley fue cordial, pero yo fui muy amigable y bromeaba con el joven.

El hombre y yo nos llevamos bien, charlando, riendo y pasándola bien. Incluso nos compró a todas una ronda de bebidas. Comenzó a compartir información sobre sí mismo y se sintió cómodo hablando conmigo. Todo el tiempo, Sara, estaba mostrando intencionalmente su falta de interés hasta el punto de ser grosera. Cuando llegó el momento de irnos, comenzamos a recoger nuestras cosas y me despedí de todos. El hombre, que me había hablado toda la noche y que Sara había ignorado y rechazado, dijo: "Sara, ¿puedes darme tu número de teléfono?" Sara expresó fastidio y se levantó bruscamente sin responder. Shirley y yo nos levantamos y nos despedimos.

Mientras conducía a casa, no pude evitar empezar a sentir lástima por mí misma. Después de que las dejé, el flujo de lágrimas no se pudo detener. Me preguntaba, cómo es que la vida era tan dura. No podía entender por qué el joven había preferido a la persona que fue tan mala, grosera e irrespetuosa en vez de a la que lo trato bien haciéndolo reír. Dentro de mí sabía la respuesta a la pregunta que estaba haciendo. Sara era hermosa y yo no. Yo sólo era lo suficientemente buena para ser una buena amiga. Era alguien con quien hablar, pero nunca alguien a quien amar. Era yo quien escuchaba a todos sobre sus problemas con las novias, pero nunca la que tenía un novio. Y la única razón de esto era por mi destino de tener polio. No se lo dije a nadie, pero ese fin de semana comencé otra fiesta de auto lástima. Como hacía a menudo, cuando ese tipo de pesadez entraba en mi corazón, simplemente presionaba más y buscaba otra meta para adormecer el dolor y para que no me lastimara.

Sara no tenía la culpa de cómo la sociedad veía la importancia de las cosas. Era una persona muy agradable conmigo y, a veces, incluso veía que, por su belleza, tenía sus propios demonios. Ella no era una persona muy segura de sí misma y, a diferencia de mí, luchó tratando de averiguar qué quería hacer en la vida. Estábamos a punto de terminar nuestros estudios cuando Sara decidió solicitar para ser aeromoza en American Airlines. Obtuvo una entrevista en la compañía localizada en Dallas, Texas. Ella me rogó que fuera con ella prometiendo pagar todos mis gastos. De alguna manera, convencí a mis papás de que me dejaran ir y volamos a Dallas.

La pasamos bien durante nuestros cuatro días de estadía en Texas, aunque resultó ser más bien unas minivacaciones porque Sara, nuevamente, cambió de opinión y no fue a la entrevista. Su falta de autoestima causaba que el miedo la limitara. Realmente conocí a Sara durante ese viaje y comencé a darme cuenta de que a veces lo que envidiamos no es mejor que lo que tenemos. Ella y yo nos hicimos excelentes amigas, tanto que fui con ella a mi primer crucero al Caribe ese verano. Una vez más, mis papás me dejaron ir, aunque estoy segura de que no fue fácil para ellos hacerlo, sabiendo que estaría en medio del océano en algún lugar desconocido. La confianza en Dios de mis papás me permitió participar en lo desconocido y eso me ayudó a crecer y entender el mundo.

El crucero se convirtió en mi forma favorita de vacacionar. No había ido de vacaciones más que en los veranos cuando nuestra familia pasaba varios fines de semanas al año en un campamento. Fue maravilloso el crucero porque el acceso ya estaba allí. Me encantó despertarme en nuevos sitios y ver el enorme océano que me ayudó a poner mis sentimientos en perspectiva. Me había estado dando demasiada importancia. Yo era sólo una pequeña gota en el gran esquema de la vida. Aprendí que Dios me había creado, la gotita pequeña, con el mismo amor que hizo el océano gigantesco. Fue una revelación que me trajo paz.

El crucero también fue muy divertido. No me importaba ir a sentarme a tomar el sol. Batallaba para subirme a las sillas de playa bajas, pero siempre había un extraño que estaba dispuesto a ayudarme. No me fue posible tomar el sol como los demás porque mi calcetín largo debajo del pesado aparato ortopédico cubría toda mi pierna. No quería broncearme sólo una pierna, dejando la izquierda tan pálida como una hoja de papel blanco. De todas maneras, disfrutaba sentarme y ver las actividades que ocurrían alrededor de la alberca. Sara solía ser un imán para la atención, por lo que la obligaban a participar en múltiples juegos. En un juego, tuvo que votar por el hombre con el pecho más peludo entre diez hombres espantosamente peludos.

Mi amiga Jenna fue otra amiga que conocí en mis clases de sociología. Era un tipo de amiga diferente. Sus padres habían inmigrado de Italia, y si pensaba que mis padres eran estrictos, todo cambió después de conocer a los suyos. Cuando la visité una vez, me sorprendió su sala. Todos los sofás estaban cubiertos en plástico. La alfombra había sido aspirada con líneas que iban en la misma dirección. Era obvio que la sala nunca fue "habitada". Ella era extremadamente ansiosa y muy competitiva. Siempre trataba de ser la mejor estudiante, hasta el punto de enfermarse. Ella también quería ir a la escuela de leyes, así que, con razón, trabajaba muy duro. Ella era mi amiga enfocada que me empujaba a hacer mi mayor esfuerzo y tratar de siempre ser la mejor. Se enojaba cuando ella pasaba horas en una tarea y yo terminaba en la mitad del tiempo mientras las dos obteníamos la misma calificación. Teníamos planes de ir a la misma escuela de derecho y convertirnos en compañeros de cuarto.

Quizás debido a mi fuerte sentido de justicia, me reunía con empleados universitarios para hablar sobre la falta de accesibilidad en DePaul. La universidad carecía de rampas, estacionamientos para discapacitados y otras cosas por el estilo. Pensé, "si voy a ser abogada, ¿por qué no empezar a abogar por cambios que podrían mejorar mi vida y la de los otros estudiantes con discapacidades?" Cuando hablé con el miembro del personal de vida estudiantil, noté que ella no estaba preparada para responder a mi lista de preguntas. Por ejemplo, pregunté, "¿las personas con discapacidades pagan menos ya que no podemos usar el campus por completo debido a la falta de acceso?" Después de abogar por el acceso, comencé a notar rampas donde anteriormente había barreras.

Me las arreglé para equilibrar una vida plena. Mi familia se acostumbró a mi ausencia durante los fines de semana. Todos estaban ocupados haciendo crecer sus propias familias; mis hermanas y hermanos empezaron a tener sus propios hijos. Veía a mis sobrinas y sobrinos como hijos míos, porque nunca me atrevía a tener la idea de tener mi propia familia. Aunque me estaba preparando para graduarme con mi licenciatura, nunca imaginé casarme. Culturalmente, me habían enseñado sobre el papel de la mujer y no encajaba yo con esa imagen. Me preguntaba: "¿quién querría casarse con una mujer que está discapacitada?"

Siempre he pensado que mi experiencia universitaria fue una de las mejores etapas de mi vida, excepto el último año que resultó ser muy difícil por varias razones. Estaba teniendo éxito académicamente mientras mantenía diferentes círculos de amigos y no quería irme. Me sentía conectada con tantos amigos y amigas, aunque a veces continuaba sintiéndome sola en cierta manera. Trabajé con mucho esfuerzo para no permitir esos pensamientos en mi mente. Mala comparación, pero era como un buen caballo de carreras. Como ellos, yo no dejaba que nada me distrajera para mantener el objetivo enfocado: el éxito. Creía que, si continuaba esforzándome y trabajando mucho, algún día se llenaría mi vacío. A veces funcionaba, pero otras veces, el vacío se agrandaba aún más.

Además del estrés de pensar en el siguiente paso en mis objetivos profesionales, fue la primera vez que presencié ver morir a un ser querido. La salud de mamá Petra se había deteriorado debido a su diabetes incontrolada. Fue admitida en el hospital y falleció mientras yo y otros miembros de la familia estábamos con ella. Fue difícil ver a mi mamá despedirse de su madre. Para mí era irreal ver cómo un minuto, mamá Petra estaba viva, y al siguiente se había ido. Realmente amaba a mi abuelita y fue difícil para mí verla partir. Mi mamá llevó a mamá Petra a La Purísima para enterrarla junto a su hijo. El entierro se llevó a cabo el día de las madres, el 10 de mayo. Esta fecha trajo tristeza a mi mamá durante muchos años.

El último año de la universidad fue terrible para mí debido a la pérdida de mi abuelita y por estar preparándome para la posibilidad de mudarme por mi cuenta para ir a la escuela de leyes. Ahora tenía que encontrar la manera de resolver una serie de obstáculos completamente nuevos. También temía tener que averiguar la accesibilidad de nuevo. Aun así, sabía que quería continuar con mis metas. Había pasado demasiadas veces por la Universidad DePaul de camino al Children's Memorial Hospital, soñando con el día en que iba a estar estudiando para ser una abogada exitosa. Además de ir a mis últimas clases, estaba ocupada preparándome para solicitar a la escuela de leyes. No podía pagar el curso preparatorio para el examen de admisión a la escuela de leyes (LSAT) que Jenna estaba tomando, pero pasé mucho tiempo repasando diferentes ejercicios lógicos. Cuando llegó el momento de tomar el LSAT, no tenía mucha confianza que lo haría bien.

Mi esperanza era que mi puntaje del LSAT, junto con mis grados de más de 3.5 GPA, sería suficiente para que me aceptaran en una buena escuela. Decidí solicitar a la Universidad Drake en Iowa porque el costo era más económico y a la Universidad DePaul porque conocía el sistema. Jenna también hizo lo mismo, y hablábamos de ser compañeras de cuarto. Ambas estábamos muy emocionadas cuando recibimos la notificación de que nos habían aceptado en la Universidad Drake. Me ofrecieron una beca completa para la matrícula, pero yo sería responsable de pagar el alojamiento y la comida. Todavía pensaba que esto era una buena oferta ya que pensé que podría obtener préstamos para estudiantes. DRS no financiaría la escuela después de mi bachillerato. La Universidad de DePaul también me aceptó y me dio una buena beca, pero terminaría pagando casi lo mismo que Drake si continuaba viviendo en casa. Como Jenna no había tenido noticias de DePaul, decidí seguir adelante con mis planes de ir a la Universidad Drake.

La idea de mudarme fuera del estado me asustaba. Mi hermano Mon me llevó a Iowa para mirar la Universidad. Me sorprendió lo diferente que era a DePaul. Realmente no me sentía conectada con el campus, pero esperaba acostumbrarme. Jenna y yo continuamos con nuestros planes e hicimos una lista de los artículos que necesitaríamos y decidimos quién compraría qué artículos. Llegó nuestra graduación y decidí no asistir porque era en el Teatro Auditorio en el centro de Chicago y temía la falta de acceso. Cuando llamé a Asuntos Estudiantiles, me dijeron que no podían ayudarme. Además, pensé que cuando me convirtiera en abogada, celebraría mi logro y luego asistiría a la graduación. Muchos de mis amigos latinos todavía no estaban listos para graduarse porque muchos habían sido estudiantes de medio tiempo debido a los costos universitarios.

Jenna y yo planeamos mudarnos a mediados de agosto. Tuvimos un par de meses para prepararnos. También yo estaba tratando de preparar a mis papás para este cambio. Sabía que no me detendrían, pero también sabía que estarían preocupados por mí. Fingí ser fuerte y no tener preocupaciones, pero en el fondo estaba con ansiedad. Aunque era muy independiente, mi familia siempre había estado ahí para ayudarme. Cuando no podía hacer algo, mi papá intentaba averiguar cómo podría hacerlo, o alguien intervenía. Me dejaban hacer las cosas por mí misma, pero yo estaba acostumbrada a no luchar porque ellos estaban allí. Por ejemplo, yo tenía veintitantos años y mi mamá todavía lavaba mi ropa. No fue porque no supiera hacerlo o porque fuera floja, sino porque el espacio y el tipo de lavadora que teníamos eran inaccesibles. Me preocupaba lo que iba hacer fuera de casa. Adicionalmente, salía de compras al mandado con mi familia, pero la responsabilidad no era mía. En un dormitorio, yo sería la responsable de comprar el mandado.

Cocinar no era una de mis preocupaciones ya que muchas veces vi a mi mamá cocinar. Confieso que no siempre me gustaba estar en la cocina. Aun así, aprendí a cocinar la mayoría de sus platillos. Mi mamá cocinaba por intuición y no por receta. Cada vez que llevaba a un evento un platillo cocinado con la ayuda de mi mamá, inevitablemente alguien me pedía la receta. Cuando les decía: "Ella no siguió una receta", bromeando me decían "simplemente no quieres compartirla". Se me conocía por cocinar espectaculares chiles rellenos y esos si los hacía sola. Nunca disfruté cocinar tortillas de harina, tal vez porque no me gustaban mucho y porque pensé que era más fácil comprarlas en el supermercado mexicano donde eran muy baratas. Sabía que cocinar en un dormitorio era limitado, así que traté de pensar en platillos que pudiera cocinar con un microondas.

Me preguntaba sobre el acceso a Drake. En DePaul, muchos de mis amigos me ayudaron. Incluso los guardias de seguridad me conocían y sugerían dónde me podía estacionar y a veces hasta me dejaban estacionar en espacios que no eran oficialmente para personas discapacitadas. A veces, llamaba a uno de ellos para que me trajera a mi coche, especialmente cuando estaba estacionada lejos. Ahora, en Drake, tendría que reconstruir todas estas relaciones para poder recibir ayuda. Tendría que continuar la pelea y exigir acceso si no iba poder llegar a un lugar donde tendría que ir. A finales de la década de los 80, todavía no existía una ley que exigiera que las universidades dieran acceso a los estudiantes, especialmente en las universidades privadas. Las personas con discapacidades como yo, teníamos que resolver todo por nuestra cuenta.

Sólo tres semanas antes de nuestra mudanza programada a Iowa, recibí una carta de DePaul. La abrí sin saber qué podía ser. Era una carta que me informaba de que me habían seleccionado para una beca para asistir a la escuela de leyes. Incluía toda la matrícula, tarifas, libros e incluso ofrecía $880 al mes para mis gastos de manutención. Al principio, estaba entusiasmada y no podía creerlo, pero después tuve confusión. ¿Qué iba a hacer? ¿Cómo le diría a Jenna? ¿Quizás ella también tenía la misma oferta? Mi familia estaba muy feliz y orgullosa de mí. No tenían ninguna duda de que lo mejor para mí sería aceptar la beca que me permitiría seguir viviendo en casa.

CAPÍTULO 12

La pregunta que seguía dando vueltas en mi mente era: ¿DePaul o Drake - cual está en mi destino?" Lo primero que tuve que hacer fue averiguar si Jenna también había recibido una carta igual. Después de decirle a mi familia, levanté el teléfono y marqué el número de Jenna. El teléfono sonó un par de veces antes de que el hermano de Jenna lo contestara. Dije: "Hola Peter, ¿está Jenna allí?" No me respondió, pero lo escuché gritar: "Jenna, es tu amiga Paula". Peter nunca pudo pronunciar mi nombre. Cuando Jenna tomó el teléfono, dijo: "Hola Pascuala. ¿Qué pasa?" Le dije: "¿Sólo te llamo para ver si recibiste algún correo de DePaul hoy?" Ella dijo: "No, no llegó nada. ¿Por qué?" Quería patearme por haberla llamado sin estar lista para responder a sus preguntas. Le dije: "Sí, yo sí". Jenna esperó para ver si empezaba a hablar de nuevo, pero después de unos segundos de silencio dijo: "¿Qué quieren ellos?" Traté de decirle en los términos más amables que me habían ofrecido una beca. Pero ¿hay alguna manera amable de decirle a una amiga que ya no puedes ser su compañera de cuarto? ¿Cómo podría explicarle que no podía rechazar una oportunidad que era mucho mejor por razones de dinero y de acceso? Jenna se quedó callada y no dijo nada. Se aclaró la garganta y dijo: "Oye, estaba ocupada haciendo algo. ¿Podemos hablar después?" Le dije: "Por supuesto", y luego colgamos el teléfono.

Los siguientes días me sentí llena de culpa. Sentía que me había comprometido con una amiga y la había decepcionado. Sin embargo, sabía que la mejor opción para mí era DePaul. Primero, tenía a mi familia que siempre podría estar ahí para ayudarme. En segundo lugar, también contaba con mis muchos amigos. Muchos de ellos ya iban al DePaul del centro. Gerardo era un estudiante de negocios y tendría que tomar muchas clases en el centro. En tercer lugar, no necesitaría trabajar porque el dinero que me ofrecían mensualmente podría ayudarme con mis gastos de gasolina y comida cuando no estuviera en casa. En mi lista de pros y contras, DePaul claramente ganaba. Todo hubiera sido tan perfecto si Jenna hubiera recibido la misma carta. También empecé a sentirme rara al preguntarme si me habían dado esta oportunidad por ser una mujer latina y discapacitada. Y si era así, ¿debería aceptar la oferta? En muchas experiencias pasadas, mi raza y mi discapacidad fueron una desventaja para mí. ¿Debería sentirme mal si ahora fuera una ventaja? Tantas preguntas y sentimientos de culpa nublaron mi felicidad.

Un par de veces le llamé a Jenna y le preguntaba si yo podía ir a su casa, pero siempre tenía una razón por la que no era posible. Ambas comenzamos la escuela de leyes, Jenna en Drake y yo en DePaul. Me dolía lo que había pasado porque no quería que nuestra amistad terminara, pero entendía totalmente cómo se sentía ella. También esperaba que con el tiempo ella entendiera por qué tomé la decisión. Traté de prepararme mentalmente para poder manejar la multitud de nuevos obstáculos, incluso estando en casa.

El primer obstáculo, y probablemente el más difícil, fue el transporte. No había transporte público accesible para usuarios de sillas de ruedas. Mi única opción tendría que ser conducir hasta Jackson Boulevard y pagar el estacionamiento. Me sorprendió el costo, pero incluso si fuera gratis, no podría estacionarme en el garaje, especialmente en el invierno. El estacionamiento más cercano estaba a unas cinco cuadras de distancia, lo cual era demasiado para mí para caminar, especialmente durante el invierno. Había algunos espacios con taxímetro que estaban más cerca, pero estaban ocupados aproximadamente el 95% del tiempo, así que no quería depender de ellos. Le pedí ayuda a la Universidad para encontrar una solución, pero sólo me indicaron el estacionamiento público. Mi única opción era estacionarme ilegalmente. Debido a que tenía placas para discapacitados, leí que mi automóvil no podía ser remolcado a menos que representara un peligro de incendio, obstruyera el tráfico o si estaba en propiedad privada. También leí que no tenía que cumplir con ninguna ordenanza de la ciudad que impusiera un límite de tiempo de estacionamiento. Por ejemplo, si había un espacio que decía que no podía estacionarme después de las 2:00 de la tarde, no podría ser remolcada si estaba estacionada después de esa hora. Toda esta investigación me permitió construir un plan.

Antes de que comenzaran las clases, fui al centro para evaluar la situación del estacionamiento. Identifiqué algunos lugares que serían ideales, haciéndome más fácil entrar al edificio. Sabía que tenía que llegar temprano sí iba a tener alguna posibilidad de encontrar uno de los espacios que había identificado. Entonces, todos los días, salía de mi casa a las 4:30 de la mañana para poder llegar al centro a las 6:00. Incluso después de hacer eso, me daban muchas multas de estacionamiento porque la policía no sabía sobre las regulaciones de las placas para personas con discapacidades. Al principio, iba casi semanalmente a disputar la multa de estacionamiento, pero luego, reunía unas pocas a la vez e iba a luchar contra ellas.

Las clases de leyes eran completamente diferentes a las clases que había tomado previamente. Los salones eran mucho más grandes y se parecían a las salas de conferencias del campus de Lincoln Park. Había escalones para bajar al frente del salón, por lo que siempre tenía que sentarme atrás. En todas mis clases, nunca noté a otra persona con una discapacidad visible. Busqué estudiantes racialmente diversos y sólo noté unos pocos. La composición de las clases fue en su mayoría estudiantes blancos con aproximadamente el 70% hombres. Inmediatamente me uní a la Asociación de Estudiantes de Derechos Latinos, pero era un grupo muy pequeño. El grupo sólo se reunía un par de veces por semestre, y era más para establecer contactos para encontrar trabajo una vez que los estudiantes estaban a punto de graduarse. No podía relacionarme con la asociación en absoluto.

Hice un par de amigos. Fue interesante que terminé siendo amiga de dos estudiantes diversos. Un estudiante, Tim, era blanco, pero tenía cincuenta y tantos años y ya tenía una familia. Era tan inteligente y concentrado. La otra estudiante, Sheila, era una bonita mujer de color de unos 30 años. Ella se unió a Tim y a mí más tarde durante nuestro primer semestre. Los tres éramos estudiantes de primer año, así que teníamos el mismo horario. Teníamos un descanso para comer y nos reuníamos para repasar la materia.

La cafetería era enorme. Estaba en el piso más alto y era utilizado por todos los estudiantes sin importar que fueran estudiantes de leyes. Comía muchos bagels y plátanos porque descubrí que eran lo más fácil de transportar en muletas sin dejarlos caer. Los estudiantes del Loop Campus eran diferentes a los de Lincoln Park. Parecían más reservados y no sociables. El clima dentro no era acogedor, así que me sentía muy incómoda para pedir ayuda. Estaba luchando por encajar con los demás y estaba teniendo dificultades con mi confianza y comodidad.

Académicamente, comencé a ver calificaciones que nunca había visto. Ya no era una de las estudiantes más destacadas. Estaba luchando y haciendo lo mejor que podía, pero me faltaba el acceso a la biblioteca. No podía entrar a la biblioteca porque el ascensor saltaba el sexto y séptimo piso donde se encontraba la biblioteca. Al parecer, los ascensores se diseñaron de esta manera para evitar que los estudiantes de derecho robaran libros. La biblioteca es útil para cualquier estudiante, pero para estudiar derechos era imprescindible. Cuestioné la falta de acceso y me dijeron que había un ascensor que si paraba en esos pisos pero que un operador tendría que usar una llave. El operador sólo estaba disponible a determinadas horas y esas horas entraban en conflicto con mi horario.

Algunos días seguía llevando a Gerardo y Jaime a la escuela, cuando tenían clases en el campus del centro. Estaba tratando de encontrar una solución, así que le pregunté a Jaime: "¿Té gustaría ganar algo de dinero ayudándome?" Él dijo: "¿Qué quieres que haga?" Dije: "¿Quieres matar algunos árboles por mí?" Con cara confusa me dijo

Gerardo: "¿Qué quieres que haga?" Le dije: "En serio, necesito que hagas copias de artículos y casos de la biblioteca jurídica". Él dijo: "No tienes que pagarme, te ayudaré". Le dije: "Quiero que este sea un compromiso serio, así que preferiría pagarte". Terminé pagándole diez dólares la hora, usando el dinero que me daban mensualmente. Le daba una lista de artículos y casos, y él iba a la biblioteca, buscaba el material y hacía copias. La mitad del tiempo, lo que me copiaba era inútil porque el material que le pedía terminaba no siendo apropiado para lo que necesitaba.

El arreglo de contratar a Jaime ayudó en algo, pero no fue suficiente. Me sentía tan en desventaja por no tener la biblioteca disponible. Mis calificaciones reflejaban mi falta de conocimiento de la jurisprudencia. Tim y Sheila intentaban ayudarme; sin embargo, estaban demasiado ocupados haciendo su propio trabajo. Notaba que, en la escuela de leyes, cada estudiante estaba concentrado en sí mismo y nadie más. Era un lugar muy competitivo. Entre pagar el tiempo de Jaime, pagar las copias, pagar la comida en la cafetería y el dinero de la gasolina, la mensualidad no era suficiente.

Gerardo y Jaime siguieron siendo mis buenos amigos. A menudo coordinamos horarios para ir a casa juntos, lo que aprecié porque a veces me preocupaba conducir sola por la noche. Estaba muy estresada y realmente me gustaba desconectarme de un largo día con mis dos amigos rumbo a casa. Una noche, Gerardo, Jaime, Rick y yo hicimos planes para ir a comprar pizza a Giordano's, que estaba al lado de DePaul, antes de irnos a casa. El largo día pasó rápido porque tenía algo divertido que hacer esa noche. Cuando nos encontramos en el lugar acordado, dije: "¿Listos para comer pizza?" Se miraron y Jaime dijo: "Ya comimos." En un tono enojada dije: "¿Qué? ¿En serio?" Gerardo rápidamente explicó: "Bueno, alguien tuvo un banquete en una reunión en el noveno piso y dejó mucha comida en el pasillo, así que nos servimos nosotros mismos". No dije nada y comencé a caminar hacia mi auto. Entonces dije: "¡Muchas gracias!" Gerardo me vio notablemente enojada y luego dijo: "Podemos ir a comer de nuevo. Jaime y Rick, tenemos hambre, ¿no? Jaime y Rick, siguiendo el ejemplo de Gerardo, contestaron que sí. Enojada, dije: "Olvídenlo. Simplemente iré a comprar comida rápida por la ventanilla". Al unísono, los tres dijeron: "Pero Giordano's no tiene comida rápida por ventanilla, Pascuala". Empezaron a reírse y, aunque enojada, yo también me eché a reír.

Además del estrés, extrañaba muchísimo a mi familia. Todo lo que hacía estaba relacionado con mis materias de derecho. Me perdía los eventos y reuniones familiares. Mi familia estaba creciendo y no podía celebrar con ellos. Estaba estresada todo el tiempo y estaba constantemente fuera de casa. Salía de mi casa a las 4:30 de la madrugada y no regresaba a casa hasta las 10 de la noche. Mi familia me apoyaba mucho y trataban de entender la importancia de mi enfoque.

Mi papá no se acostaba hasta que yo llegara a casa. Todos los días, él me esperaba en el cuarto de atrás mirando por la ventana para ver cuándo se encendía la luz del garaje. Un día, cuando miró por la ventana, vio la luz del garaje encendida, pero también vio a un hombre extraño moreno y alto con una sudadera con capucha dentro de nuestro patio mirando hacia el garaje. Mi papá inmediatamente pensó lo peor y se preocupó por mi seguridad. Corrió afuera para asegurarse de que estaba bien. Cuando el hombre lo vio, salió corriendo del patio al callejón. Vi a mi papá corriendo cuando salía del garaje. No sabía lo que había pasado. Me quedé en el patio hasta que regresó mi papá. Él estaba sin aliento y dijo: "¿Estás bien? ¿Te lastimó?" Dije: "¿Quién?" "El hombre que salió corriendo de aquí", respondió con voz agitada. Se veía realmente preocupado y conteste: "Estoy bien. Ni siquiera vi a nadie". Ambos entramos.

Aproximadamente a la medianoche, un par de horas después del incidente, mi mamá fue a mi habitación cuando vio que todavía tenía la luz encendida mientras estudiaba. Ella dijo: "Algo está mal con tu papá. Está teniendo dificultades para hablar". Agarré mis muletas y fui a la habitación de mis papás. Lo primero que noté fue que parecía que su boca estaba chueca, por lo que probablemente no podía hablar con claridad. Le dije a mi mamá que teníamos que llamar a una ambulancia porque algo andaba mal con él. Desperté a Rique y le dije que fuera con mi mamá en la ambulancia y que yo lo seguiría en mi carro.

Mi papá terminó sufriendo un derrame cerebral. Su lado izquierdo se vio afectado. Afortunadamente, pudo ir a terapia y recuperar parte de su capacidad para mover el brazo y la pierna de ese lado de su cuerpo. La gran conmoción y la preocupación por la posibilidad de que me hubieran lastimado la persona afuera de mi casa fue demasiado para él. Notamos que nuestro vecindario había comenzado a cambiar. No me sentía segura y me enojaba que esto hubiera sucedido. Mi papá insistió en que nos mudáramos porque no le gustaría que nos pasara algo malo. Aunque nos encantaba nuestra casa, mis papás decidieron buscar otra.

Mi papá trabajaba en Franklin Park y también conocíamos a gente de La Purísima que vivía allí. Vendimos nuestra casa de dos pisos por ciento veinte mil dólares, triplicando a lo que la habíamos comprado. Con ese dinero, pudimos comprar una pequeña casa estilo rancho de dos habitaciones en Franklin Park. Estaba feliz de que la casa sólo tuviera un escalón para entrar. Me resultaba difícil subir las escaleras todo el tiempo. Lo único malo de la mudanza es que agregó más distancia a mi viaje diario. No me quejé porque lo único que me importaba era saber que mi papá iba a estar bien.

Este incidente cambió la vida de mi papá. A partir de su derrame, empezó a perder fuerzas y energía. También tenía una neuropatía grave y se vio obligado a retirarse. Nos preocupaba que el cambio fuera difícil para él, especialmente porque estaba muy acostumbrado a viajar en el autobús público de la CTA. Tuvo que hacer algunos ajustes, pero después de unos meses, reconoció que fue una buena decisión mudarnos a la nueva casa. Terminó gustándole la casa, sintiéndose como el hombre más rico del mundo porque nunca se había imaginado tener su propia casa totalmente pagada.

Mientras tanto, yo comencé a cuestionarme si todos los sacrificios que estaba haciendo valdrían la pena. No me gustaba lo que estaba aprendiendo. Esto me causó mucho estrés, especialmente por el método socrático que usaban los profesores. El método socrático está basado en hacer y responder preguntas para estimular el pensamiento crítico y extraer ideas. Vivía constantemente con miedo por el terror de que los profesores me pidieran contestar preguntas. Creo que los profesores notaron mi miedo y por eso me hacían preguntas a menudo. No sé si intencionalmente los profesores nos estaban enseñando que la carrera de leyes era una profesión feroz donde uno hace lo que sea necesario para ganar el caso. Me di cuenta de que no era divertido estar constantemente en una atmósfera que me recordaba de mi discapacidad. Incluso comencé a cuestionar mi interés por la carrera de leyes. Constantemente me recordaban que no encajaba con la imagen de una abogada por la forma en que me veía, vestía, o incluso pensaba. Me preguntaba si después de graduarme me contratarían porque yo representaba todo lo que no era una abogada.

Una tarea en mi clase de Derecho Constitucional posiblemente me empujó a la pregunta sobre si había elegido la carrera equivocada. La profesora estaba cubriendo el famoso caso judicial sobre el aborto, Roe vs. Wade. Ella nos pidió a cada uno de nosotros que seleccionáramos una postura con respecto a nuestra propia opinión sobre el aborto. Nos pidió que defendiéramos nuestro punto de vista utilizando argumentos y casos existentes. Pasé toda la semana preparando mi argumento provida, basado en mi educación católica. Jaime, que todavía me estaba ayudando a conseguir material de la biblioteca, probablemente mató un par de árboles más haciéndome copias para esta tarea.

Pasé varias noches preparando el mejor argumento posible. Cuando estábamos a punto de entregar la tarea, la profesora dice: "Esperen, la tarea aún no ha terminado". Miré alrededor de la clase y noté que todos estaban tan desconcertados como yo. La profesora con una sonrisa pícara luego dijo: "¿Y pensaron que habían terminado? Pues no. La verdadera tarea es encontrar argumentos en contra de lo que han escrito en el papel que estaban a punto de entregar". ¡Pensé, "¿Cómo se supone que voy a hacer eso cuando escribí un argumento tan sólido?" Además, enfatizó cómo en la ley no hay bien ni mal, sino lo que se puede probar. Me pregunté si a largo plazo me encontraría a veces defendiendo lo que iba en contra de mis propios valores.

Mi primer año no fue tan exitoso como esperaba. Aunque todavía no sabía mis calificaciones, sabía que no iban a ser como las calificaciones que antes había visto. Sabía que había hecho mi mejor esfuerzo, pero estaba tan limitada por la falta de accesibilidad. Me alegré de tener unas vacaciones de verano fuera de la escuela de leyes.

Durante el verano, tendría que decidir si regresaba a la universidad para mi segundo año. Sabía que quería ayudar a mejorar las vidas de las personas con discapacidades, pero comencé a considerar otras formas posibles de hacerlo. Salí de mi primer año de la escuela graduada pensando en divertirme ese verano, pero también en obtener un trabajo. Llamé al Sr. McGraw de DRS porque después de terminar mi bachillerato en sociología, me dijo que lo contactara si alguna vez necesitaba ayuda para encontrar trabajo. Me refirió a una agencia de empleo, IAM CARES, que se especializaba en ayudar a las personas con discapacidades a encontrar trabajo, e inmediatamente hice una cita.

IAM CARES estaba ubicada cerca de la Universidad de Illinois en Chicago. Llegué más de treinta minutos antes porque no sabía cómo iba a ser la situación del estacionamiento. Había aprendido a planificar y prepararme para cada cita para estar lista en caso de falta de acceso. Esta preparación a menudo resultaba en que yo fuera la primera en llegar. Supongo que debería haber asumido que el acceso estaría más disponible ya que los clientes éramos personas con discapacidades.

Me reuní con la gerente, Jill. Después de una pequeña charla y algunas preguntas, Jill me dijo: "Ya miré tu historial. Obtuve la aprobación para contratar a una persona que nos ayudara aquí en IAM CARES. ¿Es esto algo que te interesaría?" Le pregunté: "¿Cuáles son las responsabilidades de este nuevo puesto?" Ella dijo: "Reunirse con personas con discapacidades y apoyarlas en la búsqueda de trabajo y posiblemente hacer arreglos para asesorar si el empleo tiene accesibilidad". Respondí rápidamente y dije: "Sí. Creo que sería un gran puesto para mí". Luego dijo: "Estás contratada".

En IAM CARES me sentía como en casa. Me sentía tan cómoda en mi trabajo porque mi discapacidad terminó siendo la razón por la que me contrataron. Sentía que no tenía que preocuparme por demostrarles que era normal porque la clientela eran sólo personas con discapacidades. El lugar era tan diferente a la escuela de leyes porque se respiraba paz. Me sentía tan fuera de lugar en la escuela de leyes y siempre sentía que tenía que demostrar mi capacidad y que valía. Allí la presión era tan alta que era una bola de nervios todo el tiempo. No disfrutaba de lo que estaba aprendiendo, ni disfrutaba de mi familia y mis amigos. Con este trabajo, trabajaba mis cuarenta horas normales a la semana y tenía tardes y fines de semana para disfrutar de la vida con mi familia y amistades. Decidí ir a hablar con la Dra. Rafaela, mi mentora en DePaul, sobre mi situación. Necesitaba su opinión para saber qué iba hacer.

Hice una visita a la última hora de la tarde con la Dra. Rafaela. Le expliqué exactamente cómo me sentía. Ella se identificó conmigo y dijo: "Estoy de acuerdo; no deberías hacer algo que te haga tan infeliz". Comencé a llorar y compartí lo decepcionada que estaba conmigo misma por estar en esa situación. Dije: "¿Qué voy a hacer con una carrera en sociología y una especialización en filosofía?" Me entregó un pañuelo de papel y me preguntó: "¿Alguna vez has considerado obtener una maestría?" No tuve que responder antes de que ella continuara: "Acabo de leer acerca de una oportunidad de beca para personas bilingües". Eso llamó mi atención de inmediato y le dije: "Por favor, dime más». Continuó hablando mientras buscaba algo en su desordenado escritorio. Ella me dijo "Es una maestría en educación bilingüe y todo lo que el recipiente de la beca tiene que hacer es enseñar un semestre como maestro de educación bilingüe en cualquier escuela de Chicago". Mis lágrimas dejaron de fluir porque me di cuenta de que tenía una forma de escaparme de la escuela de leyes.

La Dra. Rafaela me ayudó a completar el papeleo de la solicitud y dijo que estaba segura de que me aceptarían. Aunque todavía me sentía un poco decepcionada, volvía a sentir esperanza. Siempre me había sentido cómoda tanto con el español como con el inglés, por lo que enseñar un semestre no parecía que iba ser demasiado difícil. Seguí trabajando en IAM CARES durante el resto del verano. La Dra. Rafaela abogó por mí para que me aceptaran y me registró en la maestría en educación. Notifiqué a la escuela de leyes sobre mi decisión de no regresar y les agradecí por la oportunidad de la beca.

Ese verano, pasé mucho tiempo poniéndome al día con mi familia. Tenía sobrinas y sobrinos que estaban en una edad divertida. Durante el verano llevaba a un grupo de niños, a lo menos los que pudieran caber en mi Chevy Citation, a museos infantiles, películas y al zoológico. Llegué a llevar hasta seis sobrinos y sobrinas de las edades de ocho a trece años. Mis hermanos confiaban en mí con sus hijos y apreciaban el tiempo que yo pasaba con ellos. Yo era como una sargenta cuando salíamos. Tan pronto como estuvieran abrochados en el carro, les recordaba las reglas, advirtiéndoles que si se portaban mal, los llevaría a casa y nunca los volvería a llevar a ninguna parte. La mayoría del tiempo eran obedientes y no había problemas.

Durante una de nuestras salidas, en el camino de regreso a casa desde el zoológico, mi sobrino Orlando, el hijo de Lalo estaba cansado y no me estaba obedeciendo. Estaba molestando a otro sobrino mientras yo conducía. Les dije que dejaran de pelear. Cuando estábamos a unas tres cuadras de casa, con voz severa le dije: "¡Cállate ahora mismo o abriré la puerta y te dejaré allí!" Orlando respondió: ¡No me importa!" Por supuesto tenía que cumplir con mi amenaza, así que me detuve, abrí la puerta y le dije que se saliera. Era una táctica para asustarlo e iba a dar la vuelta a la cuadra y volver a recogerlo. Cuando lo dejé salir, di la vuelta a la cuadra lo más rápido que pude, pero cuando regresé, no se veía por ningún lado. Comencé a entrar en pánico, dando varias vueltas a cada cuadra. Estaba nerviosa y preocupada. Después de quince minutos de buscarlo, decidí irme a casa para avisar a la policía. Me estacioné rápidamente en frente de mi casa y les dije a los niños que salieran. Me apresuré a entrar porque quería llamar a la policía. No podía creer lo que vi. Orlando estaba sentado en la cocina comiendo galletas que le había dado mi mamá. Ese pequeño mocoso me enseñó una gran lección y nunca más volví a amenazar con algo que fuera peligroso.

Ciertamente, recuperé el tiempo perdido con mis adorables sobrinas y sobrinos. Fue interesante que todos me querían y nunca cuestionaron ni mencionaron mi discapacidad. Sé que las personas extrañas que nos veían paseando a veces se detenían en seco para mirarnos, preguntándose si había un "adulto" en el grupo. Afortunadamente, nunca me preocupé mucho por las miradas de la gente, así que no me molestaba. También fue conveniente que una vez que nos mudamos a Franklin Park, todos mis hermanos nos siguieron y se mudaron cerca. En un momento, teníamos cinco de nuestras familias viviendo a un par de cuadras de mi mamá, tres en la misma calle y otra a una cuadra de distancia. En broma, yo decía: "No podemos quejarnos de nuestro alcalde porque por nuestro voto los Herreras lo pusimos en ese puesto".

Mi trabajo en IAM CARES fue excelente. Los veranos siempre parecían ir rápido, pero el mes de agosto de ese año llegó más rápido que nunca. Me encantó trabajar con los clientes. Las computadoras se utilizaban cada vez más en el lugar de trabajo. A Jill le impresionó lo rápido que aprendí a usar el programa en la computadora central. Cada semana me daban más responsabilidades. En especial, me encantaba ir afuera a visitar varios lugares de trabajo para observar a los entrenadores laborales y a los clientes. Evaluaba si estaba funcionando o no. Si pensaba que el cliente no se estaba conectando con su entrenador, lo discutía con Jill y ella determinaba si era necesario un cambio. Me sentía informada, como si mi propia experiencia personal con mi discapacidad me hubiera preparado más que cualquier clase que hubiera tomado.

El único percance que ocurrió durante ese verano fue un día cuando regresaba del trabajo a casa. Había salido del estacionamiento y me dirigía a la Interestatal 290 cuando tuve que detenerme en un semáforo en rojo. De repente, más rápido de lo que pude reaccionar, un joven rompió la ventana del pasajero y agarró mi bolso que tenía en el piso. Tuve la suerte de que no había ningún coche delante de mí porque sin pensarlo aceleré hacia adelante, con el tipo todavía colgando de mi coche. Afortunadamente salió cuando tenía mi bolso en su poder. Sabía que había varios proyectos de viviendas cerca de donde trabajaba, pero nunca había tenido miedo. No sabía qué hacer, excepto intentar salir de la zona. Cogí el autopista y me dirigí a casa, pero con cada hoyo en la carretera se caían más vidrios. Llegué a casa asustada y mis papás se preocuparon por mí. Mi hermano Rique me acompañó a la estación de policía de Franklin Park, pero nos dijeron que teníamos que hacer el informe donde ocurrió el incidente. Presentamos un informe, pero sabía que no podrían hacer mucho porque estaba tan asustada y las cosas sucedieron tan rápido que no pude dar una descripción del agresor. Denuncié el robo de mis tarjetas de crédito y fui a buscar una nueva licencia de conducir. Afortunadamente, como una pobre estudiante universitaria no tenía mucho dinero en mi bolsa robada.

Unas semanas después, Javier, uno de mis amigos de DePaul me llamó y dijo: "Pascuala, ¿perdiste tu bolsa?" Dije: "No exactamente porque fue robada". Dijo: "Alguien me llamó y me dijo que la encontraron junto al hueco de un ascensor en los proyectos y que querían que yo fuera a recogerla". Le dije: "Qué extraño, por favor no vayas, pero si vuelve a llamar, dile que llame al detective para que vaya a recogerla". Le di el nombre del detective, pero, como sospechaba, la persona nunca volvió a llamar a Javier.

Lamentablemente, el verano llegó a su fin, así que tuve que despedirme de IAM CARES. Me sentía triste y me sorprendían estos sentimientos. Temía comenzar mi programa de maestría y pasar por la misma experiencia que en la escuela de leyes. No quería sentir que estaba perdiendo otro año tomando clases que no iban a contar para nada. No quería sentir que mi experiencia había sido una pérdida de tiempo. Sin embargo, me animó al saber que volvería al campus de Lincoln Park y no tendría que volver a obtener más multas de estacionamiento ni lidiar con un edificio inaccesible. Como hacía a menudo, sólo trataba de lidiar con lo que estaba frente de mí y no anticipaba demasiado el futuro. Siempre me decía a mí misma, trabaja mucho y Dios te guiará a donde debes ir. Así que eso fue exactamente lo que pretendía hacer.

CAPÍTULO 13

El mismo día que se suponía que debía ingresar a mi segundo año de las clases de derecho, comencé el primer día de mi programa de maestría. Aunque el lugar era familiar, se sentía diferente. Se sentía como el día en que comencé la universidad cinco años antes, llena de miedos, preguntándome si era lo suficientemente buena. El año de la escuela de derecho realmente había afectado mi confianza y ahora dudaba de mi capacidad para tener éxito. Les dije a Tim y Sheila, mis amigos de la escuela de leyes, que no regresaría. Tim y Sheila, se sorprendieron porque fueron testigos de lo duro que trabajé. Ellos pensaron que era injusto que el acceso fuera tan deficiente. Hablar con Tim me ayudó a calmarme. Él me dijo: "Pascuala, fuiste una sobreviviente y nunca te rendiste. Cualquiera que hubiera tenido que aguantar no poder usar la biblioteca jurídica habría renunciado el primer día, pero no lo hiciste". Luego me dijo algo que nunca olvidaré, "No dudo que tendrás éxito, y hagas lo que hagas, harás la diferencia en el mundo".

Me dolía el estómago con los nervios durante el primer semestre de mi programa de maestría como cuando llegué por primera vez de México. Seguía regañándome y diciéndome a mí misma que dejara de ser cobarde. Cuando era niña, los nervios me hacían vomitar, pero de adulta, sabía cómo controlar esos mismos sentimientos. Me sentía acobardada hasta que tomé mis primeros exámenes y comencé a recibir calificaciones como en el pasado. Una de mis clases favoritas fue la de educación especial. Aprendí sobre las leyes que protegen a las personas con discapacidades y mi profesor compartió que los activistas discapacitados estaban tratando de aprobar una ley para otorgar derechos civiles a las personas con discapacidades. Esta clase me intrigó, así que una vez más fui a hablar con la Dra. Rafaela y le hice algunas preguntas.

Fui a la oficina de la Dra. Rafaela, pero su oficina siempre estaba desordenada, así que siempre tenía miedo de tropezar con algo y caer. Desde la puerta le dije lo mucho que me gustaban las clases y que mi favorita era la de educación especial. Ella compartió que DePaul ofrecía otra especialización en educación que se alineaba estrechamente con lo que me interesaba. Ella me dijo: "Una concentración que te puede gustar es la de lectura y cómo ayudar a los estudiantes de lento aprendizaje". Sin embargo, me recordó las especificaciones de la maestría en educación bilingüe donde me comprometía a enseñar un semestre en Chicago. Le pregunté: "¿Puedo tomar más clases como las de educación especial?" Ella respondió: "Sí, pero la beca no cubrirá el costo". Ella vio mi decepción y continuó: "Déjame pensar y averiguar si hay alguna manera de que puedas hacer esa maestría".

La semana siguiente volví a encontrarme con ella. La Dra. Rafaela se veía muy contenta, como si hubiera descubierto una manera de salvarme. Ella me dijo: "¡Tengo una idea!" Ella compartió información sobre un programa de DePaul, el Programa Puente, que apoyaba a los estudiantes que eran aceptados condicionalmente en DePaul debido a su formación académica. No estaba segura de porque me contaba esto y por eso sólo la escuchaba con atención. Ella dijo: "Estaba hablando con la directora del programa sobre ti y juntas llegamos a una posible solución". Ella me guio para que fuera a sentarme en un asiento cerca de su oficina, y luego dijo: "La directora acaba de recibir la aprobación para contratar a otra persona para el Programa Puente porque también quiere extender el programa para los estudiantes transferidos". Entonces, emocionada, dijo: "Está dispuesta a entrevistarte por mi recomendación". Todavía estaba confusa. ¿Qué tenía esto que ver con que yo quisiera hacer mi maestría en otra concentración? Ella dijo: "Si te contratan, será a tiempo completo, lo que significa que puedes tomar CUALQUIER clase de forma gratuita. Pero esto no será fácil porque tendrías que trabajar durante el día y tomar clases por la noche". Suspiré, pero luego dije: "Bueno, prácticamente lo hacía en la escuela de leyes ya que mis días normales eran de quince horas, y si es algo que disfruto, sé que puedo hacerlo". Mi entrevista de trabajo salió bien ya que me contrataron como Asistente de la directora del Programa Puente.

Mi cargo en el nuevo trabajo era apoyar a los estudiantes transferidos que eran admitidos de forma condicional. Se requería que los estudiantes tomaran una clase adicional que proporcionaría apoyo complementario. Yo era la instructora de esa clase que se reunía tres veces por semana. Trabajé en el desarrollo del currículo de estudios, enfocándome principalmente en ofrecer estrategias de habilidades de estudio. La primera vez que enseñé en un salón de clases fue intimidante. Noté que los estudiantes no esperaban ver a una latina como su maestra, mucho menos a una latina con muletas. Trabajé mucho para generar su confianza. Los estudiantes parecían resistirse al principio porque esta era una clase que estaban "obligados" a tomar. Sin embargo, con el tiempo, comenzaron a sentirse cómodos y agradecieron el apoyo que les brindaba.

Un día, estaba enseñando estrategias de escritura y mostraba como un comienzo interesante ayuda a ganar la atención del lector. Estaba sentada al frente del salón, pero decidí ponerme de pie para ir a escribir en el pizarrón. No sé cómo, pero de repente me resbalé y me caí. Tuve que actuar rápido para no perder su respeto. Tan pronto como caí, recuperé la compostura y dije: "Acabo de llamar la atención, ¿no? Tienes que hacer lo mismo en un papel". Los estudiantes no estaban seguros de cómo reaccionar ante mi comentario. Todavía sentada en el suelo, dije: "Apuesto a que ningún otro maestro ha demostrado nunca un concepto como yo lo acabo de hacer". El segundo comentario les dio permiso para reír. Entonces dije: "Aparte de las bromas, ¿podría alguien ir a buscar al guardia de seguridad para que me ayude a levantarme?" Un par de estudiantes varones se pusieron de pie y uno dijo: "Nosotros podemos ayudarla".

Al igual que había hecho muchas veces, reaccioné sobre lo que me sucedió más tarde cuando estaba sola. Estaba enojada y frustrada por haberme caído en frente de la clase. Me sentía avergonzada y humillada. No importaba cuántas caídas tenía, nunca me acostumbraba a los sentimientos que provenían de ellas. A veces, sentía que el costo emocional era más dañino que cualquier lesión física. Odiaba que me recordaran constantemente mi discapacidad, sin importar cuánto trabajé para ser una mujer latina con ambiciones normales. Esa pesadez en mi corazón fue nuevamente rechazada e ignorada. En vez de enfrentar mis sentimientos, nuevamente enfoque mi atención a una meta que cumplir. El objetivo fue convertirme en la mejor instructora de este curso y eso fue lo que hice.

Ahora que tenía el trabajo de tiempo completo, pude comenzar mi maestría en lectura y problemas de aprendizaje. Me encantaban todas mis clases y me fascinaba aprender sobre las discapacidades invisibles, preguntándome cuántas personas podrían haber tenido una discapacidad sin que yo me diera cuenta. Reflexioné sobre mis días en Spalding y me di cuenta de que muchos de los estudiantes de mis clases repetían las mismas preguntas una y otra vez. Siempre pensé que algunas de sus luchas se debían a que no dedicaban tiempo a estudiar. Ahora, entendía completamente que estos estudiantes probablemente tenían una discapacidad de aprendizaje que los limitaba a procesar la información tan rápido como yo.

Mis días fueron largos y agotadores. Trabajaba tiempo completo y tomaba cuatro clases. Salía de mi casa alrededor de las siete de la mañana para empezar a trabajar a las ocho y mi última clase terminaba a las nueve y media de la noche. Después me quedaba estudiando hasta la medianoche para luego repetir lo mismo al día siguiente. También usaba los fines de semana para ponerme al día con las lecturas y otras tareas. Creo que prosperaba cuando tenía este tipo de horarios porque me impedía hacer preguntas sobre mi vida, mis miedos y mi futuro, para no pensar en mis problemas seguía enfocándome en mis estudios. Mi táctica era trabajar mucho, lograr metas y adormecer cualquier cicatriz que mi discapacidad hubiera causado una y otra vez. Las personas que me rodeaban nunca conocieron mis verdaderos sentimientos, sino que me veían como una persona fuerte que nunca descansaba, pero nunca supieron por qué.

Se suponía que la maestría era un programa de tres años, pero quería terminarla lo antes posible, así que tomé clases durante todo el año y completé la maestría en dos años. Me encantaron todas las clases. Obtuve una A en cada clase. La calificación más baja que recibí fue una A- (DePaul otorga calificaciones + y -). La profesora alemana, que por cierto se apellidaba Herrera también, me dijo: "Pascuala, te voy a dar una A- porque cuando vean que no tienes un promedio exacto de 4.0, sabrán que trabajaste para cada grado". La respetaba y me agradaba mucho la Sra. Herrera, pero no estaba segura de si debiese haber luchado contra ese grado.

Para lograr sacar A's en todas mis clases no dormía mucho en esos años. A veces, cuando sabía que tenía que estudiar para un examen o escribir un ensayo largo, empacaba una bolsa con ropa y le pedía algún miembro de los de seguridad que me encerrara en uno de los salones. Así estudiaba toda la noche, aprovechando el tiempo que me tomaría en el transporte, para tener tiempo adicional para estudiar. Por la mañana, iba al baño a cambiarme y lavarme la cara. Mis papás estaban preocupados, pero sabían que me había decepcionado tanto anteriormente que simplemente apoyaban lo que yo pensaba que era lo mejor.

Mi programa de maestría incluía tres prácticas en las que utilizaba lo que aprendía en mis cursos para evaluar a un estudiante y ver si tenía discapacidades de aprendizaje, o trabajar para remediar los problemas que tenía un estudiante con una discapacidad de aprendizaje. También pude practicar cómo administrar pruebas para detectar problemas de aprendizaje. Administre las pruebas a muchos de mis amigos y familiares. Fue interesante compartirles mis hallazgos y pensaban que lo que compartía tenía sentido para ellos.

También practiqué lo que estaba aprendiendo en mi trabajo. Además de enseñar la clase de instrucción suplementaria, también trabajaba con los estudiantes uno a uno para apoyarlos. Robert, un estudiante del programa Puente, se había transferido de una universidad en Nueva York. Entendí completamente cómo es el lento aprendizaje por haber trabajado y apoyado a Robert. Era tan inteligente y elocuente. Hablaba con un vocabulario elaborado y sofisticado mejor del que yo jamás podría usar. Sin embargo, cuando miraba su escritura, cualquiera pensaría que lo había escrito un niño de escuela primaria. Era difícil de creer que un estudiante tan inteligente no pudiera deletrear palabras simples. Con esta experiencia, entendí completamente que una discapacidad de aprendizaje era más que sólo las características que estaban escritas en mis libros.

Aunque tuve el privilegio de trabajar con Robert, no todos los estudiantes a los que apoyé tenían una discapacidad de aprendizaje diagnosticada. Me gustaba mi trabajo y ganaba buen dinero, pero me preguntaba si debería considerar encontrar un puesto específico que requiriera mi maestría. Aun así, estaba muy ocupada para siquiera considerar la posibilidad de buscar trabajo. Me iba a graduar y después de graduarme, pensaría en cual sería mi próximo paso. Tenía muchas ganas de terminar mi maestría cuando sólo faltaban un par de meses.

Un día de mayo, de camino al trabajo, me detuve en un semáforo en rojo en la avenida Fullerton y Ashland. De repente, un niño, de unos diez años, llamó a mi ventana. Me dijo: "¿Quieres comprar un periódico? Sólo cuesta veinticinco centavos». Bajé un poco la ventanilla y le di un dólar, diciéndole que se quedara con el cambio. Tiré el periódico en el asiento del pasajero y seguí adelante. Más tarde ese día, fui a mi coche a comer. A veces hacía eso sólo para salir de la oficina. Me comí mi comida y luego vi el periódico "La Raza". No esperaba tener un periódico completamente bilingüe en mis manos. Lo hojeé y luego fui a los anuncios de trabajo, sólo por curiosidad. Uno de los anuncios llamó mi atención. Decía: "Especialista en discapacidades de aprendizaje, Harper College, Palatine, Illinois. Posición de profesor". Seguí leyendo y la descripción del trabajo se parecía tanto a todo lo que estaba aprendiendo, que bien podría haber salido directamente de mis muchos programas de estudios. No tenía ni idea dónde estaba Palatine, pero pensé, no pasa nada, enviaré mi historial de empleos (resumé) para practicar mi búsqueda de empleo. Más tarde esa noche, escribí una carta de interés y envié todo a la dirección que estaba en el anuncio. Realmente no esperaba nada sobre mi solicitud y olvidé que había solicitado a Harper College.

Después de todo, supongo que la búsqueda de empleo estaba en mi mente, aunque no me estaba estresando porque tenía un trabajo que disfrutaba y pagaba bien. De hecho, acababa de comprar un Chevy Cavalier rojo del año 1990, ¡en mi propio nombre! Comencé a fantasear con la posibilidad de vivir sola si encontrara una oportunidad de trabajo disponible en otro estado. Solicité un puesto en la Universidad Notre Dame en Indiana. Cuando me seleccionaron para una entrevista de trabajo, programé ir un viernes a la entrevista de seis horas. Habían reservado una habitación en uno de los dormitorios para que pasara la noche. Le pregunté a Gerardo si podía llevarme a la entrevista y lo soborné con que después de que me dejara en Indiana le prestaría mi carro hasta que me recogiera la tarde siguiente. Me tomé ese viernes libre del trabajo.

Mis papás no estaban muy contentos con la idea de que me mudara y viviera en Indiana. Mi mamá me preguntó: "¿Sola en otro estado? Le respondí: "Sólo voy a ver si es una buena oportunidad". Con voz frustrada, dijo: "¿Para qué, hija?" Le dije: "No se preocupe, eso no significa que vaya a aceptar el trabajo". Mis papás, como siempre, apoyaron mi decisión, sabiendo que era terca y que tenía que resolver las cosas por mi cuenta. Empaqué un cambio de ropa y me fui a la cama.

Como habíamos planeado, recogí a Gerardo a las seis de la mañana, pensando que sería suficiente tiempo para llegar a la entrevista a las diez de la mañana. Cuando vi salir a Gerardo, me moví hacia el lado del pasajero ya que él iba a ser el conductor. Empezamos el viaje y él dijo: "¿Supongo que nos vamos al sur?" Respondí: "Sí, Indiana está al sur". Esto me dio la confianza de que él sabría cómo llevarme allí sin ningún problema. Salimos a la carretera escuchando Los Bukis, que seguía siendo mi grupo favorito. Para entonces, Gerardo estaba acostumbrado a escuchar a Los Bukis, aunque nunca lo escuché cantar ninguna de sus canciones. Después de conducir hacia el sur por un tiempo, dijo: "¿Tienes las direcciones?" Lo miré con incredulidad y le pregunté: "¿No buscaste las direcciones tú porque ibas a manejar?" Él dijo: "No, porque pensé que tú lo harías". Vio mi preocupación y dijo: "No te preocupes, estoy seguro de que cuando lleguemos a Indiana habrá una señal de Notre Dame". Ese comentario me tranquilizó y comencé a relajarme.

Después de un largo rato, dije: "¿Has visto el letrero de Indiana?" Él respondió: "No, pero no he prestado demasiada atención". Luego dijo: "En la próxima salida saldré a comprar un mapa". Le dije: "Buena idea". Salimos en la siguiente salida y Gerardo echó gasolina mientras yo fui al baño. Cuando salí del baño, él estaba esperando con un mapa en sus manos. Gerardo me dijo: "Bueno, Pascuala, tengo malas noticias y buenas noticias. ¿Qué quieres escuchar primero?" Yo sonreí y le dije: "Las malas noticias". Dijo: "Parece que estamos en Michigan". Dije: "Oh no, voy a llegar tarde a la entrevista". Con una sonrisa, dijo: "Más bien ya perdiste la entrevista". Vio mi cara de decepción y luego dijo, ¡pero aquí están las buenas noticias!" Me preguntó: "¿Alguna vez has visto la película *When Harry Met Sally (Cuando Harry conoció a Sally)*?" Sin saber cómo esto tenía algo que ver con lo que estaba pasando, respondí: "Sí, yo creo que sí". Emocionado, dijo: "Bueno, como Harry y Sally, tú y yo podemos ir a Nueva York porque está mucho más cerca que Indiana". Sin pensarlo, le dije: "¡Súper! No sé lo que estaba pensando. No quiero mudarme a Indiana".

Antes de subir al auto, llamé a Notre Dame para cancelar mi entrevista. Gerardo y yo manejamos un poco más y luego paramos a comer en Wendy's. No sé si fue mi hambre o mi emoción, pero Wendy's nunca había sabido tan bien como ese día. Manejamos unas horas, hablando de temas chistosos y también serios. Éramos tan inocentes en nuestros planes. No habíamos pensado dónde nos quedaríamos a dormir. No consideramos que Gerardo no tuviera ropa, excepto la que llevaba puesta. La emoción de la aventura era todo lo que nos importaba. Gerardo dijo: "Ojalá tuviéramos una cámara". Pregunté: ¿por qué?" Él dijo: "Bueno, tenemos que tomar una foto con la Estatua de la Libertad". Con una sonrisa dije: "Podemos comprar una. Tengo mi tarjeta de crédito". Después de un par de horas, notamos que el mapa que compró Gerardo era sólo de Michigan. Sugerí que nos detuviéramos y compráramos otro mapa para asegurarnos de que íbamos en la dirección correcta.

Esta parada fue como algo que ya habíamos vivido. De nuevo, estaba mirando un mapa cuando salía del baño y Gerardo me dijo las mismas palabras exactas sobre buenas y malas noticias. Con una cara temerosa dije: "¿Y ahora qué?" Él dijo: "No vamos a ir a Nueva York porque estamos demasiado lejos. Pero la buena noticia es que podemos ir a otro país". Su entusiasmo era casi incontrolable. Regresamos al auto, y nuevamente, como dos niños pequeños, no pensamos en nada más que en nuestra divertida aventura. Por ejemplo, no se nos ocurrió pensar en que no teníamos pasaportes o seguro para conducir en otro país. Seguimos bromeando, escuchando la música, y simplemente estando emocionados de ir a Canadá. Cuando Gerardo miró el mapa, vio que teníamos dos opciones; una opción era ir a las Cataratas de Niágara y la otra era ir a Toronto. Antes de yo poder responder, me dijo: "Vayamos a Toronto porque si vamos a las Cataratas de Niágara, nadie creerá que nos perdimos". Estuve de acuerdo y dije: "Tienes razón".

Estaba oscureciendo cuando llegamos a la frontera. Mostramos nuestra licencia de conducir y pudimos cruzar a Canadá muy fácilmente. Llevábamos más de doce horas conduciendo, así que fuimos a cenar a McDonald's y a estirarnos. Gerardo compartió que la calle principal de Toronto era Young Street, por lo que quería asegurarse de que fuéramos a esa carretera.

Gerardo dijo: "Antes de hacer un recorrido, debería llamar a casa y hacerles saber que no voy a volver por la noche". Yo compartí: "Yo no tengo que llamar a mis papás porque no me esperan hasta mañana". Luego procedimos a una cabina telefónica. La noche era fría, así que ambos nos apresuramos en la cabina. Gerardo marcó su número y su madre respondió a la llamada. Él le preguntó: "Mami, ¿adivina dónde estamos Pascuala y yo?" Ella respondió: "¿Dónde?" Con mucha emoción Gerardo dijo: "¡Canadá!" Su mamá no le respondió a Gerardo, sino que dijo: "Gerardo y Pascuala están en Canadá". Su papá tomó el teléfono y comenzó a gritar: "¿Qué diablos estás haciendo en Canadá? ¿Y con Pascuala? Vuelve a casa en este instante. ¿Me escuchas?" Gerardo, trató de calmar a su papá y le dijo: "Sí, Papi". Luego le prometió a su papá que regresaríamos a casa de inmediato.

Con cara de tristeza, Gerardo dijo: "No podemos irnos sin antes ir por Young Street. Conduciremos por la calle y haremos un recorrido rápido, luego nos iremos de regreso a casa". Por supuesto, no contábamos con tener más dificultades para cruzar la frontera de los Estados Unidos. Cuando llegamos a la frontera nos pidieron pasaportes y, como habíamos hecho antes, mostramos nuestras licencias de conducir. El agente dijo: "Esta no es una forma válida de demostrar su ciudadanía. Necesitan pasaportes o actas de nacimiento". Empecé a entrar en pánico y pensaba, "si mis papás se enteran, me matarán". Me preocupaba tener que llamarlos para que me enviaran por fax mi certificado de naturalización. Gerardo, por alguna razón, tenía su certificado de nacimiento en su cartera. Quizás lo llevaba porque estaba en los Marines. Por supuesto yo no tenía mi certificado de naturalización. Cuando le dijimos al oficial que yo no tenía ninguna de las dos cosas, en voz alta de reprimenda dijo: "¿Dónde naciste?" Los pensamientos corrían por mi cabeza y me preocupaba que, si decía que había nacido en La Purísima, nunca me permitirían cruzar. En cambio, respondí con lo primero que me vino a la mente: "Nací en los Estados Unidos".

El agente estaba ahora más convencido de que estaba pasando algo sospechoso. Comenzó a lanzar acusaciones y dijo: "Ni siquiera hablas inglés; ¿de dónde eres?" Comencé a llorar y no pude responder. Gerardo habló en mi nombre y dijo: "Por supuesto que habla inglés. Incluso es maestra de inglés. Pascuala, enséñale tu talón de pago". Nerviosamente miré en mi bolso y le mostré que me acababan de pagar ese mismo día.

El agente se dio cuenta de que yo vivía en Chicago y que éramos sólo dos jóvenes adultos locos. Nos dejó pasar.

Mientras suspiraba de alivio, Gerardo comenzó a regañarme y me dijo: "No dejes que nadie te intimide así. Dejaste que ese agente te menospreciara, borrando todos tus logros". Comencé a llorar, las lágrimas rodaban por mis mejillas. Gerardo, bromeando, comenzó a cantar "Born in The USA, Born in The…". No pude evitar reírme mientras cantaba la canción de Bruce Springsteen, "Born in the USA" (Nací en los Estados Unidos). Pronto nos olvidamos de la experiencia tensa y comenzamos a disfrutar de nuestro viaje por carretera nuevamente. Me di cuenta de que Gerardo tenía sueño después de conducir unas dieciséis horas seguidas, así que empecé a desarrollar juegos tontos para mantenerlo entretenido. Llegamos a su casa a las seis de la mañana, exactamente veinticuatro horas desde el momento en que nos fuimos. Lo dejé y le deseé suerte con sus papás. Llegué a mi casa treinta minutos después. Mi mamá ya se había levantado y dijo: "No esperaba que llegaras a casa hasta más tarde. ¿Qué pasó?" Sin mirar hacia arriba, dije: "No me gustó Indiana. Voy a dormir un poco".

Sonreí durante todo el fin de semana, pero también me sentía un poco culpable. Después del hecho, pensé en todo lo que podría haber salido mal. No podía creer que Gerardo y yo no hubiéramos considerado dónde dormiríamos. También me preguntaba cómo le habría ido a Gerardo. Me preocupaba que sus papás pensaran mal de mí. Sabía que esta aventura se convertiría en una experiencia inolvidable. Iba a ser una de mis experiencias más memorables porque estaba desinhibida y seguía el momento. Mi discapacidad no había sido un problema y durante esas veinticuatro horas no era esa muchacha que tuvo una docena de cirugías y muchos huesos rotos. Yo era la chica que vivía en el impulso del momento. Nadie me quitaría ese momento. Nunca le conté a nadie sobre esta loca aventura hasta muchos años después.

CAPÍTULO 14

Mi solicitud para la posición en Harper College era algo que había olvidado por completo. Un día, alguien del colegio llamó a mi casa y dejó un mensaje. Cuando regresé la llamada, programé una entrevista telefónica. No pensé que era apropiado que Harper me llamara al trabajo, especialmente porque no quería que la directora supiera que había solicitado en otro lugar. Siendo ingenua, les pedí que me llamaran después de las cuatro de la tarde y les di un número de teléfono público que estaba justo afuera de uno de mis salones de clases. Estuve junto al teléfono diez minutos antes de la cita telefónica esperando la llamada. Cuando hablé con ellos, respondí a la mayoría de las preguntas rápidamente. Sin dudar de mis respuestas, contesté las preguntas fácilmente ya que estaban relacionadas con las clases que estaba tomando y con mis experiencias con mi puesto en el programa Puente.

No mucho más después de esa semana, recibí otro mensaje de ellos y cuando volví a llamar, programé una entrevista en persona. Programé la entrevista para la semana siguiente porque quería visitar a Harper antes de la entrevista para planificar cómo iba a llegar allí. No tenía idea de dónde estaba Palatine. Estaba acostumbrada a la ciudad y el único suburbio al que viajaba era Franklin Park. Rique aceptó ir conmigo un sábado. Era un campus enorme. Batallamos para encontrar el edificio correcto y el lugar de la entrevista. Era un día caluroso, así que después de tanto caminar, estaba sudando. Pensé que para la entrevista tendría que usar ropa más fresca. También decidí dónde iba a estacionarme y dónde descansaría para no llegar sin aliento a la entrevista.

Mi entrevista fue con las mismas cinco personas con las que había hablado por teléfono. Muchas de las preguntas eran similares a lo que ya había contestado por teléfono. Me sentía muy cómoda y a gusto con los miembros del comité. Después de mi entrevista con el grupo, me reuní con Joan, la Decana de Desarrollo Estudiantil. Empezamos a charlar y ella se rio cuando le dije: "Me encanta cómo los patos caminan libremente en el campus. No veo eso en la ciudad". Ella dijo: "Oh, los gansos son una molestia por aquí". Ella me hizo algunas preguntas que yo respondí de manera directa y honesta. Sin embargo, después de terminar la reunión con Joan, me preocupaba cómo había respondido a una pregunta. Ella preguntó: "¿Por qué deberíamos contratarte?" Ni siquiera lo dudé y dije: "Porque es mi destino". Continué y le comenté sobre el niño que me vendió el periódico esa mañana y cómo no había estado buscando trabajo. Yo esperaba que mi respuesta no la hubiera desanimado. No estaba segura de que si yo les agradaba, pero me alegré de haber sido entrevistada.

Tomó un par de semanas para que Joan me llamara para ofrecerme el trabajo. Yo estaba tan emocionada, y el salario iba a ser diez mil dólares más de lo que ganaba. No sé si grité, pero me fue difícil contenerme. Le recordé a Joan que no terminaría mis clases hasta agosto, justo antes de comenzar mi nuevo puesto. Ella sugirió que me reuniera con Tom, el director del Centro para Estudiantes con Discapacidades (Center for Students with Disabilities/ CSD) para que pudiéramos planificar mis deberes. Le di las gracias y llamé a mi mamá de inmediato. No podía creer que fuera a ganar tanto. Estaba tan feliz por mí, porque sabía lo mucho que había trabajado para llegar a donde estaba en ese momento.

A principios de agosto, antes de que comenzara el semestre de otoño, me reuní con Tom. Inmediatamente, me sentí cómoda. La oficina de Tom era tan pacífica y con sólo observar sus cuadros, supe que era un hombre de fe. Eso me consoló. Hablamos sobre mi puesto y sobre cómo este puesto de profesor era completamente nuevo. Él imaginaba que tendría que trabajar mucho con los profesores para garantizar el acceso de los estudiantes con discapacidades. Explicó que CSD atendía a unos dos cientos estudiantes y que la cantidad de estudiantes con discapacidades de aprendizaje estaba aumentando.

En agosto de 1991, comencé mi puesto de tiempo completo como especialista en discapacidades de aprendizaje en Harper College. El primer día, el presidente de la universidad tuvo una reunión de bienvenida para el personal. Me presentó y nos dio la bienvenida a todos los nuevos empleados. Noté que yo era una de las dos latinas que comenzábamos ese año. Esperaba tener la oportunidad de conocer a Juanita, quien fue contratada para un puesto en Asuntos Multiculturales. No tenía idea de que ella se iba a convertir como miembro de mi familia y que durante muchos años seríamos las mejores amigas. Me tranquilizó saber que había un centro enfocado en la diversidad. Después de la reunión, tenía que regresar a mi oficina, pero como todavía no sabía cómo se conectaban los diferentes edificios, decidí ir en mi auto y conducir hasta donde estaba mi departamento. Mientras salía, un hombre latino muy distinguido con un traje corrió para alcanzarme. Él dijo: "Hola, mi nombre es Frank. ¿Te vas?" Dije, "Soy Pascuala y me voy a la oficina". Él preguntó: "¿Puedo ir contigo?"

De camino al edificio donde estaba CSD, dijo algo que me alarmó. Dijo: "Si alguna vez te sientes que no eres bienvenida o si alguna vez te discriminan, por favor recuerda que puedes hablar conmigo y que tienes un amigo". Le di las gracias. Quería preguntarle por qué me decía eso, pero tenía miedo de averiguarlo. Durante la reunión de bienvenida me di cuenta de que no había muchos latinos o afroamericanos en la audiencia. Traté de no entrar en pánico y sabía que tendría que trabajar mucho para demostrar que era una buena empleada.

Un puesto de profesora no era fácil. Rápidamente aprendí que la titularidad era un privilegio que debía ganarme. Traté de no concentrarme demasiado en eso porque me sentía ansiosa cada vez que lo hacía. En cambio, me sumergía en mi trabajo. Rápidamente descubrí que al menos en mi centro, mi discapacidad era una ventaja. Los estudiantes parecían conectarse conmigo rápidamente. Gané su confianza y compartían sus luchas. Fui empática y les ayudé a encontrar soluciones. Mi trabajo también requería la participación en varias comités y eventos. Me sentía intimidada no sólo por mi discapacidad sino por mi raza.

Mi discapacidad interfería en otros aspectos de mi vida. Traté de avanzar y no permitir que mis problemas de movilidad afectaran mi participación. El colegio era enorme y caminar de un edificio a otro se volvió demasiado difícil. Conducir hasta un edificio cada rato requería demasiado tiempo. Tuve que idear una estrategia que funcionara para mí. Decidí que dejaría mi silla de ruedas manual en mi oficina para poder usarla para ir a una reunión si estaba en el lado opuesto del campus. Todos los días, manejaba veinte millas y caminaba con los aparatos ortopédicos y las muletas a mi oficina. Me sentaba en la silla de ruedas sólo cuando necesitaba ir a un edificio diferente para una reunión.

Los otros miembros del profesorado de mi división eran consejeros y una de ellas, Shari, estaba en ADS. Ella fue muy acogedora con su personalidad tranquila. Ella tenía un enfoque de puertas abiertas y me animaba a hacer preguntas sobre cualquier cosa. No me tomó mucho tiempo utilizar su experiencia mientras me aclimataba a mi nuevo rol en la universidad. Todos los consejeros eran muy acogedores, aunque me sentí fuera de lugar la primera vez que estuvimos en un retiro.

A Joan le gustaba reunir a todos sus empleados en un lugar fuera del campus para algunas actividades de planificación y crecimiento. Probablemente dentro de los primeros meses de comenzar en Harper, tuvimos un retiro de una noche para todos de nuestra división. Recuerdo como no se había considerado el acceso para este retiro, pero después de que me uní al equipo eso comenzó a cambiar. El centro de retiro era un edificio de dos pisos donde el comedor estaba en el segundo nivel. Tuvieron que traerme comida al primer piso, pero varias personas decidieron comer conmigo para que no estuviera sola.

Algunas de las actividades planificadas no eran accesibles para una persona con una discapacidad física como la que tenía yo. No me pregunten por qué, pero nos dividieron en equipos y tuvimos que ir a la búsqueda del tesoro para buscar diferentes elementos en una lista, uno de los cuales era encontrar un búfalo. Cada equipo tenía la tarea de localizar los artículos y luego tomar una foto mostrando que fue encontrado el artículo. Esto requería que cada equipo se dirigiera a los alrededores de la casa de retiro en un vehículo. Anita, una de las consejeras, ofreció su miniván para que nuestro equipo saliera de caza. Inmediatamente reconocí que no podría subir a la camioneta. Tratando de complacer y no ser negativa, no lo convertí en un problema. En cambio, sugerí que podía sentarme en el suelo en la parte de atrás. Debo admitir que después pensé que fue una mala idea, especialmente cuando la mitad de mi trasero estaba colgando ya que tuvimos que dejar la puerta trasera abierta para poder tomar las fotos. Aun así, era flexible y participé como un buen miembro del equipo. En el fondo, odiaba tener tantas dificultades para las actividades más simples. Por supuesto, nadie pensaba que eso me molestaba porque yo ya había aprendido a seguir adelante y a ignorar lo frustrante que era tener mi discapacidad siempre impactando mi vida.

Anita y yo nos hicimos amigas después de esa actividad de trabajo en equipo. Ella es una mujer blanca y muy valiente. Es alguien llena de vida, que ama todo y a todos los que son diferentes. Inmediatamente, me sentía tan a gusto con ella, como si mi raza, mi pasado, mi discapacidad y todo lo demás que trataba de ocultar no fuera importante para ella. Ella me aceptó completamente y me hizo partícipe en algunos de sus programas estudiantiles. Además, ella siempre estuvo dispuesta a ayudarme a encontrar soluciones para que yo participara plenamente.

Ella fue la líder de un retiro de estudiantes fuera del campus para el que me ofrecí ayudar. Debido a que el vehículo de Harper no era accesible, Anita y yo viajamos juntas por separado con algunos estudiantes, sin saber que el viaje sería el más aterrador de mi vida. Al regresar después de un exitoso retiro, nos vimos atrapados en medio de una tormenta de nieve donde la visibilidad era casi nada. Anita fue muy valiente y siguió manejando mientras yo rezaba secretamente, *Querido Dios, no es así como quiero morir. Protégenos.* Después de esta experiencia, supe que nuestra amistad sería indestructible.

De manera similar, conocí a una consejera joven y súper divertida, Stephanie. Aunque era más joven que yo, transmitía confianza, algo que a veces me faltaba. Como Anita, mi discapacidad no afectó a Stephanie en lo absoluto. Ambas me dieron confianza porque valoraron mis conocimientos y comentarios. Poco después de comenzar a trabajar en Harper, las tres estábamos muy interesadas en saber todo lo que pudiéramos sobre la diversidad. Nosotras tres asistimos a seminarios y conferencias para aprender más.

Un viaje que las tres tomamos fue a la Universidad de Western Illinois. Todavía me río cuando recuerdo que no esperábamos estar en el medio de la nada. Nos alojamos en el único motel de Macomb, Illinois. La gente de allí consideraba a Wal-Mart como su centro comercial. Una noche, nos echamos a reír cuando llamé para informarles del molestoso ruido fuera de nuestra habitación. Llamé y dije: "¿Hay algo que se pueda hacer con las ranas afuera de nuestra habitación? No nos dejan dormir". Con acento, el hombre del otro lado del teléfono respondió: "¿Te refieres a los sapos? No, no lo hay. Puedes usar tapones para los oídos." Nosotras nos divertimos mucho y en lugar de yo sentirme como una molestia cuando había falta de acceso, ellas apreciaron su propio privilegio como mujeres sanas y me ayudaban a encontrar soluciones.

¡Trabajé duro porque me encantaba mi trabajo! Tom era un jefe tan excelente que me permitía desarrollar y probar nuevas ideas. Sólo dos años después de que empecé a trabajar en Harper, comenzamos un programa para lograr el éxito estudiantil (conocido como PASS). Era un programa de tutoría de pago por servicio para apoyar a los estudiantes con tutoría personalizada. Se me ocurrió el nombre del programa preguntándole a un estudiante: "Si tuviéramos un programa que describiera el apoyo que te he dado, ¿qué te gustaría que fuera?" Rápidamente dijo: "El programa PAS. PAS por Pascuala".

Sonreí y le di las gracias. De su comentario, se me ocurrió el nombre. PASS, un programa que fue muy exitoso y por el cual las familias estaban dispuestas a pagar adicionalmente por el apoyo a sus estudiantes. Me encargué del programa mientras tenía mi propio número de casos de estudiantes.

Comencé a desarrollar maravillosas relaciones con los estudiantes. Los estudiantes asistían con regularidad y les encantaba que se me ocurrieran estrategias que los ayudarían académicamente. Una vez, una estudiante con problemas de memoria que estaba tomando una clase de botánica, tenía dificultades para recordar los nombres de varios tipos de hojas de árbol. Sugerí crear tarjetas de memoria, no sólo con la ortografía del tipo de hoja, sino también para incluir la imagen de la hoja. Le encantó mi idea y dio un paso más. La próxima vez que lo vi, había plastificado la hoja real con el nombre escrito. Otro estudiante no recordaba cómo deletrear números y constantemente cometía errores al escribir cheques. Juntos creamos una tarjeta de billetera que le enseñaba cómo deletrear los números.

Otra estudiante, Becky, requirió que ADS encontrara soluciones creativas. Ella recientemente había sido lesionada en un accidente automovilístico que la dejó tetrapléjica a causa de su lesión en la médula espinal. Ella era muy artística y quería obtener un asociado en Diseño de Moda. Con el uso limitado de sus brazos, tuvimos que encontrar soluciones y adaptaciones razonables. Afortunadamente, los profesores del Departamento de Moda estaban dispuestos a colaborar porque reconocían el tremendo talento de Becky. Ella completó con éxito el título y continúo con sus estudios después de asistir a Harper. Fue increíble ver el éxito de Becky a lo largo de los años. Por esta razón, la nominé como exalumna distinguida muchos años después. Además, le ayudé a exhibir su proyecto, Tres Fridas, en Harper. En este proyecto, ella y dos de sus amigas recrearon obras de arte icónicas poniendo a personas con discapacidades como modelos. Fue estupendo ver cómo Becky tuvo tanto éxito después de Harper. Fue una historia de éxito que demostró que a veces se puede hacer posible lo imposible.

A veces mis ideas para ayudar a los estudiantes no eran siempre entendidas o bien recibidas. Inmediatamente después de recibir tres evaluaciones excelentes, me vi envuelta en una situación muy incómoda. Yo estaba trabajando con un estudiante con dislexia severa que es un tipo de aprendizaje lento que afecta la lectura. Ella estaba en una clase de desarrollo de inglés y tenía dificultades para escribir sus trabajos. La dificultad no era que no tuviera ideas, sino que olvidaba su idea para cuando ponía la palabra en el papel y no recordaba cómo deletrearla. Era muy inteligente, pero escribir y leer eran muy difíciles debido a su discapacidad de aprendizaje. Viendo todas sus dificultades, sugerí que intentáramos algo. Yo le dije: "Imagina que soy tu secretaria; dicta lo que quieras decir". Como me dictaba, escribía palabra por palabra. Ella terminó con un gran trabajo lleno de ideas. Su maestra de inglés se preocupó porque la escritura que hacía en el salón era muy diferente a la que estaba entregando después de que yo le ayudaba. En lugar de que mi colega me llamara para oír una explicación, se puso en contacto con su decana, quien a la vez se puso en contacto con Tom. La decana de ese departamento exigió una reunión para discutir la situación. Tom pensó que era importante que yo asistiera a la reunión, aunque el tema nunca se me fue comunicado.

Cuando estábamos alrededor de la mesa en la reunión, la decana inició la conversación de una manera poco amistosa, parecía más como una acusación. Ella dijo: "Pascuala nosotros no te contratamos para que hicieras trampas para tus estudiantes!" No sé de dónde saqué la confianza para defenderme, pero lo hice. Le respondí: "Primero, no me contrató usted. Harper me contrató. En segundo lugar, me molesta que cuestionen mi integridad cuando ni siquiera me conocen. Pueden cuestionar mis métodos cualquier día, pero nunca mi integridad". Creo que la dejé sin palabras, porque la vi hundirse en su silla. Luego suavizó su tono y dijo: "Está bien, cuéntanos qué has estado haciendo y por qué los trabajos del estudiante se ven tan diferentes cuando los hace contigo". Estaba preparada y le mostré cómo, según la ley, el dictado se consideraba una adaptación razonable. Después de discutir mis métodos con ellos, me dirigí a la profesora que se había quejado. Le dije: "¿Estás más interesada en la ortografía o en las ideas que tienen los estudiantes?" Continué antes de permitirle que respondiera, «¿Marcas a los estudiantes por ortografía?" Admitió que el desarrollo de la idea era el resultado que buscaba. La reunión terminó con su comprensión de que el dictado era una adaptación razonable.

Siempre vi posibilidades y no imposibilidades, y no temía pensar fuera de lo común para ayudar a mis alumnos. Comencé a formar mi propia filosofía sobre la vida y el propósito. Tenía un montón de ideas en mi cabeza, pero una conversación con mi papá me lo aclaró todo. Un día, cuando llegué a casa del trabajo, mi papá estaba sentado en el patio. Yo le dije: "Hola papá, ¿qué está haciendo?" Mientras señalaba al suelo, en un tono tranquilo, mi papá dijo: "Mirando a esas hormigas". Esperé a que continuara mientras miraba hacia las hormigas a las que estaba señalando. Él dijo: "Están ocupadas yendo y viniendo". Le pregunté: "¿Y por qué cree que están ocupadas?" Me miró y dijo: "Todo lo que Dios creó tiene un propósito. A veces puede ser que no lo entendamos, pero están en esta tierra por alguna razón". Yo dije: "Hmm, nunca me había dado cuenta de las hormigas". Él dijo, "No olvides que todo lo que tiene vida es valioso y debe protegerse". Se levantó, tomó mi mochila y entramos a la casa.

He mantenido este diálogo en mi mente desde entonces. Desde el principio, en mi trabajo en Harper, mantuve esta filosofía. Pensé en cada estudiante, independientemente de su discapacidad, como valioso y con potencial. Mi trabajo era ayudar a los estudiantes a descubrir su propósito. Curiosamente, supongo que estaba demasiado ocupada calculando el propósito de cada estudiante que me olvidé de contemplar y analizar mi propio propósito. Como resultado de esta filosofía, desarrollé la reputación de ayudar siempre al estudiante en mayor riesgo. Siempre traté de hacerlo con compasión y celebré con ellos mientras lograban sus metas.

Mi trabajo en Harper me vino de forma natural. Me sentía contenta y bien adaptada a mis nuevas responsabilidades. Estuve ocupada aprendiendo el trabajo mis primeros años, pero después comencé a preguntarme si eso era todo en la vida. Sentía que me faltaba algo más que una carrera para realizarme como persona y que no estaba del todo feliz. Durante las noches, pasaba tiempo con mi creciente número de sobrinas y sobrinos. Tenía más de una docena de niños pequeños que me admiraban. Continuaban las salidas con mis chiquitos. Mi hermana Reyna incluso me eligió para ser la madrina de sus dos hijos, Erika y Richie. Además, mi sobrina Vanessa, hija de Angelita, me pidió que fuera su madrina para su primera comunión.

Mi hermana Tere vivía al otro lado de la calle de la casa de mi mamá, así que yo pasaba mucho tiempo con sus hijas, Velia y Estela. Estoy muy agradecida de que mi cuñado, Ismael, nunca haya dudado en dejar que mis sobrinas estuvieran conmigo. Incluso les permitía viajar como mis compañeras, ayudantes y mejores amigas. Velia y yo fuimos de vacaciones a Los Ángeles, alojándonos en la casa de una prima, Toña, que nos llevó a Tijuana, México. Otro verano, Estela y yo viajamos a Durango México. Nos quedamos en la casa de mi tío Pedro y tía Cruz en la ciudad y el estado de México donde me diagnosticaron polio.

Mi salario era bueno para alguien que era soltera y aún vivía en casa. Aunque estaba ayudando con mis gastos de subsistencia, sentía que debería estar sola. Cada vez que sugería que debería mudarme, mis papás se resistían. Ellos decían: "Esta casa es tuya. Si no te sientes cómoda, háznoslo saber y podemos cambiarla". Una vez yo les dije: "Me gustaría tener mi propio espacio y mi propia cocina para poder aprender a ser más autosuficiente". Mi papá respondió: "Haz lo que quieras en esta casa". No sé por qué no querían que me mudara, creo que les preocupaba que no tuviera a nadie que me levantara si me cayera al vivir sola. Tomé su palabra y contraté a mi primo para remodelar una adición para que pudiera tener mi propio espacio y al menos sentir que estaba viviendo sola. Por supuesto, todo el tiempo que estuve allí creo que usé la cocina sólo un par de veces.

Aunque tenía un trabajo maravilloso y una gran familia, no podía evitar sentir un vacío en mi corazón. No estaba en paz y anhelaba algo que me hiciera feliz. No me admitía a mí misma que quería una relación romántica. También seguía queriendo tener más impacto en la sociedad mejorando la vida de las personas con discapacidades. Aunque estaba marcando una diferencia en las vidas de los estudiantes con los que trabajaba en mi oficina, sentía que no estaba haciendo lo suficiente. Comencé a hablar con personas dentro de mi círculo de contactos para averiguar si podía involucrarme en algún movimiento social. Me enteré de un grupo llamado, Reunión de estadounidenses discapacitados por la igualdad (DARE) y decidí asistir a una reunión sólo para obtener más información.

La reunión de DARE fue en el lado sur de Chicago, lejos de donde yo vivía. Las reuniones eran en la casa del presidente de DARE. Me sorprendió descubrir que Doug, que estaba en una silla de ruedas y era sordo y ciego, era el presidente. Su esposa era la intérprete, haciendo señas en sus manos. En el trabajo, teníamos una gran comunidad de sordos, así que estaba familiarizada con el lenguaje de señas estadounidense (ASL), pero esta era la primera vez que conocía a alguien que tenía tres discapacidades. Doug podía hablar por sí mismo ya que nada más había perdido la audición y la visión un poco antes, el resultado de una condición llamada Síndrome de Ushers. En esta reunión, estaban planeando una próxima "acción" que se llevaría a cabo en San Francisco. Doug dijo: "Viajaremos de Chicago a San Francisco para una manifestación exigiendo los derechos de las personas con discapacidades". Explicó que las manifestaciones no habían terminado, aunque se hubiera firmado la ley, ADA. Explicó que se habían obtenido fondos para cubrir: pasajes de avión, transporte a San Francisco, hotel y además dinero diario para alimentos. Doug pidió que se le notificara si estábamos planeando ir a San Francisco. También dijo: "Veamos cuántos de nosotros vamos a ser arrestados esta vez".

Escuchar la palabra "arrestados" me asustó, aunque había escuchado que la organización nacional tenía abogados para sacarnos y que el arresto no iría en nuestros registros. Pensé, "ay no, me pueden arrestar y soy un miembro del profesorado". También tenía que discutir el viaje con Tom para ver si podía ir, ya que se estaba llevando a cabo durante la semana. Después de que Tom lo aprobó, decidí ir, sólo para saber cómo eran las acciones. No estaba preparada para esa experiencia. Viajar con al menos veinte pasajeros que requerimos asistencia para abordar el avión fue, en el mejor de los casos, caótico. Y, cuando llegamos a San Francisco, el aeropuerto estaba inundado de personas en todo tipo de sillas de movilidad. No tenía idea de que participaría tanta gente con discapacidades. Se había organizado un transporte especial para llevarnos al hotel. El proceso de registro fue largo y tedioso. Imaginen, un pequeño vestíbulo con dos elevadores con al menos ciento cincuenta usuarios de sillas de ruedas. No estaba segura de haber tomado la decisión correcta de ir al viaje. Muchas de las personas eran viajeros frecuentes que modelaban sus diversos tipos de camisetas de activistas. Algunos mostraban dibujos pegados en sus sillas de ruedas y estaban orgullosos de su nueva parafernalia.

Durante los siguientes dos días, decidí quedarme cerca del grupo DARE y seguirlos a donde fueran. No tenía idea de que esto significaría ver cómo arrestaban a algunas personas y, a veces, los policías las sacaban del camino. Los cánticos eran continuos y los policías en la escena no estaban seguros de cómo manejar algunas situaciones. Vi a una joven, Kelly, de veintitantos años con discapacidades severas, posiblemente parálisis cerebral, que visiblemente quería ser arrestada. Su delgado cuerpo parecía retorcido y rígido, y no podía comunicarse con claridad. Dependía de alguien para todo, incluso ir al baño, tomar sus medicinas, y comer. Cuando vi que Kelly no tenía miedo de ser arrestada, me sentí como una hipócrita. Me preguntaba a mí misma, "¿Por qué estoy aquí? Si este es un tema importante, ¿por qué tengo tanto miedo de que me arresten?" En ese instante, decidí estar completamente envuelta sin preocuparme por los arrestos.

Se sintió increíble dejar escapar toda mi ira reprimida. Más de quinientas personas de todas las edades de todo el país nos reunimos frente a un hotel donde los legisladores tomarían decisiones que afectaban a las personas con discapacidades. ¡Yo estaba enojada! Odiaba las limitaciones que me habían impuesto simplemente por mi discapacidad. ¡Exigía un cambio y lo quería ahora! Grité: "¡Juntos, unidos nunca seremos derrotados! ¡Juntos, unidos nunca seremos derrotados!" Perdí todo miedo e inhibición gritando con todas mis fuerzas. Bromeamos con la policía mientras intentaban empujar a las personas en sillas de ruedas eléctricas después de que habían apagado la electricidad. Les gritamos: "Nuestra discapacidad no es contagiosa". Noté que los policías llevaban ataduras de plástico en lugar de esposas para arrestar a la gente. Estoy segura de que nos estaban esperando porque contaban con autobuses especiales para el transporte de los detenidos. Me transportaron en uno de los vehículos al muelle 39, donde tenían celdas temporales. Me reía cuando algunas personas gritaban: "Ni siquiera tenemos el derecho a ser arrestados". ¡Qué día tan poderoso! Estaba emocionada y quería más. Después de un día exitoso de más de cien arrestos, nos reunimos en un salón de baile del hotel para celebrar. Escuchamos las historias de guerra de los demás y nos reímos de cómo habíamos interrumpido la convención.

A partir de entonces, seguí asistiendo a las reuniones y asistí a todas las manifestaciones que pude. Al mismo tiempo, también buscaba formas de conocer a otros adultos jóvenes. Shirley, mi amiga de la universidad de DePaul, me invitó a un estudio bíblico en grupo. Durante una de las reuniones nocturnas, una mujer, Pat, pasó información sobre un próximo retiro de fin de semana de Life Search (Búsqueda de vida) para adultos jóvenes patrocinado por Life Directions (Dirección de vida). Pat había asistido anteriormente y estaba recomendando la experiencia. Le pedí a Pat más información y decidí inscribirme para el retiro.

Life Directions inspira a las personas a motivar y guiar a sus compañeros para que se hagan cargo de la dirección de su vida. Me encantó su misión y esperaba poder disfrutar de la experiencia. Estaba preocupada por el acceso, pero esperaba que los líderes del retiro trabajaran conmigo. El retiro se llevó a cabo en un antiguo convento religioso en Glenview, Illinois. Comenzamos con la bienvenida de los líderes del retiro, el Padre John y la Hermana Rosalie. Me impresionó la energía y entusiasmo del Padre John y de la Hermana Rosalie. Trabajaban unidos y se ayudaron durante todo el fin de semana. Fue interesante cómo estas personas tan diferentes habían formado un programa tan beneficioso. La Hermana Rosalie es latina y habla ambos idiomas con fluidez. Inmediatamente me di cuenta de cómo se conectaba con cada una de las personas en el retiro. El Padre John es un sacerdote blanco que me impresionó con su energía y franca felicidad. También habla español, aunque no con tanta fluidez. Compartieron que habían cofundado esta organización y hablaron de los diferentes aspectos de todo lo que hacían. El retiro de fin de semana estuvo lleno de actividades que incluyeron oraciones, trabajo en equipo, música y canto. Una actividad que nunca olvidaré fue un ejercicio de trabajo en equipo que supuse sería muy difícil para mí.

Nos dividieron en grupos de dos y nos ordenaron que saliéramos para afuera y que tomáramos turno para permitir que nuestro compañero nos guiara con los ojos vendados. Estaba completamente ansiosa y preocupada por el temor a caerme, pero insistí en participar. Esta actividad me ayudó a darme cuenta del privilegio que tenía de poder ver. También descubrí que soy muy confiada y que en mi corazón quiero creer en la bondad de las personas. Me sorprendió gratamente que no me caí cuando terminamos esta tensa actividad.

Sin embargo, irónicamente, me caí cuando nos dirigimos a cenar. Normalmente no lloro cuando me caigo, pero por alguna razón, esta vez no detuve las lágrimas. Después de que un par de jóvenes me ayudaran a levantarme, me limpie la cara de las lágrimas sin decir una palabra. Más tarde esa noche, hablé con el Padre John y nuevamente me derrumbé y comencé a llorar. Le dije, "¿Por qué la vida es tan difícil?" Creo que el Padre John se sorprendió con mi pregunta, pero agradeció mi honestidad. No lo sabía en ese momento, pero el Padre John y la hermana Rosalie permanecerían en mi vida para siempre.

Life Directions se convirtió en una buena manera de llenar el vacío y la soledad que sentía debido a cómo me hacía sentir mi discapacidad. El Padre John reconoció mis habilidades de liderazgo y me empoderó para dejar de enfocarme en mí poniendo mi atención en los demás. También se convirtió en mi director espiritual, reuniéndose conmigo todas las semanas. El Padre John me retó y me empujó a ver mi vida de otra manera. Asimismo, la hermana Rosalie me empujó a ser líder y facilitar lo que ellos llamaban "círculos de vida". Cada dos semanas, formábamos un círculo de jóvenes adultos para leer las escrituras y analizar cómo nos sentíamos al respecto. Me involucré con esa gran organización cuando más la necesitaba. Estaba ayudando a los estudiantes con los que trabajaba en Harper a encontrar su propósito, pero yo me estaba perdiendo sin saber a dónde se dirigía mi vida.

La vida era un valle de lágrimas según mi mamá, pero yo no estaba convencida de tener que aceptar esa idea. Seguía buscando la felicidad que sentía me faltaba. Seguía involucrándome con más y más responsabilidades porque me impedía hacer las preguntas que eran tan problemáticas para mí. Mis papás estaban muy orgullosos de mí y satisfechos con todos mis logros. Mis hermanos y hermanas también estaban satisfechos con mi nivel de educación, especialmente porque ninguno de ellos había asistido a la universidad. Estoy seguro de que cuando cada miembro de mi familia recordaba cómo el polio me había paralizado durante meses, y cuando recordaban cómo gateaba por el suelo, se sentían agradecidos por todo lo que había logrado. Yo también reconocía lo lejos que había llegado, pero me preguntaba: "¿Me equivoco por querer más?"

Pasé por un período que describo como el enamoramiento del amor. Entretenía fantasías de formar una relación con cualquier hombre al que conocía. Sorprendentemente, vi a todos los hombres como posibles compañeros de vida. Literalmente, me hacía amiga de cualquier persona que hablara conmigo. En serio, cualquiera. Por ejemplo, me hice amiga de un hombre que marcó el número equivocado llamándome. Él llamó y dijo: "Hola, Alicia, ¿cómo estás?" Le dije: "No soy Alicia, pero estoy bien, ¿cómo estás?" Él respondió: "Estoy bien. Mi nombre es Pepe". Le dije: "Hola Pepe, mi nombre es Cuali". Seguimos conversando y me preguntó si podía volver a llamarme. Yo acepté. Supongo que fue la forma antigua de las relaciones virtuales del futuro.

Aunque hice amigos, algunas relaciones me causaron una decepción tras otra. Por ejemplo, una vez salí con un señor que conocí en un restaurante cuando algunos de mis amigos y yo fuimos a cenar. Su nombre era Tomás y no hablaba inglés. Mis amigos pensaban que actuaba de manera extraña, pero los hice callar y les dije que fueran amables. Después me di cuenta de que Tomás era extraño y que no era una buena persona. Me utilizó, y cuando se dio cuenta de que tenía dinero, me pidió que le comprara cosas, prometiendo devolverme el dinero. Por ejemplo, dijo: "Estoy tratando de aprender inglés. ¿Me puedes comprar un VCR para poder ver unas grabaciones?" Para complacerlo, se lo compré. No fue una relación de dar y recibir. No fue hasta que su novia, sí, su novia me llamó. En un tono enojada, dijo: "Deja a Tomás en paz, loca inválida". Estaba en shock y sin palabras. Como si eso no fuera suficiente, ella luego dijo: "No puedo creer que le hayas comprado todas esas cosas. Por la noche nos sentamos y nos reímos hablando de lo estúpida que eres".

Mi mundo se derrumbó. Estaba devastada y muy herida. Pensé que estaba equivocada al pensar que era digna de ser amada. Antes de que tuviera la oportunidad de cambiar mi número, Tomás me llamó sin saber lo que había pasado. Le dije algunas palabras fuertes y luego cambié mi número de teléfono inmediatamente. No le conté a nadie lo que había sucedido. Simplemente me aislé y tuve la fiesta dc compasión más grande de la historia y esta vez, nadie fue invitado. Estuve en este estado deprimente durante un par de semanas. Seguía reproduciendo la conversación una y otra vez. Mis únicas distracciones fueron el trabajo, Life Directions y mi participación en la desobediencia civil.

Durante este tiempo, DARE tenía otra acción planeada en Washington DC. Yo había estado en Washington DC una vez antes y me había encantado. Estaba segura de que quería ir de nuevo. Debido a que fue durante el horario escolar, nadie de mi familia podía acompañarme. En Harper, había desarrollado una hermosa conexión con Juanita, la otra latina que empezó cuando yo lo hice. Aunque trabajamos en diferentes departamentos, siempre nos ayudábamos mutuamente, especialmente en cualquier evento para los latinos. Teníamos la misma forma de pensar. Ambas estábamos sincronizadas con lo que sabíamos que necesitaban las familias de nuestros estudiantes. Comíamos con regularidad juntas y cuando le hablé de mi participación en DARE, se ofreció como voluntaria para acompañarme. A partir de ese momento supe que Juanita y yo seríamos como hermanas.

Durante este viaje, volví a visitar muchos de los monumentos y edificios gubernamentales importantes como el Capitolio y la Casa Blanca. Protestamos como siempre. Fue muy emotivo para mí participar al subir algunos escalones del Capitolio arrastrándome. Este mismo grupo activista había participado en el famoso "Capital Crawl" que se dice que convenció al presidente George HW Bush a firmar la ADA en 1990. Me trajo recuerdos de todas las barreras que había enfrentado en mi vida y por qué los derechos de las personas con discapacidades eran tan importantes. La perspectiva de Juanita cambió al ver todas las protestas y especialmente al presenciar mi propia falta de accesibilidad.

CAPÍTULO 15

Mi última acción de DARE fue en Las Vegas porque en ese viaje fui "detenida de por vida", algo que entenderán un poco más adelante. Después de algunas relaciones decepcionantes, me comprometí a trabajar duro en Harper, a ser activa con Life Directions y a continuar con mi participación en DARE. Tanto en Life Directions como en DARE, comenzaba a asumir responsabilidades de liderazgo. En Life Directions, co-facilité los retiros de fin de semana de Life Search con el Padre John. Para DARE, me convertí en una de las asistentes de Doug. Aprendí a deletrear con los dedos, así que deletreaba palabras en sus manos para ayudarla a saber lo que estaba pasando ya que no veía u oía. Eso permitió que su esposa no tuviera que viajar con él.

Durante cada vuelo, me sentaba junto a Doug y describía los alrededores y le informaba de cualquier anuncio. Nunca olvidaré una conversación que tuve con él en el vuelo a Las Vegas. Me dijo: "Pascuala, ¿sabes que con mi discapacidad es como vivir en un guardarropa?" Le pregunté, "¿Cómo?" Respondió en tono serio: "Es como vivir en un armario oscuro donde sólo puede entrar una persona a la vez y no todas las personas pueden entrar". No interrumpí y lo dejé continuar. Luego dijo: "Vivo en un ropero oscuro y silencioso donde sólo una persona puede entrar y las únicas personas que pueden entrar son las que pueden hacer señas en mis manos". Aprecié su analogía porque me proporcionó una apreciación más profunda de todo lo que yo podía hacer. Me di cuenta de que, aunque mi vida había sido difícil a veces, era muy afortunada en muchos sentidos. Quizás para Doug, la vida tuvo más valles de lágrimas que la mía.

Las Vegas era una ciudad que siempre había querido visitar. Además de participar en las actividades de justicia social, esperaba probar suerte con algunas de las máquinas tragamonedas. Me emocionó que el plan fuera bloquear la calle principal e interrumpir el juego de los jugadores adictos hasta que escucharan nuestras demandas de igualdad. Una vez más, había cientos de personas en sillas de ruedas junto con asistentes de cuidado personal y aliados. Fue a principios de octubre, así que hacía un poco de frío. Llevaba mi cortavientos de colores brillantes y tenía una manta en mi mochila por si la llegara a necesitar. Para este viaje, la hija de mi hermana Tere, Velia había viajado conmigo. Como usaba una silla manual, ella me ayudaba a empujar, especialmente dentro de los hoteles cuando las alfombras de felpa me lo hacían muy difícil. Se nos indicó que fuéramos lo más lejos posible a la calle y bloqueáramos las dos calles principales. Nos movimos rápidamente y luego nos encadenamos para que los oficiales de policía no pudieran movernos fácilmente. El cántico habitual comenzaba: "Juntos unidos, nunca seremos derrotados". Agarramos carteles y continuamos cantando. Algunos de los líderes usaron un megáfono para incitarnos a gritar.

Durante una pausa, un joven latino se aclaró la garganta y luego dijo: "¿Te van a arrestar?" Le sonreí y dije: "No. Hoy quiero apostar". Él sonrió a cambio y luego dijo: "¿Te importaría si apuesto contigo?" Pensé, vaya, estas son líneas originales. Tenía miedo de que me hubiera leído la mente, así que rápidamente dije: "No, no me importa". Empezamos a cantar de nuevo. Noté que tenía las piernas cubiertas con una cobija, así que me preguntaba cuál sería su discapacidad. En otro momento tranquilo me dijo: "Mi nombre es Isidro Herrera. ¿Cuál es tu nombre?" Le dije: "¡Quítate de aquí, debes estar mintiendo!" No podía creer que tuviéramos el mismo apellido. Él se rió entre dientes y respondió: "No, hablo en serio". Le dije medio en broma: "Muéstrame tu identificación", a lo que él accedió y sacó su licencia de conducir. Rápidamente vi que me estaba diciendo la verdad. Además, vi que vivía en Austin, Texas. Seguimos charlando, notando que obviamente era tímido. Casi escuchaba cuando su mente giraba con cada palabra que decía.

Todos estábamos contentos con los resultados de nuestra protesta. Recibimos mucha atención de los medios y pudimos expresar nuestras demandas de igualdad. Esa noche todos fuimos invitados a una reunión y celebración. Velia y yo asistimos, pero habíamos planeado ir al casino después. Fue interesante cómo Isidro había estado en otras ciudades con su grupo de Austin y cómo nuestros caminos nunca se habían cruzado. Ambos habíamos estado en San Francisco y Washington, pero nunca nos conocimos. Él pertenecía a ADAPT, un grupo activista que inició todo. Por primera vez, la discapacidad se consideraba una cuestión de derechos civiles. En Harper, yo estaba trabajando con otros en programas de diversidad para estudiantes y, por primera vez, se estaba considerando la "discapacidad" bajo el paraguas de la diversidad.

Isidro me siguió hasta al casino y me vio jugar. No voy a mentir, me sentía incómoda al principio porque él no jugaba, sino que sólo me miraba. Tampoco era un gran conversador. Seguía aclarándose la garganta para recordarme que todavía estaba allí. Jugué en las tragamonedas de un centavo, por lo que mis veinte dólares duraron mucho tiempo. No se movió y sólo miraba con atención. Estaba cansada, así que le dije a Velia: "Vámonos a nuestra habitación. Estoy cansada". No estaba segura de qué decirle a Isidro. No quería ser grosera y decir adiós, así que dije: "¿Te veré mañana?" Tomó esas palabras como una invitación y dijo: "Sí, es una cita". Extraño, pero cuando dijo eso, sentía mariposas en mi estómago y sentía mis mejillas calientes.

Al día siguiente, Isidro y yo nos vimos mientras protestamos. Él llevaba puesta una camiseta y empezó a temblar porque hacía más frío que el día anterior. Le dije: "Acabo de comprar esta sudadera como recuerdo, ¿quieres tomarla prestada ya que es de mangas largas y calientita?" Era una sudadera roja brillante con ases en la parte delantera. Aceptó mi oferta y se la puso. Seguimos hablando durante todo el día. Me habló de Austin y que tenía su propio apartamento. Dijo que trabajaba para JCPenney haciendo servicio al cliente. Sus ojos se abrieron de par en par cuando le dije que era miembro del profesorado de un colegio comunitario. Hablamos de nuestras respectivas familias. Simplemente conectamos y nos sentíamos seguros al hablar. Pasamos un buen rato platicando, incluso después de la protesta. Él era amigo de dos compañeros de viaje, Wayne y Roy, que iban en sillas de ruedas eléctricas y eran claramente más salvajes que Isidro. Me preguntaba si Isidro estaría ocultando cómo era realmente.

Por alguna razón, me sentía triste al día siguiente, sabiendo que me dirigiría al aeropuerto para volar de regreso a Chicago. Isidro salió a verme ir. Mientras me cargaba al miniván, intercambiamos números de teléfono. Subía al miniván usando el ascensor. Miré por la ventana mientras me ataban y lo vi como una estatua, sin moverse ni un centímetro. Esta sensación de no querer despedirme se apoderó de mí. No entendía por qué me sentía así. Mientras el miniván arrancaba, yo seguía mirando por la ventana hasta que lo perdí de vista. En el fondo, no estaba segura de volver a verlo y eso me entristecía.

Cuando llegué a casa, desempaqué, pero aun así no podía sacarlo de mi mente. Saqué la tarjeta donde había escrito su número de teléfono. En 1994, los teléfonos móviles aún no estaban disponibles y las llamadas de larga distancia eran caras. Aun así, decidí probar el número que había escrito. Llamé y no hubo respuesta hasta que se escuchó una voz computarizada. Colgué rápidamente y no dejé ningún mensaje. Lo intenté en otra ocasión un poco más tarde y sucedió lo mismo. Me fui a la cama preguntándome si me habría dado el número equivocado.

Al día siguiente, me levanté y me preparé para ir a la iglesia. Asistía a la parroquia de San Gertrude en Franklin Park con mis papás. La iglesia estaba llena de gente de La Purísima, gente que me conocía por el polio que un día me dio. Inevitablemente, sus comentarios sobre el "milagro" que yo representaba me hacía sentir incómoda. La conversación que ellos tenían con mi mamá era algo como esto: "¿Y Pascualita maneja? No puedo creerlo". Mi mamá respondía: "Sí, y trabaja en una universidad". La persona continuaba con comentarios como si yo no estuviera presente. Aprendí a bloquear lo que me hacían sentir estos comentarios. Yo sé que me admiraban de buen corazón, pero siempre me sentía que sus elogios eran por lástima. Claro, yo los disculpaba porque probablemente no sabían un mejor modo de expresar su admiración.

Durante la noche, me sentía inquieta, tratando de decidir si debiese intentar de llamar a Isidro nuevamente. Encendí la televisión en el único programa más o menos, "Siempre en Domingo", un programa de variedades que mostraba los populares grupos musicales mexicanos. Estaba ansiosa y no podía concentrarme en nada más que preguntarme qué debería hacer. Finalmente cedí y decidí marcar su número. Una vez más, el teléfono sonó cuatro veces cuando contestó el contestador automático. Deseaba que la máquina tuviera su voz para al menos saber si estaba marcando el número correcto. Rápidamente colgué después de escuchar la voz computarizada. Esperé un par de horas y, justo antes de acostarme, decidí llamar una vez más. Esta vez, había decidido dejar un mensaje de voz si no había respuesta. Sonó el teléfono, respondió la máquina y dejé el siguiente mensaje, "Estoy tratando de localizar a Isidro…si tengo el número correcto…llámame a este número". Dejé mi número de teléfono y colgué. Me tomó un tiempo quedarme dormida preguntándome por qué insistía tanto en localizarlo.

El lunes fue un día ocupado y terminó en un abrir y cerrar de ojos. Siempre podía concentrarme en los estudiantes y eliminar cualquier otra cosa en mi mente. Cuando llegué a casa, verifiqué si había correo, tuve una breve conversación con mis papás y me fui a la parte de atrás. El mini apartamento recién construido incluía un dormitorio, una cocina completa y un baño. Fue un trato que profirieron mis papás en lugar de que yo me mudara. Me gustaba mi espacio y lo decoré a mi gusto. Miré hacia mi teléfono, que tenía un contestador automático incorporado, y noté que había dos mensajes. Mi corazón comenzó a latir un poco más rápido porque pensé que podría ser Isidro. Fue él. No me había dado el número equivocado, pero me explicó que, desde Las Vegas, su grupo tuvo que conducir de regreso a Austin, por lo que estuvo en la carretera cuando intentaba localizarlo. Dijo que intentaría comunicarse conmigo al día siguiente porque iba a la casa de su amigo para ver a los Cowboys en el fútbol americano del lunes por la noche. Me sentía decepcionada, pero al mismo tiempo aliviada. Tendría que esperar un poco más para volver a hablar con él.

Como prometió, Isidro volvió a llamarme el martes, pero esta vez estaba en casa. Hablamos sobre nuestros respectivos viajes a casa, el fútbol, mi música favorita y todo lo que vino a nuestras mentes. Olvidé que estábamos en una llamada de larga distancia y no consideramos lo costoso que sería para él. Después de una hora, también se dio cuenta y dijo que probablemente deberíamos colgar. Antes de colgar, preguntó si podíamos volver a hablar pronto. Le dije que era mi turno de llamar y decidimos que llamaría el jueves. Me fui a la cama y sonreía por la agradable conversación que habíamos tenido. Sentía que era diferente a cualquier otra persona que conocía. Se sintió bonito. Dormí tranquilamente durante toda la noche.

De camino a casa el miércoles, me sentía decepcionada porque no hablaría con Isidro hasta el día siguiente. Pensé en formas de dejar de pensar en él. Llegué a casa y me senté a ver la novela que mi mamá estaba viendo. Siempre me gustaron verlas por todo el drama, pero no me gustaba cómo todas las mujeres en ellas eran bonitas con el cuerpo perfecto. Nunca veía a una mujer baja, gordita y discapacitada como yo. Tenía veintinueve años y todavía pensaba que nunca me casaría, así que cuando veía una novela a menudo me sentía triste porque las actrices no me representaban de ninguna manera. Mientras miraba, escuché mi teléfono sonar en la habitación trasera. Me levanté lo más rápido que pude, pero no respondí a la llamada a tiempo. Observé el teléfono durante un minuto con la esperanza de que dejaran un mensaje. Iba a regresar a la sala con mis papás cuando volvió a sonar el teléfono y era Isidro.

Nuestras llamadas telefónicas de larga distancia continuaron durante un par de semanas. Entonces, decidimos empezar a escribirnos porque estábamos preocupados por nuestras altas facturas telefónicas. No importaba cómo prometíamos no hablar todos los días, terminábamos rompiendo la regla. En una conversación, le dije que uno de mis artistas musicales favoritos, Juan Gabriel, vendría a Chicago para actuar en el United Center el fin de semana de Acción de Gracias. Isidro luego dijo: "¿Y vas a ir?" Yo respondí: "Necesito encontrar a alguien que vaya conmigo". Luego dijo: "¿Por qué no me invitas?" Me reí y dije: "¿Pero ¿cómo si estás en Austin?". Él respondió: "Pero hay aviones". No sabía si estaba bromeando, pero le pregunté: "¿Quieres ir al concierto de Juan Gabriel conmigo?" Contuve la respiración y no podía creerlo cuando dijo: "Sí".

Llegó Isidro a Chicago para el largo descanso de Acción de Gracias en 1994. Reservó un hotel cerca de mí casa, lo cual no fue difícil ya que vivo cerca del aeropuerto O'Hare. Acepté recogerlo el miércoles por la noche. ¡Estaba tan nerviosa! Sabía que parte de mis nervios era por no saber cómo navegar por el aeropuerto. Me preocupaba que no pudiera caminar largas distancias, así que decidí llevar mi silla de ruedas. Aunque era una silla de ruedas liviana, todavía batallaba para sacarla de la cajuela. Nos encontramos en el área del reclamo de equipaje. Cuando nos vimos, fue incómodo porque ninguno de los dos sabíamos cómo saludarnos. Sólo sonreímos y nos saludamos tímidamente. Entonces le dije que me siguiera hasta mi auto. Cuando lo conocí, él usaba una silla de ruedas, así que no lo esperaba ver usando muletas. Sus muletas eran muy diferentes a las mías porque la base de ellas era redonda y circular.

Durante el fin de semana, Isidro quería conocer a toda mi familia. Pensé que la mejor manera de hacerlo sería visitar a cada uno de mis hermanos individualmente en sus hogares. Fue muy educado con cada uno que fuimos a ver. Isidro no hablaba español muy bien, pero lo hablaba lo suficientemente bien como para que mis papás pudieran hablar con él. Mi familia estaba un poco confundida acerca de por qué se los presentaba a todos cuando lo acababa de conocer el mes anterior. Yo misma estaba confundida acerca de por qué hacía eso con alguien que era sólo mi amigo. Tenía amigos que conocía desde hacía mucho más tiempo y nunca se los había presentado a mis papás ni a mis hermanos. ¿Por qué con él era diferente?

El concierto de Juan Gabriel fue muy divertido para mí, pero no estaba segura si a Isidro le gustó. Los conciertos mexicanos por lo regular son muy ruidosos con todo el mundo cantando. Yo canté, bailé en mi asiento, y tomé fotografías, pero cuando miraba hacia Isidro, él estaba sentado quieto, casi como un estatua. Me pregunté si estaría aburrido. Dije: "¿Te gusta el concierto?" Él contestó que sí. Yo cantaba cualquier canción que cantaba Juan Gabriel, y esperaba que Isidro se relajara, pero no lo hizo. De camino a casa, le pregunté si le gustaba la música de Juan Gabriel y admitió que nunca había escuchado su música. Me di cuenta de que, aunque tenía el color de piel como el mío, su crianza había sido muy diferente.

También compartimos otras diferencias. En los meses que hablamos por teléfono, aprendí mucho sobre él. Él me contó que su discapacidad ocurrió cuando era un adolescente. Le diagnosticaron artritis reumatoide juvenil. La discapacidad había sido muy dolorosa y le había hecho perder el movimiento de las coyunturas. Tuvo que estar en rehabilitación para aprender a ser independiente nuevamente porque sólo tenía cierto rango de movimiento en sus coyunturas. Bromeaba diciendo que se alegraba de que al menos podía doblar uno de sus brazos para poder comer. Cuanto más aprendía de lo que tuvo que soportar Isidro, más lo admiraba porque lo contaba como si no hubiera sido gran cosa. Yo sabía que su perspectiva sobre la discapacidad probablemente era diferente a la mía. Tener una discapacidad era parte de mi vida y lo único que yo conocía, pero me preguntaba cómo sería para él que de un día para el otro no pudiera hacer lo que antes hacía con facilidad.

El fin de semana largo terminó como un relámpago y sentí tristeza cuando Isidro tuvo que irse para regresar a Austin. Yo no estaba segura cuándo lo volvería a ver, si es que ocurriera. Me convencí de que al menos había encontrado un buen amigo que parecía comprenderme mejor que nadie. Prometimos seguir hablando por teléfono, pero ser "inteligentes" sobre cuánto lo hacíamos. La factura del mes anterior había sido muy cara, así que entendimos que teníamos que ponernos algunas limitaciones.

Mientras seguía conociendo a Isidro, me asombraba cómo nuestras mutuas discapacidades se complementaban entre sí. Él no era capaz de doblarse por tener las coyunturas tiesas, mientras yo podía hasta besarme los dedos de los pies si lo deseara. Él era fuerte y podía levantar objetos pesados, mientras yo era tan débil que apenas podía con mi propio peso. Aunque nuestras discapacidades eran diferentes, aprendí que teníamos muchas cosas en común. Ambos amábamos a nuestras familias y especialmente a nuestras mamás. Además, compartíamos una fuerte fe en Dios y sabíamos sobre el gran poder que tenía sobre nuestras vidas. Aunque Isidro no era un católico practicante, él tenía todos sus sacramentos y cuando era niño asistía a la iglesia regularmente.

Durante una de nuestras conversaciones en diciembre, hablamos sobre los regalos de Navidad y lo que planeábamos hacer para las fiestas. Le conté a Isidro lo importante que era la Navidad para mi familia y que mi mamá siempre había pedido que la Navidad fuera su festividad donde todos nos reuníamos en su casa para celebrarla. También él valoraba la Navidad y dijo que era su día de fiesta favorito. Luego dijo: "¿Sabes lo que quiero para Navidad?" Dije: "No, ¿qué?" Suspiró y luego dijo: "Quiero que vengas a Austin". Me quedé callada, tratando de evaluar si hablaba en serio o no. Él rompió el silencio y dijo: "¿Por qué no vienes justo después de Navidad y pasas las vacaciones de Año Nuevo en Austin?" Traté de hacer una broma y dije: "¿Año nuevo a una temperatura de ochenta grados?" Él dijo: "O más caliente". No le di una respuesta esa noche, pero la siguiente vez que hablamos, le dije que tenía listo su regalo de Navidad porque pensaba pasar el Año Nuevo en Austin.

Fue un poco difícil convencer a mis papás de que me dejaran ir a Austin. Incluso a mi edad, todavía pedía permiso porque era parte de nuestra cultura y vivía bajo su techo. Creo que se dieron cuenta de que yo era lo suficientemente mayor para saber lo que estaba haciendo, por lo que no trataron de detenerme. Además, creo que ayudó que les había gustado Isidro cuando lo conocieron y, aunque nunca me lo dijeron directamente, se alegraron de que hubiera conocido a alguien como él. Reservé un hotel cerca de donde él vivía en Austin. Así como conoció a mi familia, la mayor parte del tiempo que estuve en Austin, conocí a la de él. Conocí a sus papás, cuatro hermanas menores y sus amigos. Nos invitaron a una fiesta de Año Nuevo con sus dos amigos, Roy y Wayne, a quienes ya había conocido en Las Vegas. La fiesta no se parecía en nada a las fiestas en las que yo había estado antes. Había mucho alcohol y la música estaba alta. Me pareció divertido que Roy, que no podía usar sus brazos, usaba un popote para beber su cerveza.

Cuando terminó la fiesta, Isidro me llevó a mi hotel y me preguntó si podía pasar. Le dije que no tenía nada de tomar para ofrecerle, pero que podía entrar. Se sentó en el borde de la cama y, mientras me miraba, dijo: "Tengo una pregunta para ti". Dije: "¿De veras? ¿Qué?" Me tomó de la mano y me dijo: "¿Quieres casarte conmigo?" Me eché a reír. Le dije: "Deja de bromear así. Nos acabamos de conocer". Se quedó callado. Entonces dije: "Se está haciendo tarde y creo que quizás hayas bebido demasiadas cervezas". Lentamente se levantó de la cama y caminó hacia la puerta. Dijo: "Ok, buenas noches. Te recogeré a las 10 de la mañana para llevarte al aeropuerto".

El viaje al aeropuerto se sintió tenso. No era como lo que había sentido desde que lo conocí. No estaba segura por qué, así que me quedé callada esperando a ver si él decía algo. Me dejó en el aeropuerto y volé de regreso a casa. Estaba desconcertada porque no sabía exactamente qué fue lo que pasó. No me gustaba cómo me sentía, así que decidí llamarlo con la excusa de hacerle saber que llegué a casa a salvo. Después de que levantó el teléfono, le dije: "Hola, sólo quería decirte que ya llegué a casa". Él dijo: "Bien. Espero que hayas tenido un buen vuelo". Respondí: "Sí, gracias". Luego hubo un silencio de muerte. Parecía largo, así que finalmente dije: "Oye, ¿estás enojado?" Tosió y luego dijo: "¿Por qué iba a estarlo? ¿Porque te reíste de la idea de casarte conmigo?" Dije: ¿Qué? ¿Hablabas en serio?" Dijo: "Por supuesto que sí. Nunca bromearía sobre algo así. Ni siquiera me dejaste decirte que te daría el anillo después". No podía creer lo que oía. Me propusieron matrimonio. Quería que yo fuera su esposa. No sé por qué, pero lo único que salió de mi boca fue: "Por supuesto que me casaré contigo". Me asustó pensar que ya estaba enamorada de él. ¿Sería eso? O quizás pensé que era más barato casarme que seguir pagando las costosas facturas del teléfono. Mi factura de teléfono más reciente había sido de $395 dólares por un mes de llamadas de larga distancia a Austin.

En nuestra discusión sobre el matrimonio, tuvimos que decidir dónde viviríamos. Isidro aceptó que nos casáramos en Chicago, pero me preguntó si estaría dispuesta a mudarme a Austin para vivir con él en su apartamento. Escogimos la fecha de nuestra boda para el 15 de septiembre de 1995 porque pensé que sería maravilloso casarnos 45 años después de que mis papás se casaran. Sin embargo, después de pensar en el calendario de Harper, pensé que era injusto comenzar el semestre de otoño y luego irme cuando me casara. Decidimos cambiar la fecha de la boda al 1 de julio de 1995.

Continuamos nuestra discusión de por qué sería mejor mudarme a Austin. Isidro explicó que le preocupaba que su artritis se afectara si se mudara a Chicago. Su artritis había estado en remisión y no quería que el clima frío lo afectara. Sabía que yo también odiaba el clima en Chicago y cuando vi el hermoso clima cuando estuve allí para Año Nuevo, me convencí de que Austin sería un lugar mejor para vivir. Sin embargo, no podía creer que estaba dejando mi vida como la conocía. Primero, iba a dejar un trabajo que amaba. En segundo lugar, y lo más difícil, estaba dejando a mi familia. Aun así, con miedo y todo, le dije a Isidro que viviríamos en Austin.

Todos pensaron que estaba loca. No los culpaba. Yo pensaba que era una decisión loca también. ¿Por qué decidía dar mi vida por una persona a la que había visto tres veces en cuestión de tres meses? La única explicación que pude pensar es que sentía que él era mi destino y mi instinto me decía que era lo correcto. Cuando le dije a mi mamá: "Mamá, ¿te acuerdas de Isidro? Bueno, me voy a casar con él en seis meses". La primera frase que le salió fue: "Mentiras. No puedes". Y luego, cuando le dije que planeaba mudarme a Austin, fue demasiado para ella y no pudo continuar la conversación, no porque estuviera enojada conmigo, sino porque temía que yo hubiera tomado una decisión precipitada. Hablé con Isidro esa noche y me dijo que él y sus papás vendrían durante mis vacaciones de primavera para pedir mi mano en matrimonio para que mi mamá se sintiera más cómoda con la idea.

Isidro y sus papás llegaron en marzo. Además de nuestra boda, el otro tema de conversación fue la repentina muerte de Selena Quintanilla. En Texas, Selena era un ícono y su muerte conmovió al estado de tristeza. Trabajamos durante la visita de cinco días y nos ocupamos de los detalles importantes de la boda que requerían nuestras decisiones. Apartamos la iglesia y el salón de banquetes. Además, Isidro me regaló un anillo de compromiso (que acabamos comprándolo juntos). Como iba a vivir en Texas, pero la boda iba a ser en Chicago, todos los preparativos de la boda iban a depender de mí. Lo primero que quería hacer era informar a Tom, mi jefe, de nuestra decisión para que pudiera encontrar a mi sustituta cuando me fuera.

CAPÍTULO 16

E l estrés me consumió durante los siguientes cuatro meses.
No sólo me estaba ocupando de todos los preparativos para
la boda, sino que estaba dejando mi trabajo y mudándome a
un estado completamente nuevo. También estaba tratando de convencer a mis papás de que todo iba a estar bien. Mirando hacia atrás,
entiendo mejor todo lo que estaban sintiendo. Por un lado, mis papás
estaban felices por mí porque en el fondo tenían la esperanza de que
algún día yo formara mi propia familia. Por otro lado, estaban tristes
y preocupados porque yo era quien más apoyo necesitaba y la única
de sus hijos que no iba a vivir cerca de ellos. Traté de ser sensible, pero
también estaba muy ilusionada.

Al principio, mi plan era tener doce parejas en mi fiesta de bodas,
que incluían a todos mis hermanos y las cuatro hermanas de Isidro.
Pensé que ya eran suficientes padrinos, pero antes de darme cuenta, la
fiesta de bodas siguió creciendo. Mucha gente estaba emocionada por
mí. Mis amigos y amigas incluyendo a Gerardo, Daniel, Lucino, Sara,
Shirley, y un par de amigos de la secundaria terminaron acompañán-
donos como damas y padrinos de mi boda. Poco después, los primos
y otros familiares extendidos también quisieron participar. Una vez
que vi que eran más de veinte personas, me dije a mí misma: "¿Por
qué no?" Y ya como eran tantos, decidí incluir también a cada sobrina
y sobrino que fuera parte de mi boda. Cada persona, incluyendo a las
cincuenta madrinas, vestirían de morado, el color de mi boda.

Las invitaciones fueron perfectas. Las diseñé con el canto que decíamos cuando nos conocimos: "Juntos, unidos, nunca seremos derrotados". La parte más difícil de los preparativos de mi boda fue mi vestido de novia. La esposa de Lalo, Irene, me llevó a varias tiendas de novias y yo volvía a casa desanimada. ¡Los vestidos eran pesados! Quería caminar por el pasillo con mis muletas, pero temía tropezar con el vestido. Finalmente, decidí que la única opción que tenía era que mandara hacerme un vestido a mi medida. Irene me ayudó a encontrar una costurera que pudiera hacerme mi vestido. La idea fue estupenda, porque hizo el vestido lo más ligero posible con una cola removible. También tuve problemas para encontrar zapatos adecuados. Todavía usaba mi aparato ortopédico en mi lado izquierdo, pero quería encontrar un buen zapato para mi pie derecho. Sabía que los tacones estaban fuera de discusión debido a mi experiencia previa. Decidí comprar un zapato de lona blanca y lo decoré yo misma con encajes y delicadas piezas de joya. Tampoco quería que mis muletas se robaran el espectáculo y llamaran toda la atención. Compré tela de raso blanco para envolver las muletas. También envolví las muletas de Isidro con tela de raso negro para que combinaran con su esmoquin.

Isidro estaba entusiasmado con la boda, pero también con la luna de miel. Como le compartí toda la diversión que tuve en el crucero con Sara, decidimos hacer un crucero a México. Reservamos el crucero para un lunes, dos días después de nuestra boda. El crucero era sólo por cinco días porque planeábamos conducir a Austin con todas mis pertenencias. Mi hermano Lalo aceptó conducir el camión U-Haul y ayudarnos a establecernos en Austin. Mis habilidades organizativas fueron primordiales para llevar a cabo una boda tan grande, una luna de miel y una mudanza, todo por mi cuenta mientras todavía trabajaba. También organicé lugares para que la familia de Isidro se hospedara en las casas de mis hermanos para que no tuvieran que incurrir el costo de hospedaje en un hotel cuando vinieran a la boda.

El 1 de julio de 1995 terminó siendo un día glorioso. Temía que fuera extremadamente caluroso, pero fue un día hermoso, asoleado y en los ochenta grados. Isidro se quedó en la casa de Lalo para que no me viera hasta que estuviéramos en la iglesia. Yo no estaba nerviosa, pero después de un incidente inesperado, me puse estérica y llena de nervios. Mi peinado estaba terminado, mi vestido y mi maquillaje estaban perfectos. El fotógrafo quería tomarme algunas fotos simulando que estaba preparándome para la boda. Vio mi lápiz labial en mi tocador, así que lo agarró y me pidió que fingiera que me lo estaba poniendo para poder tomar una foto. Puse el lápiz labial rojo junto a mis labios, mientras se acercaba para tomar una foto. De repente, el lente de enfoque de su cámara se cayó justo encima de mi colorete, lo que hizo que dibujara una marca roja como de ocho pulgadas en mi vestido. Comencé a llorar cuando vi la enorme raya roja. Por suerte, mi mamá siempre había sido buena bajo presión. Me dijo que me calmara y que me quitara el vestido. No sé qué hizo, pero cuando volvió a traerme el vestido, la mancha no estaba. El fotógrafo se sintió fatal y me dio un gran descuento por el susto.

También me volví muy sentimental cuando mis papás me dieron su bendición antes de irme a la iglesia. No podía contener mis lágrimas. Los amaba mucho y me sentía muy bendecida por todo lo que hicieron para que tuviera éxito y fuera feliz. Me preocupaba por ellos porque me iba. Yo también me había convertido en su apoyo al ocuparme de sus cosas cuando se necesitaba inglés. Además, tenían ingresos fijos porque mi mamá nunca trabajó y mi papá no recibía mucho del seguro social. Había observado que ya estaban más mayores y oraba por su salud y bienestar. Estoy segura de que ellos también tenían muchas emociones encontradas. Aquí estaba yo, a punto de casarme y marcharme, después de todos los años de sufrimiento. Mi mamá me dio su bendición mientras luchaba visiblemente por contener las lágrimas.

El Padre John de Life Directions nos casó en ese magnífico día. La ceremonia fue hermosa, llena de gente que nos deseaba felicidad. Quizás debido al incidente del lápiz labial, el fotógrafo hizo todo lo posible para registrar el hermoso día. Incluso le preguntó a un residente frente a la iglesia si podía entrar en su casa al segundo piso para poder tomar una foto de mis acompañantes de boda. Teníamos globos que soltamos al aire y luego nos dirigimos a la casa de mi mamá para esperar hasta la recepción. Originalmente, había reservado un parque para tomar fotografías, pero pensé que el jardín de mi mamá era más hermoso que cualquier parque. El amor de mi mamá por sus flores se hizo evidente cuando los colores vibrantes se reflejaron en mi vestido blanco. Yo no podía creer que estuviera casada.

Me había dicho una y otra vez, el matrimonio no era para ti. Nadie me dijo eso, pero de alguna manera, siempre recibí ese mensaje. Curiosamente, nunca había pensado en casarme con alguien con discapacidad. Ahora sabía que era la persona adecuada para mí y era todo lo que importaba. Agradecía a Dios por unirme con un hombre que me amaba y me aceptaba exactamente como era. No le importaba que me pusiera zapatos diferentes o que me cayera cuando menos lo esperaba. Me amaba por lo que era y por mis valores. De manera similar, yo vi más allá de su discapacidad y pude admirar su determinación y cómo no dejó que su discapacidad lo detuviera. Lo amaba por su fortaleza y su actitud positiva ante la vida. Había puesto todas mis esperanzas en él.

La recepción fue como un sueño. Todos se estaban divirtiendo, bailando y celebrando nuestra felicidad. Todo salió como habíamos planeado en términos de cena y corte del pastel. El único problema técnico ocurrió durante nuestro primer baile. Habíamos elegido "Endless Love"(Amor eterno) de Lionel Richie, pero el DJ puso el casete en la dirección equivocada, así que la canción que empezó fue "Penny Lover" (Amados Centavos). Nos reímos de esto durante muchos años. También bailamos el baile del dólar, que es una parte común de la recepción de una boda mexicana. La idea es que los invitados pongan un billete de dinero en el vestido de la novia o en el traje del novio para bailar unos segundos con ellos. Con un par de compañeros de baile, me puse muy emocionada y comencé a llorar, pero por supuesto que eran lágrimas de felicidad. Yo era una mujer casada a la edad de treinta años, y estaba casada con un hombre que me completó porque era capaz de hacer todas las cosas que yo no podía.

Nuestra luna de miel fue en un crucero de cinco días a México. Lo pasamos muy bien, aunque hubo un par de momentos incómodos. Noté que Isidro era un fotógrafo de renombre y que se tomaba su tiempo para sacar la mejor foto. Al principio, me ofendía cuando no me quería en la foto que estaba tomando de algún sitio. Creo que se dio cuenta que me estaba sintiendo porque poco después empezó a incluirme en sus fotos. Me sentía como si estuviera de vacaciones con un extraño, pero supuse que todas las parejas nuevas sentían lo mismo, especialmente cuando no había habido intimidad hasta la luna de miel. Disfruté un poco del tiempo para relajarme, ya que los meses anteriores habían estado llenos de estrés.

Después de nuestra luna de miel, volamos de regreso a Chicago y planeamos conducir hacia Austin al día siguiente. Lalo ya había recogido el U-Haul y lo había empacado con mis cosas y todos los regalos de boda que habíamos recibido. Él iba a conducir el U-Haul. Nosotros lo íbamos a seguir en mi Cavalier, manejándolo Isidro y yo. Aunque sabía que amaba a Isidro y que él me amaba, despedirme de mis papás fue muy difícil. Isidro salió con Lalo a devolver el tuxedo, así que tuve tiempo a solas con mis papás. De mi bolsa saqué un sobre que había preparado. Se lo di a mi papá y le dije: "Papá, no se preocupe por mí. Aquí hay diez mil dólares que he ahorrado. Quiero que me los guarde. En caso de que las cosas no funcionen, sé que me recibirán con los brazos abiertos y tendré algo de dinero para empezar". Mi papá dijo "¿Tienes miedo de que algo no salga bien?" Le contesté, "No. Aprendí a estar preparada para cualquier cosa. Eso lo aprendí de usted". Él sonrió, se guardó el sobre en el bolsillo y dijo: "El dinero estará aquí para cuando lo necesites".

Mis papás estaban comprensiblemente tristes y preocupados por mi mudanza. Los tranquilicé y les dije que Isidro prometía cuidarme bien. Mi mamá dijo: "Lo sé. Cumplirá su promesa". Abracé a cada uno de ellos con mucho amor y les dije: "Pueden visitarnos y nosotros también los visitaremos". No respondieron, sólo me abrazaron más fuerte. Sé que el corazón de mi mamá se estaba rompiendo, pero nunca derramó una lágrima frente a mí. Ella siempre había sido fuerte para las dos. Mi felicidad no era completa porque estaba dejando a las dos personas que más amaba en el mundo.

El día siguiente salimos hacía Austin temprano y aunque manejamos directamente, íbamos despacio porque no queríamos perdernos el uno al otro. Cuando llegamos, la temperatura era insoportable. Isidro nos llevó a su apartamento que estaba en una calle tranquila en Austin. El apartamento era de un piso y tenía un espacio de estacionamiento para discapacitados justo en frente. Lalo inmediatamente comenzó a trabajar bajando todo. Isidro nos dio un recorrido del apartamento y me sorprendió que tenía mucho espacio para los dos. El espacio incluía un dormitorio con una cama amplia, un baño de buen tamaño con regadera al ras de suelo, una sala combinada con un comedor y finalmente una cocina pequeña. Habíamos decidido que simplemente me mudaría al apartamento tal como estaba para poder ahorrar dinero para un día comprar nuestra propia casa.

Lalo sudaba profusamente y le preguntó a Isidro: "¿Cómo encendemos el aire acondicionado?" Isidro se puso de pie para encender su ventilador de techo y respondió: "Este ventilador enfría bastante bien, así que nunca necesité aire acondicionado". Mi hermano estaba en shock y dijo: "No voy a dejar a mi hermana en este infierno. Vamos a Wal-Mart a comprar al menos un aire acondicionado de ventana". Me preocupaba que Isidro se hubiera ofendido, pero se rio y dijo: "Sí, supongo que estoy acostumbrado a este calor, pero ella no". Mi hermano compró un aire acondicionado de ventana y lo instaló. También puso muchos de los regalos donde le indicamos que los pusiera. Tenía que irse al día siguiente, así que trabajó mucho para quedarme bien acomodada.

Después de que Lalo devolvió el U-Haul y lo llevamos al aeropuerto, Isidro y yo fuimos a HEB para comprar el mandado. HEB era una tienda que no teníamos en Chicago. Compramos comida que me gustaba ya que Isidro volvería a trabajar al día siguiente. También compré periódicos para empezar a buscar trabajo. Deseaba encontrar un trabajo en Austin Community College o en la Universidad de Texas. Mientras buscaba trabajo, también me dediqué a limpiar el apartamento. Aunque me impresionó lo ordenada que Isidro mantenía su casa, noté algunas tendencias de limpiar superficialmente. Todos los días, limpiaba algo y esperaba a que él se diera cuenta de lo que hacía.

Pasaban los días y, aunque había enviado solicitudes de trabajo, no recibía ninguna llamada. Continué mi frenesí de limpieza. Pensé que lo sorprendería limpiando un viejo escritorio de madera que me parecía desordenado. Me tomé mi tiempo y me aseguré de organizar sin tirar nada que pareciera importante. Vi una bolsa de papel llena de monedas que incluían pesetas, diez centavos, cinco centavos e incluso centavos. Pensé, pobre Isidro, probablemente ni siquiera se acuerde de este cambio. Había visto un banco Chase a la vuelta de la esquina, así que tomé la bolsa llena de monedas y fui a feriarlo en el banco. Me alegró saber que superaba los cien dólares. ¡Seguramente lo iba a sorprender!

Cuando llegó a casa, le dije con orgullo: "Aquí tienes". Le entregué el dinero que había recibido a cambio de sus monedas. Estaba desconcertado y preguntó: "¿Qué es esto?" Le dije: "Bueno, técnicamente es tu dinero, pero apuesto a que no sabías que lo tenías". Dije: "Encontré todas las monedas en tu escritorio y las llevé al banco". Abrió mucho los ojos y dijo: "¿Hiciste qué?" Repetí lo que había dicho, pero ahora no estaba segura de estar orgullosa. Dijo: "Esa era mi colección de monedas. Probablemente tenía monedas que valían mucho dinero". No lo podía creer. ¿Qué había hecho yo? Se dio cuenta de que estaba visiblemente disgustada por lo que había hecho, así que respiró hondo y dijo: "No te preocupes; no es gran cosa. Debería habértelo dicho". Después de cómo manejó esa situación, supe que lo lograríamos como pareja.

Durante mi tiempo de búsqueda de trabajo, mientras Isidro iba a trabajar, traté de no aventurarme demasiado. Cocinaba, hacía postres y limpiaba. Había visto algunos insectos aquí y allá, pero más en el baño o en la puerta de entrada. Un día, estaba cocinando la cena y vi la cucaracha más grande y asquerosa de todos los tiempos. Casi dejé caer el plato que tenía en mis manos. Cualquier animalito asqueroso me espantaba y nunca me atrevía a matarlo, mucho menos las cucarachas que me daban tanto terror. Estaba sola, así que mi única esperanza era que se escondiera la cucaracha. Mis nervios estaban de punta y me quedé mirando a la maldita cucaracha, siguiéndole sus pasos la mayor parte de la tarde. Finalmente desapareció y suspiré de alivio.

Cuando Isidro llegó a casa, le hablé de la espantosa visita. La buscamos, pero nunca salió de su escondite. Al día siguiente volvió a salir cuando estaba otra vez sola. Esto continuó durante un par de semanas hasta que Isidro empezó a pensar que me la estaba inventando. Incluso contraté a mis sobrinas, hijas de mi cuñada para que la buscaran. Ganaron mucho dinero, pero la cucaracha nunca mostró su rostro. Isidro compró un repelente de insectos y lo rociamos por la casa. Aún así, salía para reírse de mí cuando estaba sola. Comenzó a ser una competencia entre yo y esa cosa enorme y asquerosa. Era difícil creer que había sobrevivido al polio, doce cirugías y ocho huesos rotos, pero estaba a merced de esta sabandija.

Fue un gran alivio encontrar trabajo. Desafortunadamente, no fue en ninguna de las universidades, porque no había puestos para trabajar con estudiantes con discapacidades. United Cerebral Palsy (UCP) me contrató para ayudar con un programa nuevo que habían recibido donde las personas con discapacidades podían solicitar que se les modificara su hogar para que tuvieran accesibilidad. Mi título era Consejera de Vivienda y mi responsabilidad era hacer cuatro visitas diarias a las casas de los solicitantes para ver si calificaban para el programa. Al principio, me preocupaba si iba ser capaz de hacer el trabajo, pero pronto descubrí que era el trabajo perfecto. Supuse que, si no podía entrar a la casa, entonces la casa era inaccesible y por lo pronto calificaban para la subvención. El trabajo fue muy agotador para mí físicamente porque era cansado entrar y salir de mi coche. Conocí bien la ciudad de Austin porque dibujaba un mapa de cómo llegar a cada visita.

Encontrar un trabajo me ayudó a sentirme mejor. La relación entre Isidro y yo era sólida, pero yo estaba triste porque extrañaba mucho a mi familia. Aprendí que la familia de Isidro era diferente y no tan unida como la mía. Me preocupaba por mis papás y cómo estarían lidiando con mi ausencia. Los extrañaba tanto que veía el video de nuestra boda y sollozaba cuando veía a todos los que amaba tanto. Creo que vi el video de la boda mil veces sólo para ver a mis papás y al resto de la familia. A veces también me preguntaba si Isidro y yo algún día seríamos papás. Temía que si vivíamos en Austin no podría soñar con un embarazo porque no tendría el tipo de apoyo que necesitaría. Algunos días, la tristeza se apoderaba de mí. Estaba triste no sólo porque extrañaba a mi familia, sino porque mi discapacidad me frustraba más que nunca. Por ejemplo, como nueva esposa, rompía mis vasos y, aunque tenía una caja nueva que mi hermano había guardado en el gabinete más alto, no podíamos bajarlos y no había nadie a quien pedirle ayuda en ese momento.

Además, aunque imaginaba que el clima en Austin era mejor que el frío y la nieve de Chicago, tuve dificultades con la humedad y el calor extremo. Estaba tan contenta de que Lalo me hubiera comprado el aire acondicionado. Además, para mi sorpresa, me sentía más discriminada que nunca por ser mexicana. Aunque la gente tenía el mismo color de piel que el mío, ellos no se veían a sí mismos como mexicanos o Latinos. Se empeñaban en que eran americanos de origen tejano. En varias ocasiones me corregían mi pronunciación de los nombres de las calles, como Guadalupe y Menchaca, cuando tenía la certeza de que sabía pronunciarlas. Además, algo raro es que se me dificultaba encontrar muchos productos mexicanos que necesitaba para cocinar los platillos que había aprendido de mi mamá.

Isidro fue paciente conmigo y trataba de hacerme feliz como pudiera. Sabía que amaba a Los Bukis y cuando se enteró de que estarían en la ciudad, compró boletos para que asistiéramos al concierto. Ambos fuimos en sillas de ruedas porque era más probable que nos cayéramos con grandes multitudes. Cuando entramos, vi a un guardia de seguridad y le pregunté si había un lugar mejor para que Isidro y yo estuviéramos para ver el concierto. El guardia de seguridad no hablaba inglés, así que repetí mi pregunta en español. Se emocionó mucho y en español me preguntó: "¿Puedes ayudarme a traducir algo al inglés?" Le dije: "Claro". Me dijo que le dijera a otro guardia de seguridad alto que no se debería permitir que nadie subiera al escenario.

Una vez que terminé de traducir todas las instrucciones, dijo: "Ven, te llevaré a donde puedas ver el concierto de cerca". Nos llevó detrás del escenario y pude conocer personalmente a Marco Antonio Solís, el cantante principal, y tomarme fotos con todo el grupo. De hecho, tuve que usar el baño en sus vestidores porque era el único baño accesible en el escenario. Los músicos se sorprendieron cuando me vieron salir de uno de los baños. Todos los que me conocen saben que conocer a Marco Antonio Solís fue un sueño hecho realidad. Después de esta experiencia, Austin resultó no ser tan malo.

Sin que yo lo supiera, Isidro estaba tratando de que nos mudáramos a Chicago. Habló con su empleador, JCPenney, y le preguntó sobre la posibilidad de trasladarse a Chicago. Vio lo infeliz que estaba, y cuando se enteró de que podía transferirse y no tener que conseguir un trabajo nuevo, me dio la buena noticia. Me dijo: "Vámonos a Chicago". Le dije: "Pero ¿cómo?" ¿Y tú artritis?" Me dijo: "Podemos probarlo y ver cómo nos va". No podía creer lo que estaba escuchando. Luego yo le di una sorpresa también. Le dije: "Cuando nos mudemos, podemos comprar nuestro propio lugar". Me miró y dijo: "Recuerda, estamos ahorrando para el pago inicial". Luego le comenté de los diez mil dólares que mi papá guardaba para mí. Ambos estábamos emocionados y llenos de felicidad.

En mi anterior trabajo en Harper habían tratado de reemplazarme, pero no tuvieron suerte en la búsqueda. Seguía en contacto con Juanita y ella me mantenía informada. Cuando volvieron a publicar la búsqueda, solicité al mismo puesto que había dejado. No tenía idea de si conseguiría el puesto de nuevo, pero de todos modos íbamos a mudarnos de regreso a Chicago para vivir. Harper eligió entrevistarme, así que pagaron para que volara a Chicago para la entrevista. Isidro se tomó unas vacaciones y me acompañó.

Conocía a todos los del comité de búsqueda, pero me la tomé muy en serio y no asumía que fuera un hecho que me contratarían.

Incluso, les pedí a la decana Joan y mi previo supervisor Tom que me escribieran cartas de recomendación en caso de que no obtuviera el trabajo de Harper y tuviera que buscar otro puesto en otro lugar. Sin embargo, después de la entrevista fue divertido mostrarles todas las fotos de mi boda.

Joan, la Decana de Desarrollo Estudiantil, me llamó mientras estaba trabajando en mi trabajo en Austin. Me ofreció el puesto con el mismo salario que había dejado. Lo único era que tendría que volver a pasar por el proceso de evaluaciones. ¡Estaba más que feliz! Di mi aviso de dos semanas a mi jefa en Austin y como me había conectado bien con mi equipo, tuvimos un picnic de despedida. No podían creer que yo estaría ganando más del doble de lo que nos estaban pagando. Habían pasado sólo siete meses desde que empecé a trabajar allí, pero mis compañeros y yo nos habíamos hecho amigos. Sabía que habían estado en uno de los capítulos de mi vida, pero que probablemente nunca los volvería a ver.

Empacar para regresar a Chicago fue fácil. Decidimos dejar todo atrás y simplemente tomar nuestra ropa y nuestras pertenencias personales. Isidro y yo estábamos a punto de dar un salto de fe, pero sabíamos que mi familia estaría allí para ayudarnos. Cuando les di la noticia a mis papás, se emocionaron mucho. Habían pasado diez meses desde que me había ido y aunque mis papás nunca dejaron de enviarme sus bendiciones desde lejos, no pudieron evitar extrañar mi presencia tanto como yo los extrañaba a ellos. Nos recibieron con los brazos abiertos en el pequeño departamento de atrás para que Isidro y yo pudiéramos tener nuestra privacidad. Isidro tenía una camioneta Ford Ranger que se trajo para tener modo de transporte. Mon y Lalo fueron a Austin a ayudarnos con la mudanza. Empacamos mi Cavalier rojo y la camioneta de Isidro y nos dirigimos a casa, al lugar que siempre estaría ahí para mí sin importar nada.

En el largo viaje por carretera de Austin a Chicago, tuve tiempo para reflexionar. Los diez meses en Austin habían sido muy difíciles para mí, pero estaba convencida de que vivir solos por casi un año había sido la mejor decisión. Ahora estaba segura de que Isidro y yo podríamos vivir independientemente por nuestra cuenta. Con nuestras respectivas discapacidades, logramos llevar una vida normal. Si no me hubiera mudado, siempre me hubiera preguntado si podría haberlo hecho por mi cuenta. Maduré y aprendí más que nunca durante los diez meses que pasé en Austin. Aprendí cómo conectarme mejor con Isidro y llegamos a entendernos mejor de lo que jamás pensé que pudiéramos. Esperaba con ansias nuestra vida futura juntos.

CAPÍTULO 17

Mis papás nos recibieron después de nuestro largo viaje desde Austin. Estaba programado que yo comenzara a trabajar la primera semana de junio, así que tuve una semana para organizarme. Lo primero que queríamos hacer era buscar un agente inmobiliario que nos ayudara a comprar nuestra primera casa. Decidimos buscar un condominio cerca de donde ambos íbamos a trabajar. Reyna sabía de un agente de bienes raíces que nos ayudó a ir a ver casas. Por razones obvias, necesitábamos un condominio en el primer piso donde la accesibilidad estuviera presente. Tuvimos la suerte de encontrar un bonito condominio en Palatine poco después de llegar a la casa de mi mamá. El condominio estaba en el primer piso y tenía un garaje adjunto. Terminamos viviendo con mis papás por sólo un mes ya que el cierre fue rápido debido a nuestro gran crédito y el pago inicial. Necesitábamos muebles básicos ya que dejamos todo en Austin, así que mi hermana Reyna nos buscó las mejores ofertas.

Mi nuevo hogar era hermoso y lujoso. El condominio tenía dos dormitorios, dos baños, con una amplia sala/comedor. La cocina era pintoresca y cómoda, lo que la hacía muy conveniente para mí porque podía sentarme en una silla alta y alcanzar casi todo mientras cocinaba. El dormitorio principal tenía su propio baño con bañera de hidromasaje hundida para cuando tuviera ganas de eliminar el estrés. El complejo de condominios era de nueva construcción, por lo que tenía una alfombra blanca nueva en la sala y el comedor. La mudanza no tomó mucho tiempo, ya que no teníamos muebles grandes para mover y cuando compramos muebles, los enviamos directamente allí. Mi hermana Reyna vivía cerca de nosotros, por lo que siempre estaba a una llamada de venir a ayudarnos con cualquier cosa que necesitáramos.

Comenzamos nuestra vida de clase media estadounidense. Íbamos a trabajar y, por las noches, preparábamos la cena y trabajábamos en nuestras propias cosas. Los fines de semana íbamos al cine, a cenar y, por supuesto, a ver a mis papás o asistir a cualquier evento familiar que estuviera sucediendo. Manteníamos nuestra casa organizada y limpia ya que ambos estábamos orgullosos de nuestra hermosa casa. No solíamos tener compañía al principio, pero cuando me volví a familiarizar con el trabajo, comencé a crear programas para apoyar a los estudiantes. Antes de que existieran todas las políticas con límites con los estudiantes, tenía grupos de estudio donde mis alumnos venían a mi casa. Mis alumnos se conectaban muy bien conmigo y apreciaban mucho la filosofía de puertas abiertas que tenía para ellos. Quería que los estudiantes tuvieran éxito e hice todo lo posible para que eso sucediera.

Mis alumnos mostraban su agradecimiento de formas únicas con regalos inesperados. Al final de los semestres, especialmente alrededor de las vacaciones, los estudiantes presentaban sus obsequios. Recuerdo varios de los más originales. Un estudiante tenía el regalo todo envuelto y me dijo: "Ábrelo. Es mi regalo por toda la ayuda que me brindaste". Le respondí: "Gracias, pero no era necesario". Abrí lentamente el regalo para averiguar lo que era. Era un sistema de corte de pelo casero Flobee. El Flobee necesitaba estar conectado a una aspiradora y el cabello que iba cortado con la navaja sería succionado. Yo mantenía mi cabello corto y el estudiante pensó que podría ahorrarme dinero si yo me lo cortaba sola con el Flobe. Otro regalo que me dejó confundida fue un George Forman Grill (parrilla para cocinar adentro de casa). ¿Quizás el estudiante pensó que usar una parrilla normal era demasiado peligroso para mí?

Después de tres buenas evaluaciones, volví a recibir la titularidad. Amaba mi trabajo y Tom me estaba dando más responsabilidades. Confiaba en mi opinión sobre la dirección de nuestro departamento. Pasamos por el proceso de cambiar el nombre del departamento de Centro para Estudiantes con Discapacidades a Servicios de Acceso y Discapacitados. El cambio fue por la población de sordos, ya que ellos no veían su falta de oír como una discapacidad. Al contrario, ellos se veían como una cultura con su propias costumbres e idioma.

Nuestro número de estudiantes estaba aumentando y ahora incluía nuevas poblaciones de estudiantes con discapacidades. Muchos estudiantes estaban siendo diagnosticados con trastorno por deficiencia de atención y discapacidades psicológicas. Tom apoyó al personal para que aprendiéramos todo lo que pudiéramos sobre estas nuevas condiciones. Eso me dio la oportunidad de viajar a diferentes partes de los Estados Unidos para ir a conferencias. Tom y yo viajamos a muchas de las conferencias de la organización nacional que se enfocaban en colegios y universidades. La Asociación de Educación Superior y Discapacidad (AHEAD) tenía la información más actualizada para poder regresar a nuestro lugar de trabajo con nuevas ideas.

También continué siendo activa con Life Directions. Ya no iba a los retiros de fin de semana Focus Life, pero organizaba discusiones de Life Directions donde leíamos las escrituras bíblicas y luego las discutíamos. Dos de las personas que asistieron a estas reuniones se hicieron muy buenas amigas y empezaron a relacionarse socialmente con nosotros. Pedíamos pizza y jugamos juegos de mesa o simplemente hablábamos. Sentían que mi hogar era cómodo y acogedor. A veces preparaba un platillo mexicano y ellos me daban cumplidos sobre lo bien que cocinaba. Isidro y yo estábamos contentos con nuestro estilo de vida, pero todavía nos preguntábamos si seríamos capaces de manejar la crianza de los hijos. Aunque llenamos nuestros vacíos, creo que los dos todavía sentíamos que faltaba algo.

Después de tres años de matrimonio, comencé a preguntarme: ¿Ahora qué? ¿Así será mi vida hasta que muera? Odiaba siempre querer algo más. Parecía que siempre estaba buscando formas de darle la bienvenida al estrés a mi vida. Después de todo, ya estaba viviendo más allá de lo que nadie esperaba de mí. ¿Quién hubiera creído que la niña sucia que se arrastraba por la tierra en La Purísima algún día tendría una carrera y se casaría? ¿Estaba loca por querer siempre más y más? No importaba cuántas veces contemplaba todas mis bendiciones, seguía con mi deseo de formar mi propia familia y tener hijos. Había investigado el polio y la artritis reumatoide y sabía que no afectaría genéticamente a nuestra descendencia, así que justificaba mi deseo. Fui a un chequeo médico al igual que Isidro y estábamos sanos a excepción de nuestras respectivas discapacidades. Juntos, Isidro y yo tomamos la decisión de intentar tener hijos.

No tuvimos que intentarlo por mucho tiempo antes de descubrir que estaba embarazada. ¡Estaba tan feliz! Fui a un examen médico para confirmar mi embarazo y me dieron la emocionante noticia de que no sólo estaba embarazada, sino que el doctor había visto dos pequeños corazones en la ecografía. Increíble, ¿dos bebés? Me preocupaba poder cuidar a un bebé y nunca hubiera imaginado a dos. Todavía estábamos encantados cuando Isidro y yo les dimos a mis papás la buena noticia. Sabía que cuando comenzara a mostrar mi embarazo, probablemente tendría que usar mi silla de ruedas con más frecuencia, lo que ya estaba comenzando a hacer de todos modos. El trabajo activo en Austin, de ir a cuatro visitas al día, me había dañado el tobillo y la rodilla sana y sufría de más dolor que nunca. Empecé a notar que no podía caminar tanto ni estar de pie por mucho tiempo antes de estar extremadamente agotada. Sabía que tendría que resolver esto cuando llegara el momento.

Mi felicidad no duró mucho. Me habían programado una cita de seguimiento dos semanas después de recibir la excelente noticia y, cuando fui, me hicieron otra ecografía. El médico había dicho que probablemente haría más ecografías de las habituales sólo para asegurarse de que todo estuviera progresando. El doctor no estaba seguro si mi columna vertebral curvada afectaría el embarazo. Mientras el médico me hacía la ecografía, Isidro y yo notamos que su expresión cambió. Siguió rozando mi estómago con el instrumento en todas direcciones. Después de un par de minutos de mover el instrumento a través del líquido pegajoso, paró. El doctor nos dijo: "Tengo malas noticias". Isidro y yo sólo lo mirábamos, esperando que continuara. Dijo: "Parece que los dos latidos del corazón ya no están latiendo". Me quedé inmóvil. No podía creer que eso nos estuviera pasando. Continuó diciendo: "No se preocupen. Muchas mujeres tienen abortos espontáneos y luego están bien con embarazos futuros". Empecé a llorar, pero me quedé sin habla. Nos dijo: "Esta es la forma que tiene el cuerpo de protegerse de los embarazos que empiezan mal". No me importaba escuchar su explicación. Me dijo que podía someterme a un procedimiento para eliminar el embarazo perdido o que podía esperar a que sucediera de forma natural. Decidí lo último.

Además de pasar por la agitación física y nuestro propio dolor emocional, fue muy difícil decirle a mi mamá y al resto de la familia. Estaba tan triste y no quería escuchar a nadie tratando de consolarme. No tenía muchas ganas de socializar, así que me sumergí en mi trabajo. Comencé a presentar en clases y enseñar a los profesores y al personal sobre discapacidades. Empecé a formar relaciones profesionales con profesores y personal fuera de mi departamento. Quería concentrarme en lo que iba bien sin importar mi discapacidad.

El doctor tenía razón. Dos meses después, me enteré de que estaba embarazada de nuevo. Esta vez, Isidro y yo decidimos guardar la noticia para nosotros, aunque fue muy difícil no decírselo a mi mamá. Terminamos alegrándonos, pero una vez más, tuve un aborto espontáneo en la décima semana de embarazo. Tenía tanto miedo de que mi discapacidad estuviera causando mis pérdidas. Esta vez, el médico describió: "Este fue un embarazo ectópico que debía ser interrumpido porque el óvulo fertilizado no estaba en el útero". No me importaba conocer la explicación científica específica. Todo lo que sabía era que, de nuevo, estaba embarazada un día y al siguiente ya no iba a tener un bebé. Esta vez tuve que pasar por un procedimiento para disipar mi embarazo. Lo más difícil fue ver las noticias en la televisión esa semana porque constantemente cubrían la novedad de una madre en Iowa que había tenido septillizos el mismo día en que me sometía a mí procedimiento.

Devastada y queriendo olvidar lo que había sucedido, seguía trabajando duro y como voluntaria en Life Directions. Seguía diciéndome a mí misma que no podía tener todo y simplemente apreciara al buen hombre que tenía. Isidro estaba pasando por sus propias emociones. No nos gustaba hablar de lo que había sucedido, y su enfoque era sólo hacerme olvidar la decepción. También trabajaba horas extras y trataba de ahogar sus penas viendo sus deportes. Me faltaba paz porque estaba enojada con Dios. No entendía cómo podía permitir que una mujer que ya tenía un hijo tuviera siete bebés y a la vez no concederme uno a mí. No podía entender el plan de Dios en todo lo que pasaba. Estuve enojada durante mucho tiempo.

A principios de año, en 1997, me dieron la noticia de que estaba embarazada por tercera vez. Esta vez, no me permití emocionarme. Era como si ya supiera el destino del embarazo, pero seguí las instrucciones del médico y comencé a tomar vitaminas prenatales. Estaba demasiado familiarizada con los pasos. Incluso cuando íbamos a la ecografía y escuchábamos el corazón del bebé, éramos cautelosamente optimistas. El médico me había dicho que, una vez terminado el primer trimestre, el peligro por lo general había pasado. Después de completar el primer trimestre, comencé a sentir un poco de esperanza y emoción. Le dije a mi familia que estaba embarazada y que acababa de pasar el primer trimestre. Por miedo a caerme mientras caminaba con aparatos ortopédicos y muletas, decidí usar mi silla de ruedas con más regularidad.

Mi embarazo y usar silla de ruedas presentó un nuevo problema para poder manejar y trasportarme al trabajo. Por lo general, entraba a mi oficina caminando y usaba una silla de ruedas que dejaba allí para ir a reuniones lejana. Sin embargo, con la llegada del invierno, no quería caminar más para evitar caerme. Tampoco era lo suficientemente fuerte para levantar mi silla y ponerla en mi cajuela. Investigué y descubrí un aparato mecánico que doblaba y levantaba la silla de ruedas hasta el techo del automóvil. Era exactamente lo que necesitaba. De esta manera, todo lo que tenía que hacer era transferirme a mi asiento del conductor y luego usar la manija de operación para levantar la silla de ruedas. No fue una etapa fácil. Todo me preocupaba constantemente y pensaba que algo andaba mal con mi embarazo. Cada vez que sentía el más mínimo dolor, comenzaba a entrar en pánico. Deseaba tanto ese embarazo que consumía cada momento de mi vida.

La primera semana de mayo, tuve una visita al médico. Ya tenía 19 semanas de embarazo, así que el médico estaba muy seguro de que todo saldría bien. Después de mi examen, concluyó que todo se veía bien y que el bebé se veía fuerte y saludable. Elegimos no saber si era hombre o mujer porque queríamos la sorpresa en su nacimiento. Dejé el consultorio del médico y, por primera vez, era positiva y pensaba: pronto seré mamá. No podía recordar la última vez que había sido tan feliz. Salimos a celebrar que pronto íbamos a ser papás.

En mi cumpleaños, 17 de mayo, me despertó un dolor terrible en el abdomen. Lo dejé pasar y me quedé quieta, esperando no volver a sentirlo. Era sábado y habíamos planeado dormir hasta tarde, visitar a mis papás y por la noche ir a una cena elegante para celebrar mi día especial. Isidro todavía estaba profundamente dormido, así que me quedé en silencio. Unos diez minutos después, tuve el mismo dolor terrible, pero esta vez, moví a Isidro para que despertara. Dije: "Isidro, tengo un dolor aquí", señalando a la ubicación exacta de mi dolor. Dijo: "Quizás dormiste en una mala posición. ¿Por qué no te mueves a una posición diferente?" Mientras hacía eso, sentí alivio. No volví a sentir el dolor durante el resto del día. Decidimos cancelar nuestros planes y quedarnos en la cama descansando.

Al día siguiente, nos alarmamos más porque el dolor regresó, pero ahora era tan agudo que se me llenaron los ojos de lágrimas. Decidimos llamar al médico temprano esa mañana. Como era domingo, el contestador automático respondió la llamada y la enfermera me pidió que describiera el dolor. Ella dijo: "Quizás sea mejor que vayan a la sala de emergencias del Lutheran General Hospital para que te revisen". Colgamos el teléfono y me dispuse a ir al hospital.

Isidro me llevó al hospital lo más rápido que pudo. Nos llevaron a la sala de maternidad de inmediato. Me dieron una bata y el médico de guardia me examinó. Isidro y yo no podíamos hablar porque ambos estábamos igualmente asustados. No sabíamos qué decir, así que ambos nos quedamos sin palabras. El médico dijo: "Voy a llamar a su médico y regresaré enseguida". Salió de la habitación y supe entonces que algo andaba terriblemente mal. Empecé a sollozar. Isidro se puso de pie y se acercó a mi cama, acarició mi cabello y se quedó callado. En el fondo, creo que también sabía que esto no era una buena señal.

Mi médico vino a examinarme más tarde en la mañana. Después de examinarme, dijo: "El dolor que tenías son las contracciones. Has empezado a dilatarte y como sólo tienes 19 semanas de embarazo, debemos prolongar el embarazo si podemos. Compartió su plan de invertir mi cama donde mi cabeza estuviera inclinada hacia abajo y mis pies estarían para arriba como un intento de empujar al bebé hacia atrás y detener el parto prematuro. Me sentía miserable y sufría un dolor insoportable. Debido a mi escoliosis severa, por lo general dormía casi sentada y no podía acostarme debido al dolor. Lloraba y sentía que me torturaban. Isidro no sabía qué hacer, así que llamó a mi mamá para contarle lo que estaba pasando. Los médicos no querían darme analgésicos debido al bebé, así que todo lo que pude hacer fue ser valiente.

Mientras estaba acostada al revés, me vinieron los recuerdos de todo mi sufrimiento pasado. Estaba enojada porque Dios había sido tan severo conmigo. Me sentía combatida por tanto dolor y des-consolada porque no importaba cuánto luchaba para superar cada desafío, Dios permitía que siguiera sufriendo y haciendo mi vida tan difícil. Me preguntaba si me estaban castigando por algo, pero no sabía por qué. Siempre traté de ser positiva, de ayudar a los demás, y de ser una cristiana fiel. Recordaba que mi mamá siempre me había dicho que la vida era un valle de lágrimas y sentía que tenía razón. ¿Cómo es que Dios no me muestra misericordia? Lloraba suficientes lágrimas para llenar un valle yo misma. Pasé toda la noche en agonía y me desanimé cuando me dijeron que podría estar en esta posición durante semanas. Dudaba de mi capacidad para resistir y me sentía culpable por querer alivio sin importar las consecuencias. Ese no era el fin de semana de cumpleaños que esperaba.

Al día siguiente, mi mamá vino al hospital con mi cuñada, Irene. Intentaron consolarme y decirme que ponerme en esa posición me ayudaría. Yo sólo lloraba. Ya ni siquiera conocía la fuente de mis lágrimas. ¿Estaría llorando de dolor? ¿Estaría llorando porque sabía que nunca sería mamá? ¿Estaría llorando por lo dura que había sido mi vida? ¿Estaría llorando porque me sentía adolorida y lo que sentía era más fuerte que yo? Quizás eran todas esas razones combinadas que causaban el flujo interminable de lágrimas.

El médico vino a examinarme la tarde del 19 de mayo. Parecía decepcionado y dijo: "Tenerte en esta posición no ha ayudado. Todavía tienes siete centímetros de dilatación". Para examinarme, el médico había levantado mi cama, por lo que estaba respirando un suspiro de alivio. La horrenda y dolorosa presión sobre mi columna se había aliviado levantando la cama. Mi dolor de espalda había disminuido con el simple cambio de posición. Le pregunté: "¿Entonces el tiempo que me quedé cabeza abajo no ayudó?" Él dijo: "Bueno, todavía estás dilatada, por lo que todavía estás en peligro de tener un parto prematuro". Continuó con las malas noticias y dijo: "Si das a luz, no hay forma de que el bebé pueda sobrevivir tan temprano". Apenas podía hablar, dije: "¿Y ahora qué?" Dijo: "Déjame hablar con mis colegas y ver si creen que podemos coserte para retener al bebé". Sabía que eso no sería bueno, pero aun así prefería eso a que me volvieran a poner cabeza abajo.

Aproximadamente a las 10 de esa noche, comencé a tener dolores severos nuevamente y entré en parto completo. Rápidamente me llevaron a una sala de partos. Las contracciones venían cada minuto y eran fuertes. El médico dijo que estaba a punto de dar a luz y me indicó que pujara. A las once de la noche di a luz a un niño. Estaba exhausta, pero pude verlo por un momento mientras se lo llevaban a otra mesa para limpiarlo. Me preguntaron si quería verlo. Dije que sí con la cabeza, así que me lo trajeron. Mi mamá y mi cuñada sollozaban tratando de consolarme. Mi mamá estaba orando en voz alta pidiendo a Dios que me ayudara por perder a mi bebé. Todos asumimos que había nacido sin vida. Lo miré y vi lo grande que era. Su piel era oscura y muy transparente permitiéndome ver a través de sus venas. Lloré cuando lo vi, cuando de repente vi que su pequeño pecho se elevaba. Me sentía culpable porque me asustó. Grité: "Él no está muerto". Al principio, la enfermera dijo: "No, lo siento, pero no está vivo". Justo cuando ella dijo eso, vimos su pequeño pecho expandirse nuevamente. Esta vez, la enfermera no dijo nada y rápidamente se llevó a mi bebé.

Poco después, el médico me dijo que apenas estaba vivo pero que no había nada que pudieran hacer para ayudarlo a vivir. Mi mamá dijo: "Necesitamos bautizarlo. Pregúntele si pueden enviar a un sacerdote". Le pregunté al médico que dijo que enviaría un capellán de inmediato. Lo sostuve mientras el capellán lo bautizaba. Habíamos seleccionado el nombre de un niño mucho antes, así que decidimos llamarlo Cristian. Usando una pequeña concha, el capellán derramó un poco de agua en su frente, bautizándolo mientras respiraba débilmente. El capellán mencionó que iba a solicitarle un número de seguro social como parte de un procedimiento de nacimiento vivo. Fue tan doloroso ver a mi mamá tan desesperada. Ella le suplicaba a Dios que me ayudara. Ella preguntaba: "¿Por qué le envías este dolor? Mándamelo a mí, no a ella". Sólo abracé a Cristian y lo bauticé de nuevo con mis lágrimas de despedida. Justo cuando decía bienvenido, también me estaba despidiendo, diciéndole adiós. Dio su último aliento a la una de la mañana del 20 de mayo, apenas dos horas después de su nacimiento. Isidro y yo lamentábamos la pérdida de nuestro hijo, pero no me di cuenta de que mi mamá no sólo lamentaba la pérdida de su nieto, sino el dolor de verme sufrir de esta manera tan atormentadora. Si alguien pudiera entenderme, estaba segura de que ella lo hacía. Ella había sufrido el mismo dolor cuando todos pensaron que me iba a morir.

Una enfermera muy amable le sacó unas fotos a Cristian con una cámara instantánea y me preguntó si quería mejores fotografías. Se ofreció para traer una cámara digital y tomar fotografías de mejor calidad. Le di las gracias, pero ni siquiera estaba segura de querer ver sus fotos. El médico vino a mi habitación y me examinó. Al tratar de consolarme, dijo palabras que nunca olvidaría. Él dijo: "Sra. Herrera, lamento su pérdida, pero su cuerpo simplemente no está hecho para bebés". Me eché a llorar. Pensaba: no sólo perdía a mi hijo, sino que era mi culpa. El médico se puso nervioso mientras yo lloraba y dijo que me podían dar de alta tan pronto como me sintiera lo suficientemente bien. Le dije que quería irme a casa lo antes posible. Él firmó los papeles de alta y me trajeron el papeleo para completarlo antes de irme a casa. Una pregunta en uno de los formularios preguntaba cuáles eran mis deseos con respecto a los restos de Cristian. Otra pregunta fue si quería que se realizara una autopsia. Le indiqué que no quería una autopsia porque ya sabía por qué había fallecido y quería darle su santa sepultura. Simplemente había muerto porque era demasiado prematuro.

Era el fin de semana del Memorial Day (Día de los veteranos) cuando me dieron de alta y me enviaron a casa. Debido a las vacaciones, la funeraria no iba a tener acceso a Cristian hasta después. Isidro y yo estábamos agotados, así que decidimos alejarnos e irnos a Wisconsin Dells, a sólo tres horas de distancia. No queríamos que nos consolaran; queríamos estar solos con nuestro dolor. Mientras hacíamos las maletas para irnos de viaje, llamó mi médico. Respondí el teléfono y me dijo: "Sra. Herrera, le llamo para pedirle permiso para hacer una autopsia a su hijo". Respondí: "No. No quiero eso. Lo indiqué en el formulario". Insistió y dijo: "Pero podemos obtener información valiosa que podría ayudarnos a determinar la causa de su muerte". Yo respondí en un tono enojada: "Ya sé por qué murió. Fue demasiado prematuro por mi culpa". Me puse a llorar y cuando Isidro vio esto, me quitó el teléfono para hablar con el médico. Mientras caminaba hacia mi habitación, lo escuché reiterar que no queríamos la autopsia.

Justo cuando íbamos a salir de nuestro condominio, el teléfono volvió a sonar. Dije, "espero no sea el médico otra vez". Respondí, pero esta vez era la simpática enfermera quien tomó las únicas fotos que teníamos de Cristian. Ella dijo: "Sra. Herrera, ¿les llamó su médico?" Frustrada por el tema de la autopsia, dije: "Sí, lo hizo". Ella rápidamente dijo: "Oh, bien. Me sentí fatal por no poder tomarle fotos a Cristian porque cuando fui, ya lo habían llevado para una autopsia". Yo dije, ¿Qué?" Ella repitió lo mismo, pero con diferentes palabras y dijo: "Traté de tomar fotos, pero llegué demasiado tarde porque le habían realizado una autopsia". Dije: "El médico me llamó para pedirme permiso para hacer la autopsia. ¿Estás diciendo que lo hicieron incluso cuando había dicho que no?" Se aclaró la garganta sabiendo que había dicho algo que comprometía al médico y dijo: "Sólo quería pedirles perdón por no tomar más fotografías".

Recuerdo esa escapada de fin de semana como uno de los momentos más oscuros de mi vida. Todo el mundo estaba tan feliz y no podía comprender cómo la gente podía ser tan feliz. Sentía como si yo fuera la única que sabía lo horrible que podía ser la vida. No tenía ganas de comer, hablar, ni nada. Todo lo que quería hacer era llorar. El único descanso de mi tristeza era cuando sentía una oleada de ira. Me preguntaba: ¿Cómo pudo el médico hacer lo que hizo? ¿Cómo pudo intentar engañarme pidiendo permiso para hacer algo que ya se había hecho? En el fondo de mí, sabía que hubiera perdonado al médico si me hubiera llamado para disculparse y explicar que se había cometido un error. Sin embargo, ¡no podía olvidar que trató de engañarme! ¡No estaba dispuesta a perdonarlo por eso!

Pensar en el incidente consumió todos mis pensamientos. Yo estaba tan enojada. Enojada con Dios por ser tan cruel, enojada conmigo misma por querer tenerlo todo y por causar la muerte de Cristian por mi cuerpo discapacitado. También estaba enojada con el doctor por ser tan cobarde y mentirme cuando estaba más desesperada. Sabía que nunca volvería a ser la misma. Esta vez, no podría recuperarme y seguir adelante como lo había hecho todo el tiempo.

Cuanto más hablábamos con familiares y amigos, más seguros estábamos de que tenía que buscar justicia para Cristian. Cuando regresamos a casa de nuestro viaje, fuimos a recoger las cenizas de Cristian. La funeraria puso las cenizas en una cajita de cerámica en forma de corazón después que lo cremaron, ya que no podíamos enterrarlo. Yo no sabía que una cajita tan pequeñita me causaría tanto dolor. Sentía que nadie podía entender mi dolor, ni siquiera Isidro. De seguro él también estaba sufriendo, pero pensaba que era un dolor diferente al mío. Yo no quería ir a eventos familiares e incluso tenía dificultad para ir a la casa de mis papás. Sentía que era un recordatorio de algo muy doloroso para mi mamá y la quería proteger. Empecé a notar que me estaba distanciando de las personas que más amaba.

Ese verano, decidí ir a la conferencia AHEAD en Las Vegas. Isidro decidió acompañarme, pensando que podría ayudarnos ir a la ciudad donde nos conocimos por primera vez. Tom y su esposa Barbara también fueron. Una noche después de las sesiones de conferencia, Tom, Barbara, Isidro y yo decidimos ir a cenar. Todavía estaba muy triste, pero disfrutaba de las distracciones de la ciudad. Después de comer, tomamos el tren de regreso a nuestro hotel, el Miraje. Estaba usando mi silla de ruedas porque los embarazos realmente me habían debilitado. Ya no me sentía segura para caminar. Noté que un hombre extraño que llevaba un turbante en la cabeza estaba conversando con Isidro que estaba sentado en la parte de atrás del tren. No estaba lo suficientemente cerca para distinguir de qué estaban hablando. Cuando llegamos al hotel, nos bajamos y el hombre extraño también. Isidro gritó: "Cuali, espera. ¡Este hombre puede ayudarnos!" Tom y Barbara se adelantaron mientras yo esperaba a Isidro y al hombre.

Isidro dijo emocionado: "Él puede ayudarnos para que podamos tener hijos". Me sentí agraviada de inmediato al pensar que Isidro había divulgado información privada. Isidro continuó: "Él sabe de Cristian y cómo no podemos tener hijos". Enojada dije, "¿Por qué estás compartiendo nuestra vida privada?" El hombre se quedó allí, observándonos a los dos sin decir una palabra. "No le dije nada. Él ya lo sabía". Con ese comentario, el hombre sintió que tenía permiso para hablar. Él dijo: "Sé mucho sobre ti". Sonreí y dije: "Oh, sí, ¿cómo qué?" Él dijo: "Sé que eres muy incrédula, que duermes con siete almohadas, que tu papá era alcohólico y que vivirás una vida larga y muy difícil". Regañando a Isidro le dije: "¿Por qué le dijiste todo eso?" Isidro respondió rápidamente: "No le dije nada. Tiene poderes y dice que puede ayudarnos para que podamos tener un bebé." No sabía qué decir, así que me quedé en silencio. La mirada penetrante del hombre me daba escalofríos. El hombre dijo: "Por cien dólares, puedo crear una bebida que curará todos tus problemas de tener hijos". Le di una mirada escéptica y le dije a Isidro, me voy a mi habitación. Isidro se quedó atrás hablando con el hombre.

En la cama, Isidro me dijo que había acordado con el hombre de llamarnos a las 7 de la mañana del día siguiente para encontrarnos con él y conseguir la famosa bebida a cambio de los cien dólares. Toda la noche me la pasé en vela pensando en ese tipo misterioso. Interrogué a Isidro para ver si inadvertidamente le había dicho algo sobre mí. Isidro negaba haber compartido nada con él e insistía en que debería ser más confiada. Me dijo: "Vale la pena intentarlo por cien dólares". Le dije: "Estás loco; yo no voy a beber nada. Si quieres tómalo tú, adelante". Cansado, Isidro se dio la vuelta y se quedó dormido.

Empecé a asustarme mientras él roncaba. Me preguntaba si usando sus supuestos poderes, sabía dónde vivíamos. No podía creer que él supiera cómo dormía con siete almohadas y mucho menos que mi papá hubiera sido alcohólico. Entonces comencé a preocuparme de que ese tipo supiera dónde nos estábamos quedando y pudiera seguirnos para lastimarnos. Pensé en lo peor y no podía soportar más mi ansiedad. Desperté a Isidro y le dije: "Isidro, no quiero encontrarme con ese tipo. Estoy asustada." Medio dormido, Isidro dice: "No te preocupes". Levanté la voz y le pregunté: "¿Cómo quieres que no me preocupe cuando él sabe tanto sobre mí?"

Ahora que ambos estábamos despiertos, sugerí que le avisáramos a Tom sobre la propuesta del tipo para que él estuviera al tanto en caso de que nos pasara algo. Eran casi las seis de la mañana y sabía que Tom siempre mencionaba que era un madrugador. Llamé a su habitación y le dije lo asustada que estaba. En veinte minutos, tanto Tom como Barbara entraron en nuestra habitación. Les conté toda la experiencia en detalle empeñada en que estaba muy asustada. Barbara había traído su Biblia y leyó un par de versículos tratando de calmarme.

En pocas palabras, explicaron que podría haber personas que tuvieran la habilidad de leer pistas y descubrir el pasado, pero que cualquiera que honestamente quisiera ayudar nunca pediría dinero. Les dije que no quería nada del hombre y que no sabía qué debíamos hacer porque pronto iba a llamar a nuestra habitación para concertar una cita en el casino. Barbara dijo: "No se preocupen, yo contestaré la llamada cuando suene el teléfono". Poco tiempo después, sonó el teléfono y Bárbara contestó y dijo: "Hola, mis amigos aquí son creyentes cristianos y no creen en nada que no venga de Jesús. Por favor, no vuelva a llamar". No le dio a la otra persona la oportunidad de hablar y Barbara colgó el teléfono. Le di las gracias, pero insistía en que no estaría en paz si permanecía en un hotel donde él sabía que estábamos. Eran tan buenos amigos que sin juzgarnos nos ayudaron a mudarnos a un hotel diferente y lo más increíble fue que ellos también se mudaron con nosotros. Entonces supe que Tom y Barbara eran verdaderos amigos y no solamente eran mi jefe y su esposa.

De regreso a casa, traté de aliviar mi dolor de corazón; trabajé más duro que nunca. Me esforcé mucho para que me ascendieran. Tomé todo tipo de clases para obtener los créditos que necesitaba para una promoción temprana. Me inscribí en un curso ofrecido por Northern Illinois University sobre abuso de sustancias. Había unos veinte estudiantes en la clase y durante las presentaciones me enteré de que otro empleado de Harper estaba tomando la clase. Me tranquilizó saber que tenía un colega en la clase. Nunca había conocido a Bill, un consejero de tiempo parcial en el Centro de Asesoramiento de Carreras, pero pude conectarme inmediatamente con él. Me recordaba a Santa Claus con su barba y cabello blanco.

Durante la comida, me acerqué a él y me presenté. Comimos juntos y noté que se tomó dos botellas de refresco de veinte onzas en treinta minutos. Me debí haber sentido en confianza porque compartí información personal, como mis tres embarazos, algo que normalmente no compartía. Cuando le hablé de mi reciente pérdida, se sorprendió y sus ojos se abrieron de par en par. Creo que no estaba preparado para ese nivel de revelación. Para aliviar la tensión que sentía, lo único que me vino a la mente fue bromear con él. Sin embargo, lo que se suponía que iba ser una broma terminó siendo una intrusión total. Le dije: "Bill, como te gustan los refrescos. Ten cuidado porque demasiada soda puede causar una infección de orina". Él sonrió y dijo: "Lo recordaré".

Como parte de la clase, para una de las tareas nos tuvimos que dividir en pares para hacer una investigación y una presentación a la clase sobre el tema del alcoholismo. Bill y yo decidimos juntarnos y hacer una presentación sobre el alcoholismo entre personas con discapacidades. Dividimos la tarea y me alegró descubrir que Bill era un estudiante de tipo investigador a diferencia de mí. Trabajamos en una presentación de PowerPoint, pero estoy segura de que él estaba preocupado porque le admití que no había leído el montón de artículos que me había enviado. Le expliqué que me gustaba relacionarme con la audiencia y usar mis experiencias personales cuando presentaba. Le dije: "Bill, no te preocupes. Estaré lista para hacer mi parte de la presentación. Créeme".

El día de la presentación, traje material que sorprendió a Bill. ¡Vi su continua preocupación! Probablemente estaba preocupado y pensó que no debería ser una presentación del tipo de mostrar y contar. Estaba atrapado conmigo y yo sonreía esperando que Bill confiara en mí. Él hizo su parte de la presentación dando estadísticas de la investigación que había hecho. Cuando él terminó, yo saqué mis materiales, que eran mis álbumes de boda, y comencé a repartirlos. Comencé mi parte diciendo: "Ahora que Bill ha repasado las estadísticas de cómo el alcoholismo afecta a las personas con discapacidades, permítanme contarles una historia real. Una persona en mi fiesta de bodas, Roy, el amigo de mi esposo, murió recientemente debido al abuso del alcohol".

Compartía cómo Roy, que era tetrapléjico, murió cuando un día bebió demasiado. Les expliqué que se había desmayado, asfixiándose porque sus amigos pensaron que se había quedado dormido con la cabeza agachada. Debido a su nivel de consumo de alcohol y su discapacidad, probablemente no pudo levantar la cabeza para respirar. Tenía toda la atención de la clase. Todos disfrutaron escuchando la historia y especialmente viendo las fotos de mi boda. Se sorprendieron de que tuviera cincuenta parejas en la fiesta de bodas y que Roy hubiera sido uno de ellos. Bill estaba sorprendido de que mi estrategia funcionara y de que hubiéramos obtenido una "A" en la tarea y en la clase. Veinte años después, no me ha permitido olvidar que al profesor y a los estudiantes les había gustado mi presentación sin que yo hubiera hecho ningún trabajo de investigación.

Bill y yo nos hicimos amigos de inmediato, tanto que tuvimos el privilegio de trabajar juntos en los servicios para discapacitados cuando se abrió un puesto de tiempo completo. Aunque no era un Santa Claus alegre, sino un poco sarcástico y malhumorado conmigo, todavía hoy es uno de mis mejores amigos en Harper. No sólo trabajamos juntos, sino que hemos pasado muchos momentos divertidos y felices yendo a varios casinos. Nos referimos a los casinos como conferencias especiales donde ejercitamos nuestros dedos cuando jugamos en las máquinas tragamonedas. Siempre nos burlamos uno del otro, y sé que otros encuentran divertidísimas nuestras bromas. Sin embargo, incluso con todas nuestras disputas, sabemos que siempre podemos contar el uno con el otro para cualquier cosa.

Nada aliviaba el dolor de perder a Cristian. Decidimos que no podíamos volver a repasar esa experiencia y que tendríamos que aceptar que nada más íbamos a ser los mejores tíos. Odiaba admitirlo, pero fue muy doloroso para mí ver a la nueva bebé de Rique, Jennifer, que nació un año después en octubre. Estaba feliz por ellos, pero no podía evitar preguntar: ¿Por qué yo? Jennifer era hermosa pero también era el recordatorio del hijo que no podía tener. Veía cómo mis papás la adoraban y me sentía culpable por mis celos. Trataba de no sentirme así, pero mi dolor era tan gigante. Esa pérdida había sido aún más dolorosa que cuando perdí a mamá Petra. Lo único que estaba empezando a ayudarme a mitigar el dolor era escribir. Empecé a escribir poemas para expresar mi dolor. Poemas como estos fueron mi salvación (los poemas traducidos al español no riman):

Sueños rotos

La vida comenzó,
Bebé sostenido,
La vida terminó,
Adiós dije,
Lágrimas derramadas,
Sueños se han ido
Las pesadillas vienen
Sacrificios desperdiciados,
Fe cuestionada,
El tiempo pasa,
Luego la aceptación.

Dolor oculto

La gente piensa que mi dolor se ha ido
Después de todo ha pasado un mes.
Hace cuatro semanas, tuve y perdí un hijo,
Pero incluso hoy, todavía lloro y lloro.

No es la primera vez que lloro
Porque he sufrido mucho a lo largo de mi vida.
Aunque he tenido tantos miedos
Perder a mi bebé ha sido mi mayor lucha.

Es un dolor tan profundo por dentro
Que no es visible a simple vista.
Mi dolor y sufrimiento he aprendido a esconder
Pero es tan real que a veces quiero morir.

Después de meses de discutir los hechos de la autopsia, Isidro y yo sentíamos que era necesario hacer algo al respecto. Nosotros no queríamos que otros médicos hicieran lo mismo con otros papás en duelo. El error no fue justo, y fue aún peor que nuestro médico trató de ocultar el error pidiéndonos permiso para un acto que ya se había realizado. Kika sabía de un abogado que tomaba casos de mala práctica, así que nos dio el número para contactarlo para una consulta. El abogado tomó nuestro caso porque pensó que fue injusto cómo nos trataron.

La demanda y nuestra decisión de seguir adelante nos ayudaron a pasar los meses siguientes. Habíamos llegado a la conclusión de que no íbamos a ser papás biológicos, por lo que contemplamos la posibilidad de adoptar un niño. Había pasado un año desde nuestra pérdida y estábamos cansados de sentirnos tristes. Reunía información sobre los pasos para adoptar, y aunque Isidro no estaba del todo convencido al principio, para verme feliz, apoyó la idea. Asistimos a algunos seminarios, pero basándonos en todo lo que aprendimos, sabíamos que a dos personas discapacitadas nunca se nos permitiría convertirnos en papás adoptivos.

Los costos de adoptar en los Estados Unidos eran astronómicos y las posibilidades de tener un bebé eran escasas. Se nos exigió una evaluación médica y sabíamos que nuestras discapacidades se convertirían en un problema para las agencias. Aun así, tomamos los pasos necesarios para convertirnos en papás adoptivos. Pronto nos desanimamos cuando las diferentes agencias de adopción presentaban obstáculo tras obstáculo. Aunque nunca me había rendido antes, me sentía combatida. Le sugerí a Isidro que nos fuéramos de vacaciones de verano para celebrar nuestro aniversario y llegar a un acuerdo en que seríamos los mejores tíos. Fuimos a un crucero, pero en lugar de hacer turismo, seguimos mirando a cualquier bebé o niño que cruzábamos. Contratamos a un taxista para que nos brindara un recorrido personalizado. Vimos la pobreza de los niños pequeños pidiendo limosna. Mi corazón se rompía cuando veía a niños de no más de cinco años trabajando en las calles para conseguir dinero. Intelectualmente, habíamos llegado a un acuerdo de que no seríamos papás, pero emocionalmente, era obvio que estábamos lejos de aceptarlo.

CAPÍTULO 18

El crucero que hicimos en julio de 1999 me dio un poco de esperanza. No le dije a Isidro, pero comencé a preguntarme si sería mejor convertirnos en papás de un niño de México. Ni siquiera sabía si era una posibilidad o lo que haría falta, pero me reservé esa idea. Mis papás estaban felices de que nos hubiéramos ido de vacaciones. Mi mamá estaba muy preocupada por mí todo el tiempo. Yo siempre había estado llena de vida, pero había perdido ese brillo. Se dio cuenta de que volvía de vacaciones con una nueva actitud. Durante meses había tratado de convencerme de que era bendecida. Ella señalaba todas mis bendiciones. Ella decía: "Tienes un esposo maravilloso, una familia que te ama y un trabajo que amas. Eres bendecida y no deberías pedir más". Aunque también ella me conocía mejor que nadie y por lo tanto ella sabía que yo siempre querría más y que era perseverante hasta lograr mi objetivo.

La demanda contra el médico que dio a luz a Cristian aún estaba en curso. A mi no me gustaba pensar mucho en ello, pero a veces, mi abogado me informaba del progreso. Debido a la demanda, Isidro y yo cambiamos de grupo médico. Por sugerencia de mi mamá y el Padre John, decidimos transferirnos a un hospital católico. Mi mamá estaba convencida de que el médico no hizo lo suficiente para salvar a Cristian porque lo veían como un feto y no como un niño. Sin embargo, cuando le pregunté a mi abogado sobre esto, el abogado me aseguró que Cristian era demasiado prematuro y no viable para que un tribunal dictara negligencia. Nos cambiamos a un grupo de médicos en el Hospital Universitario de Loyola. Me gustó mucho nuestro médico de cabecera y me sugirió que fuera a un ginecólogo para un chequeo anual.

Es terrible tener este tipo de chequeo, así que prolongué la cita hasta después de mis vacaciones. El médico que vi era muy joven y nos llevamos bien de inmediato. Él había sido estudiante en Harper, donde yo trabajaba, así que conversando sobre su experiencia hizo que la cita fuera mucho más sencilla. Transferí mis registros médicos del Lutheran General Hospital, para que tuviera mi historial. No mencionó nada que no me gustara. Era muy práctico y desde el principio sentía que mi discapacidad no le importaba. Esto es algo que nunca había sentido con mi médico anterior.

Toda mi familia sufrió al verme tan devastada por mis pérdidas de bebés anteriores. Sé que ellos habrían hecho cualquier cosa para ayudarme. Empecé a pasar más tiempo con mis sobrinas y sobrinos pequeños. Por ahora, tenía veinte sobrinos y sobrinas de mi lado de la familia. Incluso una de las hijas de Angelita, Verónica, tuvo una niña que nombró Yazmin. Nuestra familia era enorme, pero aun así nos las arreglamos para acumularnos en la casa de dos habitaciones de mi mamá para las fiestas como Navidad, el Día de las Madres y su cumpleaños. Los que vivían más lejos de su casa éramos Reyna y yo. Los fines de semana, mi mamá tenía una puerta abierta y parecía que nos turnábamos en ir. Mi mamá era el conducto para que supiéramos lo que estaba pasando en nuestra familia. Mis hermanos y hermanas estaban al tanto de mis luchas con la adopción.

Kika estuvo de acuerdo en que buscar un niño de México sería una buena idea si queríamos ser papás. Kika está casada con Ernesto quien es de San Luis Potosí. Ernesto y Kika visitaban a San Luis con frecuencia, así que ella dijo que vería qué podía hacer para que yo adoptara. Una noche del 15 de octubre de 1999, recibí una llamada de una amiga de Kika y Ernesto que vivía en Austin, pero también era de San Luis. Se presentó y luego dijo: "Kika me dijo que tú y tu esposo querían adoptar un bebé". Dije: "Sí, así es". Luego dijo: "Tengo una amiga que está embarazada y su bebe nacerá el 20 de noviembre, y quiere dar a su bebé en adopción". No podía creer lo que estaba escuchando. Le dije que esperara y llamé a Isidro para que se me acercara. Le dije: "La estoy poniendo en altavoz para que Isidro también pueda escuchar". Ella dijo, "¿Están interesados en adoptar a un bebé?" Ambos dijimos "Sí" al mismo tiempo.

Hablamos del plan para tener a nuestro bebé y acordamos viajar a México para recogerlo y pagar todos los gastos de parto. Le dije que iría a consultar a un abogado de adopción para que todo estuviera listo cuando naciera el bebé. Inmediatamente llamé a Kika y verifiqué que esta llamada era legítima. Kika confirmó que le había pedido que le hiciera saber si sabía de alguien que quisiera dar a un niño en adopción. Kika le dio nuestro número para que nos diera las buenas noticias.

Isidro y yo estábamos tan felices, pero al mismo tiempo, estábamos muertos de miedo. ¿Podría ser esto cierto? Tenía mucho miedo de sentirme decepcionada otra vez, pero esa noche, sólo quería ser optimista y feliz. Era viernes por la noche, así que salimos a celebrar y hacer planes. Decidimos tomarnos el lunes libre para poder consultar con un abogado. También decidimos no decírselo a nadie, excepto a mis papás, hasta que estuviéramos seguros de que esta adopción se llevaría a cabo. Fue otra noche de insomnio, pero esta vez, la noche estuvo llena de anticipación y alegría.

La semana después de esa maravillosa llamada, logramos un buen avance en la búsqueda de información sobre el proceso de adopción. El abogado nos aseguró que, si la madre biológica estaba dispuesta a firmar los documentos de adopción, todo sería fácil. Contratamos a una abogada y ella accedió a preparar los papeles de adopción para que estuviéramos listos cuando llegara el momento de ir a buscar al bebé. También explicó cómo funcionaba la inmigración en esos casos. Nos llenaron de alegría las buenas noticias. También le pregunté al Departamento de Recursos Humanos de Harper cómo podríamos agregar al bebé a mi plan de seguro. Hice una lista de todo lo que necesitaba comprar para dar la bienvenida al nuevo miembro a nuestra casa.

El siguiente viernes, 22 de octubre, la amiga de Kika nos volvió a llamar. Al principio, pensaba que estaba llamando porque se le olvidó darnos alguna información o tenía preguntas. Ella dijo: "¿Están sentados?" Una vez más, la puse en altavoz para que ambos pudiéramos escuchar. Ella dijo: "El bebé nació tres semanas antes de tiempo". Dije: ¿Qué? ¿Estás segura?" Sin dudarlo, respondió: "Sí; la vi, y es tan hermosa". Le pregunté: "¿Entonces es una niña? ¿Se encuentra ella bien?" Rápidamente dijo: "Oh, sí. Ella nació sana".

Suspiramos de alivio porque nació sin problemas de salud. Temerosa de su respuesta, le pregunté: "¿Y todavía podemos adoptarla?" Isidro y yo nos miramos esperando su respuesta. Ella dijo: "Por supuesto. Por eso les llamo. ¿Cuándo puedes venir a buscarla?" Le dije que, como era viernes, probablemente no podríamos volar hasta la semana siguiente porque teníamos que notificar a nuestros empleadores y teníamos que reunirnos con nuestro abogado. Acordamos estar en México el viernes siguiente. Esta sería una llamada telefónica que nunca olvidaría. Isidro y yo nos quedamos despiertos hasta tarde, haciendo una lista de todas las cosas que teníamos que hacer. Había un millón de cosas que hacer, pero estábamos ansiosos por hacer el viaje y darle la bienvenida a nuestra bebé en nuestra familia.

El lunes después de la llamada, con entusiasmo, hablé con Tom sobre la adopción y mi necesidad de tomarme un tiempo libre. También envié un correo electrónico a la mitad de la universidad para informarles que iba a viajar para recoger a mi bebé. Me alegré mucho de estar usando el correo electrónico en la universidad, algo que no usábamos cuando comencé a trabajar allí. Se lo comuniqué a mis compañeros de departamento. Me sentía mal porque Bill acababa de empezar a trabajar en los servicios para personas con discapacidad y ahora me iba.

Otra compañera de trabajo y amiga, Vicki, estaba muy emocionada por mí. Ella tenía una niña de siete años y su hija significaba el mundo para ella. Ella estaba muy consciente de mis desafíos anteriores al querer convertirme en mamá, por lo que estaba encantada de que esto me estuviera sucediendo. Algunas personas en el trabajo pensaron que la adopción estaba en proceso y que yo lo había mantenido en secreto. No podían creer lo rápido que sucedió la adopción, pero les dije que yo tampoco podía creerlo. Me aprobaron un permiso debido a la adopción. Tenía tanto que hacer. Mi lista era larga y esperaba tener todo listo antes de mi partida el viernes.

Siempre he sido bendecida con buenos amigos en el camino. Vicki había estado tan feliz por mí que, sin que yo lo supiera, el mismo día que se enteró de mi gran noticia, esa noche fue a JCPenney y compró un montón de artículos de color rosa esenciales para bebés. Creo que dejó la tienda vacía. Estoy muy agradecida porque no estaba preparada para recibir a una recién nacida y ni siquiera podía comenzar a imaginar lo que necesitaría una bebé. Vicki compró ropita, pañales, biberones, chupones, cobijitas suaves y muchos otros obsequios tan bonitos. Esta generosidad hizo que uno de los mejores momentos de mi vida fuera menos estresante para poder concentrarme en mi alegría. Su generosidad continuó por mucho tiempo después, ya que compartía muchos artículos poco usados que su hija ya no necesitaba.

El martes nos reunimos con nuestro abogado. Nos informó que no habían tramitado los trámites migratorios pero que sería sencillo si llevábamos los papeles de adopción a la Embajada. Visité a mis papás y estaban incrédulos. Creo que mi mamá pensó que había perdido mis canicas porque seguía preguntándome si estaba segura. Le preocupaba que Isidro y yo viajáramos solos y se preguntaba cómo podríamos traer de vuelta a la recién nacida. Mi cuñada Irene se ofreció para acompañarnos y ayudarnos. Mi cuñado Ernesto también se ofreció para ir, dándole una buena razón para ir a visitar a sus padres. Isidro y yo compramos los boletos de avión, pero decidimos volar a Austin y luego conducir a San Luis en un miniván alquilada. Pensamos que esto sería más fácil y le daría a Isidro la oportunidad de compartir la noticia con sus papás.

Nuestro ángel del cielo era la bebé más hermosa que jamás había visto. Era tan preciosa que no podía creer que fuera nuestra bebé.

Estábamos cansados de nuestro viaje, así que descansamos en la casa de la amiga de Kika. No quería que me separaran de mi pequeña bebé, así que durmió a mi lado. Durante la noche, me aseguraba de que estuviera respirando, recordándome las historias que me contaba mi mamá de cuando yo era un bebé y dormía en su regazo. Mi bebé estaba vestida con un hermoso traje rosa y envuelta en una sencilla cobija de flores. Noté que tenía una medalla grande de plata puesta en su ropita con un seguro. Me enteré de que su madre biológica le había puesto la medalla. Nunca conocí a la madre biológica, pero prometía agradecerle siempre, aunque fuera de lejos. Mi hija Ariel tenía la piel color rosita como su ropita, aunque noté lo que parecía un moretón junto a su labio de arriba. Le di biberón un par de veces durante la noche, amando cómo movía sus pequeños labios. Yo misma estaba sintiendo náuseas, preguntándome si eran sólo nervios y agotamiento.

En la mañana de la primera noche que sostuve a mi hija por primera vez, nos dirigimos a buscar los documentos para poder viajar de regreso a casa. Ernesto conducía porque estaba más familiarizado con la zona. Nació en un pequeño pueblo llamado La Tapona, en San Luis, Potosí. Nos dijeron que fuéramos a su oficina de gobierno. El viaje consistió en varios caminos de tierra largos y altos. Estábamos subiendo una montaña y abrazaba a mi bebé con fuerzas evitando mirar por la ventana. En el camino, nos tuvimos que detener por un hombre mayor que pasaba con su caballo. Más adelante también vi niños pequeños, flaquitos y sucios vestidos con pantalones y camisas blancas. No sé qué esperaba, pero cuando Ernesto me dijo que habíamos llegado, no lo podía creer. La oficina era un robusto granero de madera en medio de la nada. La madera parecía estar pudriéndose porque pude ver a través de los agujeros de las tablas. Irene tomó a la bebé mientras entramos en este lugar "oficial".

Había otra pareja hablando con un hombre detrás de una mesa que estaba escribiendo en una máquina de escribir antigua. La pareja tenía un bebé en los brazos y sentía compasión al oír toser al pequeño bebé. Registraban al bebé porque la mujer había dado a luz en su casa.

Isidro y yo ya habíamos discutido los nombres de las niñas como lo habíamos hecho para los nombres de los niños. Cuando llegó nuestro turno, la registramos como Ariel Virginia Herrera. Su segundo nombre era por la mujer más importante de mi vida, mi mamá. Ernesto e Irene fueron nuestros testigos. La máquina de escribir hacía un fuerte sonido "clic" cada vez que le presionaba para que respondiéramos a la siguiente pregunta. Tomó mucho tiempo por el mal funcionamiento de la máquina de escribir. El trabajador nos dio el acta de nacimiento y nos fuimos.

Era difícil creer que Ariel habría nacido en ese pueblo desamparado. Una vez más, recordé que también yo había nacido en un pueblo de aspecto similar. Entonces supe que la madre biológica de Ariel había tomado la mejor decisión, aunque probablemente una decisión difícil. En nuestro camino de regreso, oraba y agradecía a Dios por el milagro en mis manos y juré que le daría la mejor vida que pudiera. En voz baja dije una oración por la mamá de Ariel agradeciéndole por el sacrificio que hizo que nos había llenado a Isidro y a mí de tanta alegría. No podía esperar llegar a casa y comenzar nuestra vida como una familia amorosa.

Debido a que el Día de los Muertos y el Día de Todos los Santos son días feriados en México, tuvimos que esperar un par de días antes de viajar a Monterrey, México, donde estaba ubicada la Embajada de los Estados Unidos. Fuimos en coche hasta allí y reservamos una habitación de hotel para descansar la noche e ir a la Embajada temprano al día siguiente. Ariel empezó a llorar y nos dimos cuenta de que tenía unos pulmones buenos y fuertes! Muy nerviosa, temía que algo le pasara por tan fuerte llanto. La mecía y le daba la fórmula. La amiga de Kika también me indicó que le diera manzanilla en su botella, lo cual me pareció extraño. No podía esperar a llegar a casa para que la revisara mi médico, que no sólo era médico de medicina interna, sino también pediatra.

Todo estaba en orden, así que íbamos a regresar a casa. La manzanilla debió haber funcionado porque cruzamos la frontera con Ariel durmiendo sin hacer ningún pío. Creo que los agentes ni siquiera sabían que teníamos a una recién nacida en nuestra camioneta. Ariel dormía como un ángel pequeño y yo todavía no podía creer que ella fuera nuestra. La adoramos desde el momento en que la vimos. No tenía ninguna duda en mi mente de que no podría amarla más incluso si fuera mi hija biológica. Ella ya era dueña de mi corazón y yo haría cualquier cosa para protegerla. Estaba asombrada por el milagro que ella era.

Nos detuvimos brevemente en la casa de mis suegros para que conocieran a Ariel. Íbamos a volar a Chicago el mismo día, 3 de noviembre. Los papás de Isidro estaban tan felices de que su hijo ahora tuviera una familia completa. Estaban tristes porque no nos quedamos más tiempo, pero entendieron cuando les dije que mi prioridad era asegurarme de que Ariel estuviera bien. No estaba segura de las circunstancias de su nacimiento ni de por qué nació prematuramente y que había significado para su salud. Ya había hecho una cita para un chequeo para el día después de nuestra llegada. Al mismo tiempo, quería que me examinaran a mi porque tampoco me sentía bien.

Decidimos llegar primero a la casa de mis papás antes de irnos a nuestra casa. Ariel tuvo el mismo efecto con mis papás que conmigo. Me sorprendieron gratamente cuando se enamoraron de ella de inmediato. Fue sorprendente sólo porque cuando estaba pensando en adoptar, mi papá tuvo una conversación conmigo que me hizo pensar que se sentiría diferente por un nieto adoptado. Él dijo, "¿Estás segura de que amarás al bebé de otra persona?" Dije: "Por supuesto". Dijo: "No podemos obligarnos a sentir amor por nadie". Me ofendí un poco y dije: "¿Entonces está diciendo que no amará a un nieto adoptado?" Me miró y dijo: "Para ser honesto, no lo sé. Pero eso espero porque quiero amar lo que tu ames". Cuando lo vi mirar a Ariel, tuve la certeza de que, si le hiciera la misma pregunta, rápidamente respondería "Sí". Aunque hubiera sido una conversación difícil, creo que me ayudó a estar cien por ciento segura de mi decisión de adoptar. ¡Amaba a mi niña!

El segundo día que Ariel estuvo en los Estados Unidos, tuvo su primer chequeo. Nuestro médico nos estaba esperando y la revisó de pies a cabeza. Le sorprendía la manzanilla y dijo que ella no la necesitaba. Cambió su fórmula y me dijo que todo se veía bien. Además, la marca que veía en su labio era una marca de nacimiento que pensó que desaparecería a medida que ella creciera. Su peso y estatura eran buenos para tener casi dos semanas. Estaba tan feliz de que ella estuviera sana y de que no tuviera que preocuparme por ningún problema de salud.

Luego, mi médico me examinó y confirmó lo que yo temía. Hizo una prueba de embarazo que resultó positiva. Estaba embarazada de nuevo y esperaba un hijo. Me dio un referido para que fuera a ver al mismo médico que había visto para el examen de ginecología. No sé lo que sentía. Todo el trauma de mis embarazos pasados me vino a la mente. ¿Podría volver a pasar por eso? Cuando comencé a sentir pánico, miré a Ariel que estaba pateando salvajemente. Me dije a mí misma, "no te preocupes. Ya tienes un ángel". Repetía ese pensamiento una y otra vez hasta que me tranquilizaba. Sabía que Ariel sería mi fuerza para resistir cualquier cosa que me ocurriera.

Fui a ver al Dr. Sean, mi médico obstetra/ ginecólogo. Dejé a Ariel con mi mamá, quien me había convencido de quedarme en su casa al menos un par de semanas hasta que me acostumbrara a cuidar a una recién nacida. Yo estaba feliz de que mi mamá me haya sugerido quedarnos en su casa ya que yo estaba tan nerviosa de no saber qué hacer si Ariel se enfermara. Después de mi examen, el Dr. Sean me felicitó y cuando le dije que acababa de adoptar una niña, en lugar de estar en estado de shock como esperaba, él me chocó la mano. Esperaba que sintiera lástima por mí o que se preguntara cómo me atrevía a pensar que iba a poder cuidar a dos bebés. Nuevamente me confirmó que él me veía como una mujer completamente realizada que simplemente tenía una discapacidad. Incluso bromeó y dijo: "Fue demasiado vino y cena celebrando tu adopción, ¿eh?" Con toda seriedad, dijo: "No veo tu embarazo como de alto riesgo. Lo que veo de alto riesgo es tu nerviosismo". Le dije lo que mi médico anterior había dicho sobre mi cuerpo no estar hecho para bebés. Él dijo: "Bueno, qué bueno que cambiaste de médico. Tal vez el cuerpo de él no esté hecho para bebés, pero el tuyo sí lo está". Para mi propia tranquilidad, me recomendó tomar una ausencia de trabajo más larga que las seis semanas que planeaba tomar. Su consuelo, y mi precioso ángel, fue lo que me ayudaría durante mi cuarto embarazo.

Harper ofrecía maravillosos beneficios para los profesores. Me aprobaron una ausencia médica debido a las posibles complicaciones de mi embarazo. Después de usar todos mis días de enfermedad, califiqué para pasar a una discapacidad a corto plazo, por lo que recibí el sesenta por ciento de mi salario. También tomé la decisión de usar mi silla de ruedas con regularidad. Primero, descubrí que podía cuidar mejor a Ariel que cuando usaba muletas. En segundo lugar, me preocupaban las caídas y la posibilidad de lastimar a Ariel o mi embarazo. Seguía siendo cautelosamente optimista, preparándome para repetir lo que había sucedido en el pasado.

Después de un par de semanas, Isidro, Ariel y yo volvimos a nuestro condominio. Isidro regresó al trabajo mientras yo cuidaba a Ariel en casa. Descubrí una manera de transportarla a otras habitaciones de manera segura, ya que tenía dificultades para cargarla y empujar mi silla de ruedas a la misma vez. Usé una canasta de lavandería con ruedas que usaba cuando lavaba. Puse varias cobijas y acostaba a Ariel adentro mientras yo lo jalaba o lo empujaba. Al principio, tenía mucho miedo de que le pasara algo, pero después de unas semanas aprendí que era creativa y que podía cuidarla perfectamente. Cuando cocinaba la cena, la enrollaba para poder verla siempre. Aunque le compramos una cuna, descubrí que el carrito era más manejable. Luchaba para ponerla dentro de la cuna desde una posición sentada, por esa razón terminó durmiendo con nosotros para facilitar el acceso durante la noche.

Ariel era una bebé delicada. Ella no dormía bien por la noche. Me sentaba y la mecía y, a veces, me quedaba dormida mientras ella todavía estaba despierta. Probé todas las sugerencias que me daban mi familia y amigos. Isidro y yo nos dimos cuenta de que cuando ella estaba en nuestro auto, dormía todo el viaje. Varias veces, después de estar desesperados por conseguir que se durmiera, la subíamos a nuestro coche e íbamos a dar un paseo de medianoche. Durante el día, ella tomaba largas siestas y aunque yo trataba de dormirme entonces, yo no podía dormir durante el día. A menudo me aburría, así que en una ocasión le llamé a Tom para preguntarle si podía hacer algo para ayudar al departamento. Durante mi ausencia de trabajo, hice un manual de reglas para nuestro departamento. Escribía partes y luego le pedía a Tom que las revisara. Esto hizo que el tiempo pasara un poco más rápido.

Mi deseo era que Ariel se convirtiera en ciudadana de los Estados Unidos. Decidí usar mi tiempo para presentar la solicitud por mi cuenta, aunque algunas personas pensaron que sería mejor contratar a un abogado de inmigración. El año de escuela de leyes me dio la confianza para creer que podía presentar mi solicitud por mi cuenta. Quería empezar inmediatamente porque sabía que tomaría más de un año el proceso. Cuando Ariel tenía apenas un par de meses de edad, Isidro y yo la llevamos a Walgreens para tomar una foto de pasaporte que era necesario para la solicitud de ciudadanía. Era obvio de que Ariel fue la persona más chiquita en tomar una foto de pasaporte en ese Walgreens. El joven que tomó la foto parecía nervioso y en pánico, pero pudo ponerla sobre su cobija en el suelo para tomarle la foto. Una vez que envié la solicitud completa, simplemente esperé la fecha de la audiencia.

Cuando Ariel tenía tres meses, le pedí al Padre John que la bautizara. Obtuve el permiso de la parroquia a la que íbamos en Palatine para que el Padre John realizara ese importante sacramento. Le pedí a mi hermano Lalo y a mi cuñada Irene que fueran los padrinos. Esta fue una decisión que tomamos Isidro y yo porque estábamos muy agradecidos de que Irene se hubiera ofrecido como voluntaria para ir a México para ayudarnos cuando adoptamos a Ariel. Creíamos que, si nos pasaba algo, Ariel estaría bien protegida por ellos. Irene le compró a Ariel el vestido blanco más precioso. Parecía un ángel absoluto. Mi mamá fue a la ceremonia junto con algunos familiares y amigos. Elegí ponerme de pie para algunas de las fotografías, aunque estaba usando mi silla de ruedas casi por completo.

Tuvimos la gran suerte de haber encontrado un grupo maravilloso de médicos y enfermeras que nos atendían. Fueron muy útiles. Siempre que Ariel se enfermaba o acudía a sus citas de vacunación y control del bebé sano, simplemente llamaba a la clínica para informarles que estaba allí. Luego, una de las enfermeras salía y agarraba a Ariel para llevarla adentro. Esto fue extremadamente útil, especialmente durante los meses de invierno, cuando me llevaría demasiado tiempo para meterla a la clínica. Ariel, en su mayor parte, era una bebé sana. Luchó con infecciones de oído y, a veces, con un poco de asma. Ariel era muy sensible a los ruidos fuertes y se asustaba fácilmente. Realmente nos estábamos encariñando mutuamente, pasando todo el día juntas. La amaba más de lo que jamás imaginé.

Mi embarazo iba bien. Irónicamente, la fecha prevista de parto era el día de mi cumpleaños, el 17 de mayo. Honestamente, olvidé que estaba embarazada porque estaba constantemente ocupada con Ariel. Todo me tomaba más tiempo. Bañar a Ariel me llevaba un par de horas. Entre cambiarle el pañal, alimentarla y bañarla, consumía todo el día. Me decía a mí misma que no me ilusionara por mi bebé en camino hasta el tercer trimestre o la semana veinticuatro. Por otro lado, amaba a mi bebé en el momento en que supe que estaba embarazada. Como siempre estaba sentada, esperaba que el bebé no se viera afectado. El Dr. Sean hizo ecografías periódicas y siempre decía que el bebé estaba bien. Esta vez, quería saber el sexo del bebé y descubrí que era una niña. Empecé a soñar despierta en lo maravilloso que sería tener dos niñas tan cercanas en edad. Además, comenzamos a pensar en nombres una vez que llegamos al segundo trimestre.

Al elegir el nombre, Isidro y yo queríamos asegurarnos de que el nombre se pudiera pronunciar tanto en inglés como en español. Desde que tengo memoria, había tenido una fascinación con ángeles. La mayoría de la gente pensaba que elegí el nombre de Ariel basado en la sirenita de Disney cuando, de hecho, lo elegí por el Arcángel Ariel, que era el Ángel de la Naturaleza. Queríamos hacer lo mismo con la bebé que estaba esperando. Después de mucha reflexión y discusión, terminamos con tres posibles nombres que nos gustaban: Crystal, Julieta y Ariana. Al investigar los nombres, nos decidimos por Ariana porque derivaba de Grecia y significaba "Oh Santo". Además, al igual que Ariel, sería fácil de pronunciar en ambos idiomas. Y como beneficio adicional, ambos nombres comenzaban con las mismas tres letras. Por supuesto, nunca contemplamos el trabalenguas que sería cuando intentáramos llamarle su atención a toda prisa.

Porque siempre estaba sentada, no comencé a mostrar mi embarazo hasta más tarde. Estaba tan agradecida cuando cruzamos los siete meses de embarazo. Todo lo que había leído indicaba que había una gran posibilidad de supervivencia para los bebés nacidos después del séptimo mes de embarazo. Debido a que Ariel era tan pequeña, no nos aventurábamos mucho, especialmente en el invierno. Sin embargo, una vez que cruzamos mi séptimo mes de embarazo, salimos a cenar. Era la primera vez que salíamos en familia que no fuera al médico o a la casa de mis papás. Inmediatamente noté las miradas de la gente. Estaba segura de que nos estaban juzgando y pensando: "¿Dónde estará la madre de ese bebé? No puedo creer que hayan dejado salir a dos discapacitados con una bebé tan pequeña". Había aprendido a construir una concha gruesa y no me importaba lo que la gente pudiera o no estar pensando. Sin embargo, comencé a notar que Isidro tenía una manera totalmente diferente sobre la discapacidad.

Quizás porque el inicio de nuestra discapacidad comenzó a una edad diferente, veíamos la discapacidad a través de un lente diferente. Yo contraje polio cuando era una bebé, así que lo único que sabía era estar discapacitada. Sin embargo, Isidro no contrajo artritis reumatoide juvenil hasta mucho más tarde en la vida. Había experimentado la vida sin discapacidad. Ahora era incapaz de hacer las cosas que recordaba que podía hacer. Siempre le había gustado la música y había comenzado a aprender a tocar la guitarra, pero ahora no podía sostenerla debido a la posición de sus brazos y la falta de rango de movimiento. Era evidente que las miradas le molestarían a él más a menudo. Además, yo era una educadora y cuando me juzgaban por mi discapacidad veía la oportunidad de enseñar a otros sobre discapacidades en lugar de irritarme y responder de manera defensiva.

Isidro y yo seríamos millonarios si hubiéramos recibido un dólar por cada vez que alguien preguntaba sobre nuestras discapacidades. Con frecuencia, completos desconocidos, nos preguntaban: "¿Qué les pasó?" O decían: "¿Tuvieron un accidente?" Yo inmediatamente, me ponía mi sombrero de educadora y empezaba a dar una explicación como, "Yo tengo polio y mi esposo tiene artritis". Hacía esto hasta que Isidro señaló algo que no había contemplado. Él me dijo: "Cuali, ¿por qué les da nuestra información personal cuando ni siquiera conocen nuestros nombres?" Esa pregunta fue tan acertada. ¿Por qué debería alguien conocer mi discapacidad antes de saber mi nombre? ¿Acaso no estuve luchando toda mi vida queriendo ser conocida como persona y no como mi etiqueta de incapacidad? A partir de entonces, cambié mi enfoque y cuando me preguntaban sobre mi discapacidad, les enseñaba que la primera pregunta que debían hacer era: "¿Cómo te llamas?"

Tenía treinta y cinco años y estaba acostumbrada a que la gente dijera comentarios invasivos o actuara ofensivamente al ignorarme a veces como si yo no existiera. Cuando estaba soltera, solía llevar a muchas de mis sobrinas y sobrinos a varios lugares. A veces que íbamos a una tienda en vez de comunicarse conmigo preferían hablar con mis sobrinos quien era notablemente más joven que yo. Les preguntaban: "¿De qué color quiere esto?" O incluso tan claramente como decir: "Dile a ella que el cupón que está usando está vencido". Era tan obvio que, para ellos, yo era inexistente o, en el mejor de los casos, mi inteligencia estaba siendo cuestionada. Probablemente podría escribir un libro aparte sobre la multitud de ejemplos en los que otros me rechazaban y preferían comunicarse con un niño que tratar de hablar directamente conmigo. Las muchas agresiones pequeñas por las que pasé no me prepararon adecuadamente para las experiencias que enfrentaría como madre discapacitada o incluso como futura mamá.

Comprar ropa de maternidad cuando comencé a exhibir el embarazo fue más que desafiante. Algunos miembros de servicio al cliente pensaban que estaba buscando en el departamento equivocado y me decían: "Si buscas ropa de talla grande, está a tu derecha". A veces los trabajadores me decían comentarios más groseros, sin darse cuenta de que eran ofensivos. Por ejemplo, una vez que quería comprar una blusa de maternidad, tratando de ser amable, el cajero me dijo: "¿Necesitas un recibo de regalo? Quienquiera que reciba tu regalo seguramente le gustará". ¡Es como si una mujer en silla de ruedas no pudiera estar embarazada! Poco sabían ellos; había estado embarazada cuatro veces.

Así como hay personas ignorantes, hay muchas personas maravillosas y compasivas. Ariel tenía su cita médica de los seis meses. Como de costumbre, llamé desde mi automóvil y pregunté si alguien podía venir para ayudarme a meter a Ariel. Mi médico de cabecera y las enfermeras estaban al tanto de mi embarazo, por lo que eran especialmente sensibles a mi necesidad de ayuda. Una de las enfermeras salió y dijo: "Hoy vamos a utilizar un cuarto de examinación diferente al de la mesa baja que usualmente usas".

Cuando me trasladé a mi silla de ruedas, dije: "Está bien, Ariel es la que va a ser examinada". Entramos y la enfermera me llevó a una habitación diferente, que era la que estaba más lejana. Cuando abrió la puerta, vi serpentinas colgando, globos atados a las sillas, un pequeño pastel en el escritorio del doctor y regalos en la cama. Confundida, pregunté: "¿Deberíamos usar otra habitación? Parece que van a tener una fiesta". Ella se rio y dijo: "No seas tonta; es para ti". No podía creerlo y comencé a llorar. Ella dijo: "Todos aquí queríamos organizarte una pequeña fiesta prenatal". Me quedé sin palabras, pero entre sollozos, todo lo que podía decir era "Gracias; muchas gracias". La bondad de la gente nunca deja de sorprenderme.

La ayuda de la clínica y su amabilidad fueron muy apreciadas. Aunque no pensaba que mi embarazo se me estaba mostrando, noté que estaba teniendo dificultades para moverme, especialmente al cuidar de Ariel, que ahora era más grande y pesada. En los días malos, comenzaba a preguntarme si había sido irresponsable al no escuchar el mensaje claro de Dios de que no debería ser mamá. Empezaba a sentir lástima por mí misma y me abrumaba sin saber qué haría con dos bebés porque ambas serían tan pequeñas. Me preguntaba si me había metido en una situación que era demasiado para mí. Creo que mis hormonas me estaban afectando por mi sensibilidad y por tantas dudas que estaban nublando mi mente.

Otro miedo constante que sentía era sobre la pregunta que mi papá me había hecho una vez. Sabía que amaba a Ariel con todo mi corazón, pero me preguntaba si esto cambiaría después que diera a luz. O igualmente mal me preguntaba, ¿y si no la amo tanto como a Ariel? No compartía estas dudas con nadie, pero me estaban afectando hasta el punto de que casi no podía funcionar. Estaba exhausta todo el tiempo. Trataba de mantener la casa ordenada, lavar la ropa, cocinar y cuidar a una bebé de seis meses que requería mucha atención. Incluso me preguntaba si estaría haciendo algo mal porque Ariel era apegada a mí y tan sensible a tantas cosas. Todo lo que podía hacer era orar y pedirle fuerzas a Dios.

Siempre fue asombroso cómo mi mamá me conocía mejor que nadie. Veía mis luchas y sabía que seguiría adelante sin importar nada. Un fin de semana cuando fuimos de visita, ella me dijo: "Cuali, ¿por qué no se vienen a vivir aquí para que pueda ayudarte ahora que estás a punto de dar a luz?" Esperé un segundo, sólo un segundo, y felizmente le dije: "Pensé que nunca nos lo iba a sugerir". Empecé a llorar y le conté todos mis miedos y lo cansada que estaba. Mi mamá no era del tipo de persona que apoyaba con lástima. Exigía fuerzas y siempre ofrecía comida para mejorar las cosas. Cuando comencé a llorar, ella me dijo: "Ven y te freiré un huevo".

Isidro y yo decidimos aceptar la oferta de mi mamá y mudarnos a la casa de mis papás. Otra vez usaríamos las habitaciones traseras como lo habíamos hecho antes. Otro factor que tomamos en consideración al tomar la decisión que necesitábamos ayuda fue que comenzamos a preguntarnos qué haríamos cuando tuviera que regresar al trabajo. Mi mamá estaba dispuesta a cuidar a las niñas, pero ¿cómo se las llevaríamos desde mi casa a la suya las cuales estaban a unas veinticinco millas de distancia? Concluimos que teníamos que vender nuestro condominio y buscar una casa que estuviera cerca de mi mamá para que pudiera cuidarnos a nuestras niñas. Amaba nuestra casa, así que fue una decisión difícil. Sin embargo, como papás estábamos dispuestos a hacer cualquier cosa por el beneficio de nuestras hijas.

Usamos el mismo agente de bienes raíces que usamos cuando compramos nuestro condominio. Lo habíamos mantenido en excelentes condiciones, por lo que estuvo en el mercado por sólo un día antes de recibir una oferta. Habíamos vivido en él condominio cerca de cuatro años y lo vendimos por veinte mil dólares más de por lo que lo compramos. Faltaban tres semanas para mi fecha de parto y tenía que empacar mientras seguía cuidando a Ariel. Mi familia siempre me ha apoyado mucho y también estuvieron listos para nuestra mudanza. Mi mamá nos ayudó enormemente, al igual que mis hermanos y hermanas e incluso mis sobrinas y sobrinos.

Mientras nos preparábamos para mudarnos, estábamos planeando guardar algunos de nuestros muebles para una futura casa, pero a los compradores del condominio les encantaron nuestras decoraciones e hicieron una oferta para comprar la casa amueblada. Como tendríamos que alquilar espacio de almacenamiento, aceptamos la oferta. Tuve momentos muy felices en la primera casa que tuvimos, y sólo oré para que siguiéramos siendo bendecidos de la misma manera.

Capítulo 19

Vivir en casa de mis papás me trajo paz. Sabía que estaría bien protegida porque nadie me conocía mejor que mi mamá. Con ella, estaba bien estar asustada y preocupada. Podría bajar la guardia y no sentir que siempre tenía que demostrar mi valor ante los demás. Agradecía siempre su ayuda y tenía presente que ella sería severa cuando fuera necesario. Me estaba poniendo tan ansiosa porque mi fecha de parto estaba a la vuelta de la esquina. Comencé a ver al Dr. Sean todas las semanas y él monitoreaba constantemente cómo progresaba mi embarazo.

Una semana antes de mi fecha de parto, me desperté y mi mundo daba vueltas. Tenía vértigo severo y los mareos me producían náuseas. El miedo a que algo saliera mal se apoderó de mí. Casi estaba teniendo un ataque de nervios, llorando sin ningún consuelo. Mi mamá preguntó: "¿Tienes un dolor fuerte?" Cerraba los ojos con fuerza y decía: "No, pero todo está dando vueltas". Mi mamá siempre pensó que la comida era el remedio para cualquier enfermedad. Ella fue a la cocina y me trajo un vaso de arroz con leche recién hecho. Le dije: "Si como algo, vomitaré". Miró a Isidro y dijo: "¿Quizás pregúntele al médico qué podemos hacer?" Isidro llamó a la oficina del Dr. Sean y dejó un mensaje para la enfermera. La enfermera inmediatamente nos devolvió la llamada y le indicó a Isidro que me llevara a la sala de emergencias de Loyola. Mi mamá llamó a Rique, que vivía al otro lado de la calle, para que viniera a ayudarme a subir al auto.

El médico me examinó para determinar si mi vértigo se atribuía a mi embarazo. Hizo muchas preguntas para saber todos mis síntomas. Dijo: "Sus síntomas no parecen estar relacionados con su embarazo. No está en parto". Tanto Isidro como yo estábamos desconcertados. Si no estaba a punto de dar a luz, ¿qué me pasaba? El médico continuó y dijo: "Llamaré a su médico y ordenaré una ecografía para asegurarme de que todo esté bien con el bebé". Después de salir de la habitación, Isidro preguntó: "¿Sigues mareada?" Respondí: "Todo gira. Toda da vuelta a la derecha". Nunca había sentido algo así y estaba demasiada ansiosa. Pensé: ¿Qué pasará si esta borrachera nunca se acaba?

Después de mi ecografía, el Dr. Sean vino y dijo: "Ella no está lista para venir al mundo". Le pregunté: "¿Qué me pasa entonces?" Él dijo, "perdiste tu canica". Sabía que estaba bromeando, pero, francamente, no estaba de humor para eso. Debe haber notado mi expresión porque luego dijo: "Con toda seriedad, tienes una condición llamada vértigo posicional paroxístico benigno o VPPB para abreviar". Explicó que el vértigo fue provocado por una infección del oído interno que causa el mareo. Dijo: "Dije que perdiste tu canica porque se soltó un pequeño cristal en el oído y hace que el mundo dé vueltas". Me mostró algunos ejercicios para que pudiera enviar la "canica" de vuelta al oído. Pensé, sólo a mí me da ese tipo de condiciones más extrañas.

El médico me dio de alta y me dijo que, aunque había medicina para el vértigo, preferiría que yo hiciera los ejercicios. Me aseguró que la condición no era grave y que volvería a la normalidad en un par de días. Él dijo, "Tampoco manejes porque pensarán que estás borracha". Me sentí tan aliviada al saber que mi pequeña estaba bien y demasiado cómoda para querer entrar al mundo. En casa seguí las instrucciones del médico e hice los ejercicios cada treinta minutos. Estaba decidida a volver a colocar la canica en su lugar.

Llegó mi cumpleaños y se fue, y no había señales de que Ariana quisiera unirse a nuestra familia. Fui a mi chequeo semanal y el Dr. Sean dijo que, como precaución, me recomendaba una cesárea debido a la curvatura de mi columna. Mencionaba esto durante todo el embarazo, pero quería esperar a ver cómo progresaba antes de tomar una decisión definitiva. Le pregunté: "¿Por qué hay un retraso en su nacimiento?" Dijo: "La fecha de dar a luz es una estimación; es probable que tenemos una fecha equivocada". Vio mi desesperación y dijo: "Programaré la cesárea para el 7 o el 8 de junio del 2000. ¿Qué prefieres?" Apenas dejé que terminara cuando respondí rápidamente: "7 de junio". Bromeando, dijo: "¿Es el siete tu número de la suerte?" Dije: "¡No, sólo que el 7 llega antes de que el 8 y ya quiero que nazca!"

Mi mamá estaba ocupada ayudándome a cuidar a Ariel y a su jardín. Cada año, convertía su jardín en un paraíso glorioso con sus muchas flores. Su salida favorita era ir a cualquier tienda donde vendieran tierra. Mi papá incluso dijo que se había tomado el tiempo de contar cuántas macetas tenía mi mamá y que se cansó cuando llegó al número cien. No ocultaba su amor por su jardín e incluso se enorgullecía al mostrar sus creaciones a cualquiera que viniera a visitarlos.

Mi mamá tenía ese toque increíble de que haría que cualquier cosa creciera y floreciera. No heredé esos rasgos en lo absoluto. Cuando me daban plantas en mi trabajo, les mostraba misericordia dándoselas a mi mamá. Incluso hice morir un nopal una vez. Durante este momento difícil de mi embarazo, me resultaba relajante sentarme afuera con Ariel jugando mientras mi mamá cuidaba el jardín.

El lunes, dos días antes de la fecha prevista para la cesárea, recibí una llamada del Dr. Sean. Sonaba horrible, tosiendo y con voz ronca. Dijo: "Lo siento, pero tengo una gripe terrible. No podré hacer la cesárea el miércoles". Dije: "Oh no. ¡Siento que estés enfermo, pero ¿ahora qué?" Tosió, se aclaró la garganta y dijo: "Bueno, podemos reprogramarla para el miércoles siguiente, o si no quieres cambiar, uno de mis colegas puede hacer la cesárea". Sin dudarlo, dije: "Deja que tu colega lo haga". Él dijo: "Está bien, gracias por tu comprensión. Lamento no estar allí para darle la bienvenida a Ariana". Colgué el teléfono y por un minuto me sentí culpable por no reprogramar la cita. Sin embargo, también sabía que otra semana sería una espera demasiado larga. Pensé, que lástima que el Dr. Sean no esté allí para el nacimiento de mi bebé.

Por fin llegó el día. Se nos indicó que llegáramos al hospital a las 7 de la mañana. Estaba tan nerviosa como cuando volé para ir a buscar a Ariel. Mientras me preparaban para el procedimiento, casi tuve un ataque de pánico. El recuerdo de ese terrible día en que tuve que separarme de mi hijo a quien tanto amaba, volvió a mi mente y no me dejó relajarme. Me llevaron al quirófano alrededor de las 9 de la mañana. La colega del Dr. Sean era una doctora a la que había conocido una vez. Se presentó brevemente y dijo que todo estaría bien.

Ariana Angelina Herrera fue bienvenida al mundo el 7 de junio del 2000 a las 10:40 AM en el Hospital Loyola en Maywood, Illinois. Su segundo nombre era por su abuela paterna, la mamá de Isidro. Era tan pequeña, pesaba sólo seis libras y cuatro onzas y media diecinueve pulgadas. Ella era una hermosa obra maestra que no podría haber sido más preciosa. La tuve en mis brazos después que desperté de la anestesia. Ese tipo de cirugía no me importaba. Estaba tan llena de emoción que no pude evitar llorar. Me dije a mí misma, "¡lo hice! Ella está aquí, está viva, es hermosa y está perfectamente sana". No podía agradecerle lo suficiente a Dios. Isidro y yo nos abrazamos mientras le decía: "Mi cuerpo si fue hecho para bebés". Sabía exactamente a qué me estaba refiriendo.

Vinieron mi mamá y mi sobrina Estela al hospital. Tenía mucho dolor y estaba llena de ansiedad, pero aun así estaba muy feliz. Seguía revisando las manitas de Ariana, para asegurarme de que estaba entera. Me vinieron recuerdos del cuerpo sin desarrollar de Cristian mientras contemplaba el milagro en mis brazos. Mi mamá la abrazó y su amor brotaba de su corazón. No encontraba un sólo defecto en su nueva nieta. Yo no podía creer cómo esa pequeña acababa de completar mi familia perfecta. No podía entender cómo había podido vivir sin ella antes.

El día después del nacimiento de Ariana, mi mamá vino a visitarnos nuevamente. Había dejado a Ariel con mi hermana Tere y mi cuñado Ismael. Se sentó junto a mi cama y, mientras sostenía a Ariana, dijo: "Sabes, sigo pidiendo extensiones". Dije:"¿Qué quiere decir?" Sin apartar los ojos de Ariana, dijo: "Desde que te dio el polio, le he estado pidiendo a Dios extensiones". Nuevamente, pregunté: "¿Qué quiere decir?" Ella respondió: "Primero, cuando me quitaron el riñón, le pedí a Dios por la vida para poder cuidar de ti". Ella continuó: "Entonces le pedí a Dios suficiente vida para verte de pie". Aun abrazando a Ariana con amor, dijo: "Entonces quería más vida para verte exitosa". Ahora estaba entendiendo su punto y le pregunté: "¿Y luego qué?" "Luego pedía vida para verte con alguien que pudiera amarte". Ella suspiró profundamente y dijo: "Y Dios me ha dado vida para verte lograr todo eso". Luego sonrió, me miró y dijo: "Ahora, tendré que empezar a pedirle a Dios una extensión para poder ayudarte a criar a tus hermosas hijas." Mi corazón se llenó de aún más admiración por la maravillosa mujer que me dio la vida dos veces.

Fui dada de alta dos días después de mi cesárea. No podía esperar para ir con mi pequeña Arielita. Tenía mucho dolor porque usaba los músculos del abdomen para moverme. Sentía como si un camión me hubiera atropellado. Me trajeron a Ariana para poder prepararla para irnos. Era mucho más pequeña que Ariel de recién nacida. La escuché hacer unos pequeños gemidos y me preguntaba si algo andaba mal. No podía dejar de mirarla. Me movía lentamente para vestirme y luego me trasladé a mi silla de ruedas. La levanté y la puse en la cama para vestirla con la ropita que le había seleccionado. No había hecho un buen trabajo en mi selección porque dos Arianas cabían en esa ropita.

Isidro y mi mamá entraron mientras la estaba vistiendo. Isidro se sentó y dijo: "¿Puedo agarrarla?" Sonreí y dije: "Ella también es tuya". Luego le pregunté: "¿Cómo está Ariel?" Isidro me dijo que mis sobrinas se estaban divirtiendo con ella. Mi hermana Tere la había llevado al otro lado de la calle a su casa para que mi mamá pudiera venir al hospital. La enfermera vino con sus papeles de alta. Le pedí a mi mamá que agarrara a Ariana para que pudiéramos irnos. La puso en la cama y la envolvió con la cobija. Isidro salió a buscar el coche mientras bajábamos al primer piso.

¡Qué bienvenida recibimos Ariana y yo! Había una cigüeña hecha de cartelón enorme en el jardín del frente con un letrero que decía: Bienvenida Ariana, 7 de junio del 2000. Mi sobrina Velia lo había ordenado como sorpresa. Mi hermana estaba vigilando desde su casa. Cuando vio que llegamos, Tere e Ismael se acercaron con Ariel. Ariel comenzó a bailar, deseando ansiosamente que la agarrara. Mi pobre hija, era la primera vez que me separaba de ella. ¡Se veía tan grande! No podía creer lo crecida que se veía en comparación con Ariana. Ariel sólo tenía siete meses y medio. Cerré los ojos por un segundo y agradecí a Dios por las bendiciones que me rodeaban. Comprobando que la vida no siempre era un valle de lágrimas.

Todos vinieron a conocer a la nueva incorporación a la familia. Mis papás terminaban de completar veinte y dos nietos con el nacimiento de Ariana. Tuvimos que ser creativos para instalarnos en la pequeña casa de mis papás. Sólo me quedaban doce semanas antes de tener que volver al trabajo. Ariana sólo tendría tres meses mientras Ariel tendría casi un año cuando regresaría. Tomé la difícil decisión de no amamantar a Ariana porque sería demasiado difícil mientras trabajara a veinte millas de distancia. También sentía que quería tratar a las dos niñas de la misma manera y temía que la cercanía que tendría al alimentar a Ariana no fuera justo para Ariel.

El amor que sentía era igual para ambas. Todos mis miedos desaparecieron tan pronto como las tuve a las dos y me di cuenta de que daría mi vida por cualquiera de las dos. También me encantó ver cómo mis papás y el resto de la familia trataban a Ariel con el mismo amor que a Ariana. Esto me convenció de que el amor es lo que nos unía, y no que tuviera una hija biológica y la otra adoptada.

Me sentía bendecida y mi fe se hizo más fuerte al darme cuenta de que Dios siempre tiene un plan divino. Quizás tuve que pasar por el difícil dolor de dos abortos espontáneos y un parto prematuro para estar lista para adoptar a Ariel, quien necesitaría papás amorosos para criarla. Perder a Cristian dejó de ser tan doloroso porque sentía que Dios me recompensaba por todo mi sufrimiento. Además, no podía imaginar mi vida sin ninguna de mis dos hermosas hijas.

No era fácil para mí tener a dos bebés, o como algunos las llamaban, gemelas irlandesas. Los primeros meses fueron particularmente difíciles porque mi movilidad se vio gravemente afectada por el dolor causado por mi cesárea. Me costaba inclusive cuidar de mí misma. Todavía tengo tan presente cómo mi hermana Angelita tuvo que entrar al baño después de haberme bañado para ayudarme a vestir. Mis lágrimas simplemente caían cuando reconocía mis limitaciones y aceptaba una ayuda tan íntima. Entonces me di cuenta de que regresar con mi mamá había sido la mejor decisión. Mi mamá se convirtió en la segunda mamá de mis niñas y ambas llegarían a llamarla legítimamente mamá China.

Aunque había pensado que había comenzado a usar mi silla de ruedas de forma permanente por la seguridad de Ariel y mi embarazo, pronto me di cuenta de que no podía volver a caminar. Me puse el aparato ortopédico e intenté caminar, pero mi columna estaba aún más curvada y me sentía muy insegura. Mi mamá quería una última foto mía de pie. Salimos a su jardín e Isidro y yo cargamos a una niña cada uno. Fue una foto difícil de tomar porque en el fondo sabía que no volvería a estar de pie. Isidro cargaba a Ariel mientras yo a Ariana. Quería que esa foto de las niñas vestidas de gemelas con un trajecito de rayas azules se quedara en mis recuerdos hasta el día de mi muerte.

Cuidar a dos bebés es difícil para cualquier pareja, pero más difícil cuando ambos papás tienen discapacidades. Me sentaba en el medio de la cama con un bebé a cada lado mientras les daba sus biberones. Ariana era una bebé tranquila, lo cual aprecié ya que Ariel exigía mucha más atención. Algunas semanas fueron especialmente difíciles porque si una se enfermaba, la otra pronto la seguiría y también se enfermaba. El médico y las enfermeras continuaron apoyándome y ayudándome cuando llegábamos a la clínica para una cita, especialmente ahora que tenía dos pequeñas. Creo que sentían pena por mí o me admiraban porque estaba en esta situación y seguía adelante como campeona. Conociéndolos, estoy segura de que fue lo último.

Regresar al trabajo fue estresante y al mismo tiempo un alivio. Estuve fuera casi un año entero, desde octubre de 1999 hasta septiembre de 2000. Ponerme al tanto tomó tiempo debido a la rapidez con que cambian las cosas en la academia. También, fue estresante encontrar un buen equilibrio, especialmente porque después del trabajo iría a mi segundo trabajo para relevar a mi mamá. Fue un alivio regresar a Harper porque durante casi doce meses, me había consumido concentrándome en mis hijas el cien por ciento del tiempo. Ahora podía concentrarme en otras cosas y, al menos mientras llegaba al trabajo, tenía algo de tiempo para mí. Tenía la ventaja de no preocuparme por mis hijas cuando trabajaba porque sabía que estaban en buenas manos. Si se enfermaban de un virus, le decía a mi mamá en broma: "Por favor, que se recuperen para cuando llegue a casa". Tenía plena confianza en mi mamá. Tuve suerte porque no falté al trabajo al menos que tuviera que llevarlas al médico.

Trabajar con estudiantes con discapacidades seguía siendo mi fascinación. Regresé con nuevas ideas y comencé a asumir más roles de liderazgo. Me convertí en la coordinadora de los servicios de lento aprendizaje y comencé a ser responsable de la contratación, capacitación y supervisión de las especialistas en discapacidades del aprendizaje de tiempo parcial. Tom confiaba en mi habilidad y sabía que trabajaría mucho. Siempre mantenía mi propio número de estudiantes porque claramente era lo que más disfrutaba. Teníamos un gran equipo y nos cuidamos unos a otros. Siempre estábamos dispuestos a probar cosas nuevas en beneficio de los estudiantes. Participamos regularmente en el desarrollo profesional asistiendo a conferencias y tomando clases. Fui titulada por segunda vez poco antes de salir por mi tiempo de maternidad, por lo que esto me ayudó a tener más confianza sin tener que preocuparme.

Nuestro departamento tenía una larga trayectoria de servicio a los estudiantes sordos y se beneficiaron de varias subvenciones para apoyarlos mejor. Para apoyar la cultura de las personas sordas, decidimos cambiar el nombre del departamento de Centro para Estudiantes con Discapacidades (CSD) a Servicios de Acceso y Discapacidad (ADS). Comenzaba a pensar en la discapacidad como una cultura, igual que los sordos, y también a darme cuenta de que mi discapacidad no era lo malo. Más bien, comenzaba a comprender que la falta de acceso y las actitudes de las personas hacia las discapacidades son lo que me afectan. Creo que fue entonces cuando dejé de creer que estar en silla de ruedas era negativo. Ahora usaba la silla de ruedas todo el tiempo. Como Harper es un campus grande, tenía sentido usarla permanentemente.

Para transportar mi silla de ruedas, todavía estaba usando el aparato mecánico que subía mi silla para guardarla. Esa era una herramienta muy útil que me dio independencia. Sin embargo, durante el invierno era menos confiable. A veces dejaba de funcionar por el frío o la nieve. Además de eso, empujar mi silla de ruedas manual en la nieve era extremadamente difícil, especialmente cuando tenía a las niñas. A medida que pasaba el tiempo, estaba batallando para subir rampas o empujar grandes distancias. Me empezaron a doler los brazos. Sabía que pronto tendría que encontrar una alternativa.

Ser una usuaria de silla de ruedas con dos niñas requería mucha creatividad. Además de un cochecito doble, usé un portabebés. Me lo ponía en mi pecho mirando hacia adelante y ponía a una de las niñas dentro mientras empujaba un cochecito más ligero. Encontré el moisés con ruedas perfecto para usar en casa y llevar a las niñas de una habitación a otra. Criar a dos bebés tan cercanas en edad era divertido, pero también mucho trabajo. Cuando una estaba tranquila, la otra estaba de mal humor. Cuando una dormía, la otra estaba completamente despierta. No podrían ser más diferentes. Se convirtieron en nuestras vidas cuando no estábamos en el trabajo.

Nuestra primera celebración pública para nuestra familia completa de cuatro personas fue durante la celebración por el 50 aniversario de bodas de mis papás en septiembre del 2000. Ariel tenía casi un año y Ariana sólo tres meses. Esa era una celebración que no podíamos perdernos. La misa fue en la iglesia donde me casé y el Padre Luis, uno de mis antiguos amigos de DePaul, celebró la misa. La recepción fue cerca de nuestra casa, lo que facilitaría la salida si las niñas no cooperaban. Fue una fiesta muy animada y me encantó ver a mis papás tan felices. Mi mamá ya tenía sesenta y siete años y mi papá setenta y cinco. Todos mis hermanos y hermanas cantaron la canción favorita de mis papás titulada "Renunciación". Toda la pobreza y el sufrimiento que la familia había superado se borró con nuestra alegría ese día.

A medida que las niñas comenzaban a crecer, Isidro y yo comenzamos a platicar sobre qué hacer para que ellas vivieran una vida plena. No queríamos que nuestras discapacidades afectaran sus oportunidades. Nos preguntábamos si algún día se sentirían resentidas por tener que vivir con dos personas que tenían tantos obstáculos. Intentamos no preocuparnos demasiado y decidimos hacer lo mejor que pudiéramos mostrándoles nuestro amor. Una cosa de la que estaba segura era que mis hijas no podrían estar en una familia mejor. Estaban rodeados de sus abuelos, tías, tíos y un montón de primos. Mis sobrinas siempre estuvieron dispuestas a venir a ayudarme con ellos. Olivia y Vanessa, las hijas de Angelita, venían a ayudarme en la hora del baño cuando podían.

Bautizamos a Ariana cuando tenía casi cuatro meses. Elegimos a Rique y a su esposa Betty para que fueran sus padrinos. Rique y yo siempre habíamos sido muy unidos, y sabía que él haría todo lo posible para asegurarse de que Ariana estuviera a salvo en mi ausencia. Además, Rique tenía a Jenny, a quien también la cuidaba mi mamá, así que sabía que las primas crecerían como hermanas. El Padre John, una vez más, logró hacer el sacramento del bautismo en una hermosa ceremonia íntima. Estaba contenta de que Isidro y yo las estuviéramos criando como católicas y que ellas aprenderían sobre Jesús. Mi fe siempre me había ayudado durante los tiempos más oscuros, así que quería asegurarme de que heredaran mi fe católica.

Criamos a nuestras niñas probablemente rompiendo muchas de las reglas escritas en los libros sobre seguridad infantil. Leía sobre la importancia de proteger un hogar para niños. Mientras leía los pasos sugeridos, me daba cuenta de que ninguno de los pasos funcionaría para nosotros. Por ejemplo, una sugerencia era que subiéramos el jabón u otras sustancias peligrosas en un lugar alto. No podíamos acceder a esta sugerencia porque si estaban altos no podríamos alcanzarlos nosotros tampoco, así que esa no era una buena opción. Bromeaba diciendo que mis hijas se criarían entre objetos afilados y productos químicos peligrosos porque eran tan inteligentes que sabrían que esos artículos estaban prohibidos para ellas. Del mismo modo, para tener acceso, no podía usar los productos para bebés recomendados. Las bañeras pequeñas no funcionaban porque no podía agacharme de la silla. Inclinarme hacia la bañera real no era seguro para ellas porque no podría sostenerlas. Mis hijas aprendieron que el fregadero de la cocina era una divertida bañera para bebés.

Vivía la típica vida de clase media: criaba a mis hijas mientras trabajaba. Los fines de semana, dedicamos nuestro tiempo a hacer las compras, lavar la ropa y descansar con las hijas. La casa de mi mamá seguía siendo una puerta abierta donde todos mis hermanos la visitaban al menos una vez durante el fin de semana. Eso me benefició el tiempo que vivimos en la casa de mis papás. Me encantaba que mis hijas crecieran cerca de la familia. Mi hermana Tere y su esposo Ismael a menudo me preguntaban si podían llevarse a Ariel a su casa para que yo pudiera tener un poco de alivio y concentrarme en Ariana. Tere fue la primera en ver a Ariel caminar. Ambos se divertían con ella.

Cuando Ariel tenía aproximadamente un año y medio, finalmente recibimos un aviso para una audiencia para su naturalización como ciudadana de los Estados Unidos. La cita iba a ser frente a un juez que revisaría la solicitud y haría preguntas. Estábamos nerviosos y comencé a cuestionar si debiese haber contratado a un abogado. Me preparé para la audiencia, reuniendo documentos, fotografías y anotando la secuencia de los eventos. Isidro y yo pensamos que lo mejor sería que él se quedara en casa con Ariel y Ariana y que yo fuera a la audiencia. Una de mis sobrinas, Olivia, me acompañó al centro para la audiencia.

Cuando llegamos al juzgado, fuimos al lugar de la audiencia y nos pidieron que esperáramos. Estaba visiblemente nerviosa y comencé a recordar la ubicación donde había ido a registrar a Ariel. Qué diferencia de este juzgado en comparación con La Tapona. Tenía mi carpeta lista y en mi cabeza tenía las respuestas que había ensayado como posibles preguntas. Llamaron a Ariel, así que entré a la oficina de la jueza. La jueza era afroamericana y estaba sentada detrás de su escritorio. A un lado noté un tablero de anuncios con fotos de niñas de apariencia asiática. Mientras revisaba la solicitud, le pregunté: "¿Esas niñas son sus hijas?" Ella miró hacia arriba, sonrió y dijo: "Sí, lo son. Gracias, eres la primera persona que ha contemplado la posibilidad de que sean mis niñas." Se aclaró la garganta y continuó revisando la solicitud que había completado un año antes. Luego dijo: "Todo parece estar en orden. Felicidades. Ariel es ciudadana estadounidense". No lo podía creer. Ni siquiera hizo una pregunta. Había estado muy nerviosa, pero era como si un ángel le hubiera puesto la mano en la boca para que no salieran preguntas.

Eso mereció una gran celebración. Decidí darle a Isidro una fiesta sorpresa de cumpleaños junto con la celebración de la ciudadanía de Ariel. Alquilé una pizzería e invité a toda mi familia y amigos. Como la familia de Isidro estaba en Texas, le pedí a su hermana mayor que tomara videos de toda su familia enviando deseos de cumpleaños. Fue una celebración maravillosa y ahora Ariel tendría los mismos beneficios estadounidenses igual que si hubiera nacido aquí. Estaba muy agradecida con este país y orgullosa de que toda mi familia tuviera la ciudadanía.

Nuestra pequeña familia de cuatro estaba en racha con celebraciones. ¡Tuvimos que celebrar el primer cumpleaños de Ariana! Rique y Betty nos ofrecieron su jardín para celebrarlo, lo cual fue muy conveniente ya que vivían al otro lado de la calle y al lado de la casa de Tere. Compramos una piñata que era más grande que Ariana. Ariana era muy pequeña pero muy inteligente. Ya caminaba para entonces y también era muy introvertida. No le gustaban las multitudes y podía entretenerse con casi cualquier cosa, pero sola. Pronto descubrimos que contratar a unos payasos no fue una buena idea, al menos para mis hijas, pero para los adultos los payasos fueron muy divertidos. Ariana no estaba feliz de estar cerca del payaso por su timidez y Ariel tampoco estaba interesada en él.

Además de las celebraciones, otra cosa que estaba pendiente era la demanda contra el médico del Hospital General Luterano. Estaba lista para dejar todo atrás. Programaron una deposición, pero como tenía dos bebés, los abogados aceptaron hacerlo en la casa de mi mamá. Varios abogados, junto con una reportera judicial, se sentaron alrededor de la mesa de mi cocina. Ambos abogados hicieron preguntas, pero mi abogado intervenía cuando era necesario. Fui honesta y expresé cómo sentía que mi hijo fue tratado como un tejido y no como un ser humano. Estresé que lo más decepcionante fue que el médico intentó ocultar el error. Toda la deposición duró un par de horas ya que Isidro también tuvo que responder a preguntas.

Varias semanas después de la deposición, mi abogado me llamó y me preguntó: ¿Considerarían un acuerdo si hacen una oferta?" Le recordé al abogado que comencé este caso no por el dinero sino porque no quería que otras familias pasaran por lo que nosotros pasamos. Él preguntó: "¿Qué es lo que realmente quieres?" Respondí: "Me gustaría obtener una disculpa del médico y que se establezca una póliza en el hospital que estipule que no se pueden realizar autopsias sin el consentimiento de los padres". El abogado me dijo: "Está bien, estaré en contacto". Más tarde, esa misma semana, mi abogado volvió a llamar y dijo: "Tenemos una fecha de juicio en dos semanas".

De nuevo fui al juzgado. Esperaba que el juicio no durara mucho para no faltar tantos días de trabajo. Odiaba faltar al trabajo porque mi agenda siempre estaba llena. Isidro y yo pasamos por seguridad y subimos por el ascensor hasta la sala asignada. Nuestro abogado ya estaba allí. Él no era la persona más amigable, pero había llegado a conocer su estilo y realmente llegué a respetarlo y valorar su inteligencia. Nos saludamos brevemente, nos indicó dónde podía sentarse Isidro y él abogado entró solo a la sesión de corte. Unos minutos más tarde sale y nos dice: "Hicieron una oferta". Aceptan sus términos de recibir una carta de disculpa y cambiar la póliza del hospital junto con $50,000. ¿Aceptan o aún quieren su día en la corte?" Miré a Isidro y luego le pregunté al abogado: "¿Qué nos recomienda?" Él dijo: "Están obteniendo lo que querían, y no les garantizo que obtendrán nada mejor". Isidro y yo queríamos que esto terminara para poder comenzar de nuevo con nuestra familia. Aceptamos el acuerdo. Después de pagar a los abogados y otros gastos, terminamos con alrededor de $29,000, la carta de disculpa y una confirmación del acuerdo del hospital para un cambio de política. Dividimos el dinero y abrimos dos cuentas universitarias para cada una de las niñas, llamándolas el fondo Cristian. Sonreímos cuando dijimos: "Algún día podremos decirles a las niñas que su hermano mayor las envió a la universidad".

Isidro y yo nos sentíamos aliviados de que las preocupaciones pendientes hubieran quedado atrás. Queríamos centrarnos en nuestra familia. Estábamos en casa la mayor parte del tiempo porque salir con ambas niñas era un reto porque nos exigían mucho físicamente. Incluso compramos un miniván porque necesitábamos más espacio. Se estaba poniendo difícil abrocharlas en sus asientos de seguridad. Podía subir al miniván usando un pequeño banquito portátil para subir e Isidro levantaba mi silla de ruedas para la cajuela. Parecía que siempre encontrábamos una solución que nos permitía estar activos.

Como pareja casada, sabíamos que teníamos muchas bendiciones. Teníamos un techo sobre nuestras cabezas, buenos trabajos, nuestras hermosas hijas, el uno al otro y una familia extensa maravillosa. Habíamos tenido la bendición de que nuestra familia hubiera estado protegida de la pérdida de seres queridos ya que las únicas pérdidas habían sido Cristian y mamá Petra que murió en 1988.

En octubre de 2001, poco después de que Ariel cumpliera dos años, Ismael fue hospitalizado con un diagnóstico inesperado de cáncer. Lamentablemente, la cirugía para remover su tumor canceroso no tuvo éxito, lo que hizo que falleciera unos días después. Esto conmocionó a la familia hasta el fondo. Fue tan difícil ver a mi hermana Tere y sus tres hijos tan devastados. No tenía palabras para consolarla, ni siquiera a mis dos sobrinas, Velia y Estela, con quienes había viajado y pasaba tanto tiempo cuando las necesitaba. Ismael también dejó un hijo menor de doce años, Ismaelito, que tendría que crecer durante los años más duros de la adolescencia y la edad adulta sin su padre. Toda la familia lloró por esa pérdida tan difícil. Siempre íbamos a tener buenos recuerdos de un hombre que, aunque tranquilo y reservado, daba puro amor a su familia y también a mi propia hija, Ariel. Su brillante sonrisa viviría en nuestros recuerdos mucho después de que dejó este mundo.

CAPÍTULO 20

Unidos como familia, continuamos nuestra vida, incluso cuando un ser querido había dejado a nuestra familia. Nos sentíamos cómodos viviendo en la parte de atrás en la casa de mi mamá, pero teníamos poco espacio con cuatro de nosotros viviendo allí. Además, las niñas seguían creciendo y necesitando más cosas. Isidro y yo habíamos hablado de que la mudanza a casa de mi mamá sería temporal, porque, finalmente, queríamos tener nuestra propia casa. El año escolar había terminado, y tanto Ariel como Ariana estaban caminando y tenían más de un año. Era difícil de creer que llevábamos más de un año viviendo en la casa de mi mamá.

Pensamos que el verano era un buen momento para buscar un lugar donde vivir. Queríamos permanecer cerca de mi mamá por el bien de las niñas, aunque fuera más lejos de nuestros trabajos. Nos preocupaba cómo llevaríamos a las dos niñas al miniván, especialmente en invierno, a la casa de mi mamá. Mis hijas no pudieron darse el lujo de ser cargadas en brazos al llegar a nuestro destino. Me dolía el corazón cada vez que veía que se quedaban dormidas de camino a alguna parte. Odiaba tener que despertarlas para que pudieran entrar. No sólo eso, a veces, incluso llevaban sus propias bolsas de pañales todas adormiladas.

Dios siempre parece cuidarnos. Justo cuando estábamos planeando comenzar a buscar una casa, notamos que la vecina al lado de la casa de mis papás había dejado de salir. Un día, mientras mi mamá estaba haciendo jardinería y yo estaba sentada con las niñas afuera, vimos a un hombre cortando el zacate de la vecina. Mi mamá me pidió que fuera su intérprete porque quería saber dónde se había ido la viejita amable que vivía en la casa. Me di la vuelta y llamé la atención del hombre. Apagó la cortadora y le dije: "Mi mamá está preocupada por la mujer que vivía en esta casa porque no la ha visto en toda la primavera. ¿Sabes si ella está bien?" Dijo: "Oh, mi tía ya no va a vivir aquí. Se cayó y tuvimos que ponerla en un hogar de ancianos". Le conté a mi mamá lo que había dicho el hombre, y mi mamá se entristeció con la noticia. Dijo que a menudo iba a su casa y la ayudaba a cortar sus arbolitos.

La noticia me dio una idea. Rápidamente le pregunté al sobrino de la vecina: "¿Qué va a pasar con la casa?" Dijo: "La estamos preparando para venderla". Le dije: "¿Me esperas un momento? Ya vuelvo." Entré y le hablé a Isidro, diciéndole que la casa de a lado podría estar pronto a la venta. Isidro se dio cuenta de que esa casa podría ser exactamente lo que necesitábamos. Salió y le dijo al vecino que podríamos estar interesados en la casa. Preguntó: "¿Podemos entrar a verla?" El hombre se secó la frente y dijo: "Es un desastre, pero claro, pueden entrar a verla". Dejamos a las niñas con mi mamá y entramos a ver la casa.

La casa tenía exactamente la forma de la casa de mi mamá. Era una casa tipo rancho de ladrillos de dos habitaciones y, como la casa de mis papás, tenía una adición en la parte de atrás que incluía otra habitación, un baño y un vestidor. Era evidente que la casa no había recibido mucha luz solar. Era curioso que todas las ventanas estuvieran cubiertas con periódicos pegados. Los pisos estaban cubiertos con una alfombra naranja peluda de los años 70. Todos los gabinetes de la cocina eran probablemente los originales. Sabíamos que la casa de mi mamá se construyó en la década de 1950, por lo que era probable que los gabinetes tuvieran más de 50 años. Muchas de las paredes estaban hechas de paneles que se usaban en el pasado. La casa todavía estaba amueblada y notamos velas por toda la casa. La vecina debió haber sido religiosa porque vimos un montón de rosarios colgando por toda la casa. Mi esposo preguntó por el precio y el hombre dijo que todavía no lo habían decidido. Isidro le dijo que por favor nos avisara tan pronto cuando se decidiera el precio.

Regresamos a nuestra casa y hablamos de lo que habíamos visto. Nos dimos cuenta de que se necesitarían muchos cambios y reparaciones, comenzando por tener que remodelar los baños y la cocina, quitar la fea alfombra naranja y reemplazar los paneles oscuros con paredes brillantes. Además, tendríamos que hacer varias modificaciones para que fuera accesible para mí. En cualquier otra situación, no hubiéramos visto el potencial, pero la ubicación fue suficiente para convencernos de que la casa sería ideal. ¿Qué mejor hogar que vivir justo al lado de la abuelita y la niñera de las niñas? Esperábamos que el precio fuera razonable.

A los tres meses de ver la casa por primera vez, octubre del 2001, nos mudamos a nuestro nuevo hogar. La mudanza fue fácil ya que no teníamos muchos muebles en la casa de mis papás. Después de financiar y dar un anticipo, nos quedamos con algo de dinero para comprar muebles y hacer todas las modificaciones. Contratamos a varios trabajadores de construcción para que hicieran el trabajo antes de comprar los muebles. Sólo teníamos una cama, la cuna, el moisés, los platos básicos esenciales y nuestra ropa en la casa hasta que terminaron toda la remodelación. Al final, gastamos más de $60,000 con todos los cambios.

Muchos de los cambios requerían permisos del pueblo de Franklin Park, los cuales fueron difíciles de obtener. Tuvimos que luchar por un permiso para que nos permitieran construir una rampa que era necesaria para entrar a la casa. En casa de mis papás, la puerta trasera estaba nivelada, así que no tenía problemas para entrar, especialmente porque me estacionaba en el garaje. Nuestra nueva casa tenía dos pequeños escalones, que para un usuario de silla de ruedas bien podrían ser una escalera completa. El pueblo no quería que nuestra casa se viera diferente al resto de las casas. No esperaban que yo supiera lo que obliga la ley. Después de algunas molestias, finalmente se nos permitió instalar una rampa.

La ubicación no podría haber sido más ideal. Por la mañana, nos preparábamos para el trabajo y luego llamaba a mi mamá para que viniera a buscar a las niñas y se las llevaran a su casa. Las llevaba en brazos, a veces aún dormidas, a su casa. Entonces, simplemente me iba a trabajar. Mi mamá las cuidaba todo el día, a veces durante días muy largos, cuando tenía que quedarme hasta tarde para un evento de Harper. Las niñas vieron la casa de su abuelita como una extensión de su hogar. Tenían juguetes, ropa y libros en ambas residencias. Le pagaba a mamá para que las cuidara y ella compraba lo que les gustaba comer. Se alimentaban con comidas caseras que sólo mi mamá sabía hacer. Mi mamá también cuidaba a la hija de Rique, Jennifer. Las tres niñas eran inseparables aun con sus distintas personalidades.

En el trabajo, a veces me olvidaba incluso de preocuparme por ellas. Tenía la suerte de saber que estaban en manos amorosas. Continuaba trabajando con un maravilloso equipo de profesionales solidarios en Harper. Construimos una sólida reputación centrada en el estudiante porque mirábamos la vida de los estudiantes con discapacidades de manera integral. Tenía la libertad de guiar a mis colegas en el trabajo en otros proyectos y programas fuera de ADS. Por ejemplo, pude dirigir al departamento en la organización de un evento de recaudación de fondos para aprovechar el apoyo y comenzar una beca para estudiantes con discapacidades. Solicité generosas donaciones para tener camisetas, pizza y bebidas para los participantes. Colaboré con otras áreas de la universidad y realicé un evento muy exitoso que nos permitió alcanzar nuestra meta prevista.

La fundación del colegio apoyaba mucho nuestras iniciativas. Me permitieron trabajar en la obtención de otras donaciones que seguirían generando fondos para el departamento. Una amiga, Lourdes, a quien conocí a través de Life Directions, trabajaba para una empresa de decoración del hogar. Me informó que la empresa se iba mudar a otro estado y que estaban donando todos sus bienes. Escribí una carta pidiendo una donación y la empresa donó todos sus productos a Harper. Por supuesto, no tenía ni idea de en qué nos habíamos metido. No tenía idea de la cantidad de bienes que habían donado.

Como Harper no sabía dónde almacenar la mercadería, solicité que donaran una unidad de almacenamiento. Además, trabajé con amigos custodios para que ayudaran con el transporte. Llenamos una unidad de almacenamiento de 16 x 16 de suelo a techo. Estaba abrumada con la cantidad de artículos de decoración del hogar que incluían: adornos de cerámica, platos, marcos, adornos de jardín, ropa de cama y muchos otros artículos. Tuvimos muchas ventas internas de los artículos. Cuando el clima mejoró, tuvimos la primera y única venta de garaje frente al teatro del colegio. Teníamos tantas cosas que decidimos vender cada artículo al bajo precio de un dólar. Además, varios de nosotros acordamos tener ventas de garaje en nuestra propia casa. Como resultado, recaudamos más de $30,000 que usamos para iniciar la beca de exalumnos de ADS, un fondo para eventos especiales y un fondo de emergencia para estudiantes.

Criar a dos niñas pequeñas fue divertido, ¡pero difícil! El apoyo de mi mamá es lo que hizo que Isidro y yo sobreviviéramos. Eran niñas inteligentes y se ayudaban mutuamente para motivarse. Recuerdo un verano, poco antes de que Ariel cumpliera tres años, decidimos entrenarla para ir al baño sola. Ariana acababa de cumplir dos años y se unió a la diversión. Quería seguir los pasos de su hermana mayor. Aunque mi intención era sólo enseñarle a Ariel ir al baño, conseguí dos por el precio de una. En cuestión de unas cuantas semanas, las dos dominaron la tarea, lo que nos permitió deshacernos de los pañales. Nuestra vida fue mucho más fácil cuando ambas dejaron de usar pañales.

Eran niñas activas y habíamos prometido que vivirían una vida normal y plena a pesar de nuestras limitaciones. Esto significaba que queríamos que nuestras niñas experimentaran y aprendieran de todas las diversas actividades sociales. Eran visitantes frecuentes de museos para niños, centros de entretenimiento como Chuck-E-Cheese y Enchanted Castle, parques temáticos como Kiddie Land (cuando aún existía), parques acuáticos, zoológicos, piscinas, y fiestas de niños.

Por supuesto, participar en algunas de estas actividades tuvieron que esperar hasta que fueran un poco más grandes cuando los lugares no eran accesibles para sillas de ruedas y por lo tanto no podríamos vigilarlas. Ariel y Ariana aprendieron a ser muy independientes desde una edad temprana. Confiaban la una en la otra para tener compañía y nuestro estímulo para arriesgarnos a intentar nuevas actividades.

Al principio, muchas de las actividades giraban en torno a jugar en el patio e ir a parques, centros comerciales y restaurantes. Debo admitir que, para entretenerlas, probablemente hice mi parte de contaminación al ambiente. Amaban los globos. Una vez les compré un globo y cuando Ariel lo soltó, pensé que empezaría a llorar. No lloró; al contrario, saludaba al globo volador diciendo: "Adiós, globo". Ariana siempre imitó a su hermana mayor, por lo que también comenzó a despedirse de los globos. Me encantó tanto que decidí comprar un tanque de helio e inflar los globos para que pudieran soltarlos. Por supuesto, no contaba con que esto se convirtiera en una tradición familiar. Aplaudían y exigían más "adiós globos". ¡Eso no tenía precio!

Cuando nos aventuráramos al público, éramos la familia para ver. La gente no podía imaginar cómo dos papás con discapacidades podían tener no una, sino dos niñas. Las subíamos a su cochecito doble, y las empujaba yo. Me convertí en una profesional en maniobrar mi silla de ruedas con una mano mientras empujaba el cochecito doble con la otra. Queríamos estar fuera de casa y no queríamos estar aislados. Sólo nos aventuramos a lugares donde pensamos que podríamos controlar su seguridad. Desde que eran muy pequeñas, no quería que se sintieran atacadas por las miradas, así que yo les decía: "Están mirando porque realmente les gusta la carriola, o miran porque les gusta mucho mi silla de ruedas". Con esta táctica, su autoestima no se vería afectada negativamente por la reacción de los extraños que nos miraban.

Una vez, subestimamos sus rostros angelicales. Cuando estábamos en lugares públicos, Isidro y yo no las dejábamos caminar por miedo a que se fueran corriendo. Por lo general, las atábamos a sus asientos en su cochecito doble y no las dejábamos salir. Fuimos a un centro comercial cercano cuando tenían dos o tres años. Se estaban portando bien, mirando con calma a la gente que caminaba. Isidro me dijo: "Han estado calmadas. Probablemente estén cansadas de estar sentadas, así que dejémoslas caminar un poco". Le respondí: "¿Estás seguro?" Isidro ya estaba desabrochando a Ariel cuando respondió: "Sí". Primero, sacó a Ariel, que se quedó quieta mirando mientras sacaba a Ariana. Tan pronto como Ariana salió, fue como si eso fuera el permiso para que Ariel saliera corriendo. Si no lo supiera mejor pensaría que lo habían planeado todo porque poco después Ariana también se soltó corriendo. Por supuesto, para hacerlo más complicado, cada una de ellas corrieron en diferentes direcciones. Isidro había comenzado a caminar rápido detrás de Ariel mientras yo hacía a mi silla que volara a toda velocidad para intentar atrapar a Ariana.

La persecución incluyó una carrera de obstáculos. Ariana entró a la tienda de Victoria Secret y debido a que las mesas de exhibición eran altas, y ella era tan pequeña ni siquiera tuvo que agacharse para pasar por debajo de ellas y escapar de mi captura. Los demás compradores no sabían si reírse o ayudarnos. Por supuesto, Isidro estaba teniendo sus propios retos. Todo lo que escuchaba era que gritaba: "¡Ariel, Ariel ven!" Finalmente, unos extraños vinieron al rescate y nos ayudaron a atraparlas. Para entonces, estábamos sudando. Ni siquiera tuvimos tiempo para sentirnos avergonzados ya que estábamos tan ocupados tratando de recuperar nuestro control. Estábamos tan agotados después de toda la conmoción que terminamos nuestra experiencia de compras y nos fuimos a casa.

Por lo general, mis hijas no se quejaban, pero eran niñas pequeñas y normales, así que tenían episodios del terrible síndrome de los dos años. Descubrí una excelente manera de permitirles caminar sin dejar de controlar qué tan lejos se alejaban. Era un chaleco con hebillas que tenía un cinturón largo para que yo lo agarrara, como si tuvieran una correa. Aunque al principio me molestaba el concepto de sujetarlas como si fueran perritos, aprendí a amar este invento.

Isidro y yo deteníamos con el chaleco a una de las niñas mientras comprábamos lo que necesitábamos. Un día, todo había transcurrido sin problemas hasta que salimos de Kohl's y nos dirigimos a nuestro carro. No estoy segura de lo que quería hacer Ariana, pero no quería irse de la tienda. Traté de dirigirla estirando la correa ligeramente para que me siguiera. Ella no estaba de acuerdo y decidió tener su primera rabieta justo en medio de la calle. Comenzó a llorar y se tiró al suelo, llorando y gritando con todas sus fuerzas. Traté de levantarla, pero tenía miedo de que mi silla de ruedas se volcara. Isidro rápidamente metió a Ariel al miniván y vino a ayudarme mientras yo trataba de protegerla de los autos. Demostró que era una niña normal de dos años.

Fueron tan bendecidas de tener el amor cariñoso de mamá China y papá Lalo, como aprendieron a llamar a mis papás. Mi mamá las mimaba al cocinar sus comidas favoritas, e incluso comidas que probablemente no debían comer. A los tres años, les daba café como parte de su desayuno. Cuando me enteré, pensé que debería hablar con mi mamá al respecto. Le dije: "Mamá, no creo que sea una buena idea darles café por la cafeína". Ella respondió: "Oh, no te preocupes, es más leche que café. No les pasará nada". Las niñas aprendieron que las reglas en mi casa eran diferentes a las de la casa de la abuelita. No les permitía beber refrescos, pero mi mamá a veces les daba RC o Sprite hasta en sus teteras.

Hablando de biberones, estaba orgullosa porque pensé que había hecho un buen trabajo quitándoles los biberones cuando eran pequeñas. Por supuesto, las teteras fueron eliminadas en mi casa, pero no en su otra casa. Continuaron bebiendo "tetes" hasta casi la edad escolar. Decían "¡Qué rico sabe el "Nesquik" rosado!" Creo que yo también podría haberme enganchado en esa bebida llena de azúcar. Ariana no sólo amaba sus biberones, sino que no podía vivir sin sus chupetes. Ariel prefirió chupar su "garra" (el sobrenombre que le puso mi mamá a la cobijita que usaba cuando la conocí). Me estaba preocupando de las adiciones a las teteras, la garra, y los chupones por lo cual le pregunté al pediatra. Él lo minimizó y dijo: "Créame, cuando empiecen la escuela no querrán beber de un biberón o chupar un chupón o garra".

Es cierto que dos adicciones fueron probablemente culpa mía. En mi cabeza, quería que Ariel tuviera una parte de su madre biológica porque quería que ella creciera sintiéndose nutrida. Siempre le daba la cobijita y ella comenzaba a calmarse con ella. Primero, se cubría la cara con la cobijita y luego se graduó a chuparla. Yo era igualmente culpable por el amor a los chupetes de Ariana. Sabía que los amaba, así que comencé a comprar chupones para combinarlos con su ropa. Terminó con una tremenda colección tanto en nuestra casa como en la de mi mamá. Después de años de chupar chupones, no podía estar sin uno. Comencé a sentirme avergonzada de que siempre tuviera uno metido en la boca. Al menos, Ariel usaba su garra por la noche, pero Ariana siempre estaba enganchada al chupón.

Cuando Ariana tenía unos cuatro años, quería inscribirla en la escuela preescolar a la cual asistía Ariel, pero primero quería quitarle su adición a los chupones. En nuestro papel de papás, yo siempre fui la policía mala e Isidro el indulgente. Cada vez que intentaba quitarle el chupete, Isidro cedía y se lo devolvía. Isidro no había visto a su familia desde hacía años, por lo que decidimos que debía ir a Austin sólo ya que las niñas aún eran demasiado pequeñas para poder viajar como familia. Aproveché su viaje como mi oportunidad para deshacerme de los chupetes de una vez por todas.

Decidí usar su inteligencia para mi plan. Les anuncié a las dos: "Hoy vamos a hacer un proyecto de arte". Se emocionaron y esperaron a las instrucciones. Les dije: "Encuentren todos los chupones de Ariana y tráiganmelos aquí a la mesa". Ansiosas, buscaron todos los chupones. Les ayudé indicándoles dónde podría haber otros chupetes. Una vez que encontraron todos los chupetes, unos veinte, les di a cada una un par de tijeras de niños. Dije: "Está bien, vamos a cortar todos los chupetes así". Modelé cómo cortar la pieza de goma en trozos pequeños. Ariana y Ariel querían competir, por lo que rápidamente comenzaron a cortar también. No pasó mucho tiempo para que todos los chupetes estuvieran hechos pedacitos.

La siguiente parte de la manualidad fue pegar las piezas de goma en un papel y hacer arte. Sugerí que hicieran un sol o una luna con ellos. Estaban emocionadas, tratando de encontrar la mejor arte maestra. Cada una de ellas creó su obra maestra individual. Brillaban de orgullo, especialmente cuando fuimos a colgar el arte en el refrigerador. Tenían sonrisas de oreja a oreja. Después, juntas limpiamos el desorden y cenamos. Seguían mirando su diseño y diciendo: "¡Qué bonito!" Yo les decía que estaba de acuerdo y las felicitaba por el gran trabajo que habían hecho.

A la hora de acostarse, se bañaron y yo les pedí que eligieran qué libro querían como cuento para la noche. Habíamos preparado su habitación con dos camas individuales para que yo pudiera caber entre cada cama para darles una atención personalizada. Mientras leía la historia de Ariel, pude ver a Ariana inquietándose. Dije: "¿Qué pasa Ariana?" Ella dijo, "Quiero mi chupón". Dije: "No hay ninguno ya". Le recordé que no había más chupetes. Ella comenzó a disgustarse, pero le recordé los hermosos cuadros que habían hecho con sus chupones. Las levanté y las llevé a la cocina para saborear una vez más sus hermosas obras de arte. Mientras miramos las fotos, dije: "Mira, tus chupetes ahora son hermosas obras de arte". No tuvo más opción que aceptar que todos sus chupetes se habían ido y que ella había participado en su destrucción. Las puse en sus camas y apagué la luz. No escuché llorar a Ariana, así que me sentía bien de que mi plan hubiera funcionado.

Por la mañana, tan pronto como se levantó, Ariana fue a la cocina a mirar su arte. Esta vez no fue con una sonrisa sino con decepción. Ella aceptó que sus chupones se habían ido y que no se podía hacer nada al respecto. Después del desayuno salimos al patio para que jugaran. Corrían por el patio saludando a mi papá que estaba cortando el zacate. Mi papá fue a cortar uno de los arbolitos y vio una ardilla que se había quedado atascada y había muerto. La sacó mientras yo evitaba que las niñas se acercaran demasiado para mirar al animal muerto. Les expliqué que la ardilla se había ido al cielo.

Las niñas se contentaron con mi explicación y continuaron jugando. Unos minutos más tarde, Ariana corrió hacia mí emocionada anunciando: "Mami, encontré un chupón". Probablemente lo había dejado caer el día anterior. De inmediato tuve que reaccionar porque no quería volver al primer paso ahora que ella pasó la noche sin chupete. Dije: "Rápido, dámelo. Lo tengo que tirar porque la ardilla trató de comérselo y por eso se murió". Con cara de asombro, Ariana rápidamente me lo entregó y observó cómo lo tiraba a la basura. Ese fue el fin de la adicción al chupete.

Mi papá, su papá Lalo, también las mimaba. Iba a una pequeña tienda que estaba cerca de nuestra casa y les compraba helado. Mi papá tenía casi ochenta años, pero gozaba de buena salud, aparte de la neuropatía causada por su accidente cerebrovascular anterior. Llegaba con los helados y le daba a cada niña uno. Los tres se sentaban en el escalón del frente, con una niña a cada lado, mi papá comía la golosina con sus nietas. Amaban a papá Lalo, aunque Ariana, que estaba empezando a mostrar su personalidad tímida, no solía mostrar ese amor. Mi papá le rogaba que le diera un beso y ella simplemente se daba la vuelta. Por otro lado, Aricl se mostraba muy cariñosa y lo besaba a él y a todos quienes le pidieran un beso.

La vida era frenética, así que no siempre tenía el tiempo que debería tener para conversar con mi papá. Hablábamos, pero normalmente eran conversaciones de rutina. Aprendí que su mayor atributo era el agradecimiento. Un día, mi papá estaba afuera cortando su zacate. Llevé a las niñas a jugar afuera. En el frente de mi casa, teníamos un gran árbol de magnolia. Ariana, mi pequeña changuita, le encantaba treparlo. Trepaba con facilidad y subía hasta la rama más alta. Había dejado de preocuparme porque era una auténtica acróbata. Mi papá detuvo de repente la cortadora de zacate. Vino a mí y me dijo: "Dios es grande". Respondí: "Sí, lo es". Dijo: "Mira a Arianita allá arriba. ¿Puedes creer que nació de ti?" Miré hacia donde estaba Ariana y sólo esperé a que mi papá continuara. Dijo: "Lo que hubiéramos dado por que hubieras podido trepar a un árbol. Pero ahora Dios le ha dado esa habilidad a tu hija". Dije: "Sí, ella está haciendo lo que yo nunca pude hacer". De manera convincente, dijo: "Siempre debemos agradecer a Dios por las bendiciones que nos da, incluso si tenemos que esperar". Luego volvió a su cortadora de zacate. Me senté allí, ahora teniendo un aprecio aún más profundo por el milagro que Dios me dio, que ahora estaba trepada allí en ese árbol de magnolia.

Otra decisión que tomamos como papás fue tratar de criar a Ariel y Ariana completamente bilingües. Cuando eran pequeñas, Isidro y yo sólo les hablábamos en español al menos que se nos olvidara y les habláramos en inglés. También estaba contenta porque ellas sabían español por estar con mis papás. Mi mamá nunca aprendió inglés y mi papá sabía algo, pero prefería el español. Sabíamos que una vez que comenzaran la escuela, sería más difícil mantener el español. Incluso traté de inscribirlas en el programa bilingüe, pero como Isidro y yo sabíamos inglés, no las aceptaron en el programa. Esperaba que ambas niñas mantuvieran su cultura incluso después de ingresar a la escuela.

Además, cuando las niñas comenzaron a ir a la escuela, mi papá las acompañaba a la esquina y esperaba hasta que el autobús las recogiera. También, independientemente del clima, mi papá estaba ahí afuera esperando a que llegaran a casa parado como si no se hubiera movido en todo el día. Las niñas nunca me preocuparon de que no quisieran ir a la escuela. Nunca me preocupé de que perdieran el autobús o de que no encontraran a alguien esperándolas cuando llegaban a casa. Contaba con mi papá tanto como contaba con mi mamá.

Mis papás y yo no siempre estuvimos de acuerdo con lo que creíamos que era mejor para mis hijas. Por la mayor parte, confiaba plenamente en que mis papás sabían lo que estaban haciendo, así que no me preocupé porque mi mamá les diera café o refrescos a las niñas. Sin embargo, con respecto a si Ariel debiese saber sobre su adopción, yo no estaba dispuesta a cambiar de opinión. Desde el principio, Isidro y yo queríamos que ambas niñas supieran la verdad sobre su nacimiento. Siempre hablé con Ariel sobre el día que la conocí en México. No quería arriesgarme a que se enterara de su adopción por otra persona.

Mi mamá y mi papá estaban preocupados y pensaban que no debería decírselo porque podría afectar a Ariel negativamente. Les expliqué que los psicólogos recomendaban que fuéramos honestos sobre la adopción. Les expliqué que había investigado este tema y concluimos que sería mejor que Ariel supiera la verdad. Sabía que de niña no iba a entender lo que significaba, pero esperaba que se familiarizara con su historia y se sintiera segura para hacer preguntas cuando creciera. De manera similar, quería que Ariana supiera la verdad y entendiera cómo ambas eran amadas por igual por toda la familia.

Además de leer libros sobre adopción y otros tipos de temas de diversidad, quería leerles libros sobre papás con discapacidades. Busqué libros y los únicos que encontré sobre discapacidad eran muy condescendientes. Los libros para niños sobre discapacidad generalmente se referían a las personas discapacitadas como "especiales". Representaban a las personas con discapacidad como necesitadas y dependientes. No me gustaban esas representaciones ni la poca selección de libros que cubrían este tema. Quería libros donde se normalizará la discapacidad. No quería que mis hijas se sintieran menos porque sus papás tenían discapacidades.

Como hago a menudo, no sólo me quejo, sino que trato de resolver mis problemas. Debido a mi amor por la escritura, decidí escribir un libro para niños. Después de terminar "¡My Mom Rocks! Her Chair Rolls", un ex profesor de sociología de DePaul que había fundado una empresa editorial aceptó publicar mi libro. A punto de imprimir el libro, desafortunadamente, se encontró con dificultades financieras y su empresa tuvo que cerrar. De todos modos, todavía les leía el libro a las niñas porque retrataba el tipo de imagen que quería que tuvieran con respecto a los papás con discapacidades. El libro rima en inglés, pero no en español. Aquí está el comienzo del libro: (el libro traducido al español no rima).

Mi mamá se mece; su silla rueda
Mi mamá se mece; su silla rueda.
La amo tanto con toda mi alma.
No en dos pies, sino en su asiento
¡Ella es alguien a quien debes conocer!

Ambas niñas estuvieron siempre en el mismo grado, aunque siempre pedimos que estuvieran en salones diferentes. Queríamos evitar cualquier competencia ya que observamos sus diferentes fortalezas y dificultades. Ariel era una mariposa social y le encantaba hacer amigos. Ella no tenía problemas para ir hacia un niño para preguntarle: "¿Quieres ser mi amigo?" Ella también tenía un corazón de oro. Una vez en el circo, yo le había comprado una taza con forma de elefante y como estábamos sentados en la sección de discapacitados, había un niño en silla de ruedas. Ariel se acercó al niño y le dijo: "¿Quieres mi taza?" Era tan amable que a menudo la llamaba "mi Madre Teresa". Siempre estaba dispuesta a probar cosas nuevas, aunque no tuviera éxito haciéndolas. Ariel parecía tener problemas con la lectura, pero era una experta socialmente. Sabía que sus habilidades sociales la ayudarían en la vida.

Ariana, por otro lado, era introvertida desde muy pequeña. Prefería estar sola o jugar con Ariel. Era muy tímida y nunca hablaba ni siquiera con otras niñas. En casa se sentía cómoda y hablaba cómodamente, pero tan pronto como estuviéramos en un lugar público era como si alguien le tapara la boca con cinta adhesiva. Era tan brillante que a veces eso la metía en problemas. Todavía recuerdo cómo, usando pintura de uñas, puso su nombre en cada DVD que tenía. Por supuesto, lo hizo bajo la vigilancia de Isidro cuando veía deportes.

¡Ariana era terca! No importa en qué actividad la inscribiera, ella no quería participar. Era enloquecedor que durante su clase de gimnasia ella se negara a participar, pero felizmente hacia las acróbatas de gimnasia en camino a casa. Ella también siempre estaba corriendo su propia carrera. Rara vez hacía caso a la presión de sus compañeros. Si le gustaba algo, no podían cambiarle la opinión.

Una vez, cuando fuimos a comprarle zapatos nuevos, le gustó un par y, sin importar lo que le sugiriéramos, ya había tomado una decisión. El problema era que el par que ella seleccionó era del mismo pie. El empleado y yo buscamos el otro zapato por todos lados, pero no lo conseguimos. A ella no le importó. Para darle una lección, compré el par de dos zapatos derechos y pronto se dio cuenta de que no eran demasiado cómodos. Por suerte, guardé el recibo.

Ariana era demasiado inteligente para su propio bien. Una noche, después de la rutina nocturna, las acosté en sus camas, apagué la luz del cuarto, encendí la luz nocturna y cerré la puerta. A las nueve, ya estaban apagadas todas las luces y me fui a relajar en mi habitación hasta que me fuera a dormir. Casi a las diez, llamó mi mamá. Entré en pánico cuando vi en el identificador de llamadas que era mi mamá llamando. Respondí rápidamente y dije: "¿Está todo bien?" Ella dijo: "¿Perdiste algo valioso hoy?" Confundida dije: "¿Cómo qué?" Ella respondió y dijo: "Como algo que vale un millón de dólares". Todavía no tenía ni idea de qué estaba hablando. Dije: "No que yo sepa". Ella dijo: "Bueno, Ariana está aquí comiendo galletas y leche". Dije, "¿Qué? ¡La tenía en la cama!" Ella dijo: "No te preocupes, la dejo terminar y te la llevo de regreso".

Menos mal que vivíamos en un buen barrio. Yo no podía creer que hubiera caminado sola en la noche hasta la puerta del lado y que yo no me hubiera dado cuenta. Cuando llegó a casa, la regañé y le dije que no volviera a hacerlo. Sin embargo, sus salidas nocturnas no se detuvieron, incluso después de que instalamos una cadena alta. Simplemente movió el escaloncito del baño y con el palo de la escoba logró quitar la cadena. Le encantaba ir a casa de mi mamá. Seguía explicándole los peligros, pero eso no la detenía. Finalmente le dije, sólo avísame cuando quieras ir para que pueda llamar a mi mamá y decirle que te cuide. Sus visitas eran cortas y no quería pelear la batalla de que fuera a ver a su abuelita.

Ariana no era mucho mayor cuando anunció que estaba huyendo de la casa. No la dejé empezar una película porque quería que saliéramos para afuera. Ella se enojó. Agarró su maleta de princesa con ruedas y comenzó a empacarla, anunciando: "Me voy de la casa". Le dije: "Asegúrate de no olvidar nada". Con un puchero, dijo: "No se me olvidará nada". Le pregunté: "¿Tienes tu cepillo de dientes?" Ella no respondió, sino que corrió al baño. Luego metió el cepillo de dientes en la maleta y la cerró. Abrió la puerta y empezó a salir. Le dije: "¡Te voy a extrañar!" Ella continuó su camino, ¡pero luego Ariel perdió el control! Ariel comenzó a llorar diciéndome que no dejara ir a su hermana. La tranquilicé y le dije: "Vamos a decirle a mamá China que vaya a buscar a Ariana".

Mi mamá estaba afuera y se preguntaba a dónde iría Ariana con la maleta, pero asumió que Ariana estaba jugando. Casi quería reírme cuando vi a Ariana al final de la cuadra, parada allí sin moverse. Todavía no le permitíamos cruzar la calle sola. Cuando le expliqué a mi mamá lo que estaba pasando, ella dijo: "Déjame ir a buscarla". No sé qué le dijo, pero Ariana regresó con ella y olvidó por qué estaba enojada en primer lugar.

Las niñas aprendieron a ayudar con las tareas del hogar antes que otras niñas de su edad. Se convirtieron en nuestros brazos para alcanzar objetos altos. También aprendieron a ayudar en la casa. Por ejemplo, Ariana aprendió a lavar la ropa antes de empezar la escuela. Porque mi lavadora no era accesible y yo no podía alcanzar la ropa después de lavarla, Ariana entraba a la lavadora y sacaba toda la ropa. Aprendió rápidamente a ordenar por colores. Comenzó a lavar la ropa por su cuenta desde que estaba en la escuela primaria. Además, ayudaban a subir a los mostradores para alcanzar las cosas de los gabinetes. Ariana fue muy ágil desde pequeña y lograba alcanzar todo lo que necesitaba.

A veces, otros me preguntaban por qué les permitía hacer cosas que otros niños de su edad nunca harían. Una vez, estábamos de compras y quería ver un par de huaraches para las niñas, pero estaban puestos demasiado alto para mí. Le dije a Ariana que se subiera a mis brazos, luego a mi silla, para que pudiera alcanzarlos. Una de las empleadas la vio y se acercó. Ella dijo: "Señora, no debe poner en peligro a su hija de esa manera. Para eso estamos aquí". Un poco desconcertada y sin pensar, dije: "Ella es mi hija y la puedo poner en peligro si quiero". Me di cuenta de lo que dije y luego me corregí al darle una explicación. Dije, "Ariana está perfectamente bien o de lo contrario no la permitiría que se subiera en mí". La empleada se fue toda nerviosa. Como papás con discapacidades, nuestras niñas tuvieron un tipo de infancia diferente, pero sé que diferente no significa necesariamente peor. Esperaba que las habilidades que aprendieron de niñas las ayudaran más adelante en la vida.

Era difícil creer que tuvimos éxito en criarlas para ser niñas de edad escolar. Seguía recordándome a mí misma lo que había escuchado "niñas más grandes, problemas más grandes". De todas maneras, estaba contenta de entrar en esta nueva etapa de la vida. No sé si estaba demasiada ocupada para darme cuenta, pero estaba luchando mucho más físicamente. Empezaba a tener más dolores y molestias corporales. También noté que estaba perdiendo fuerza en mis brazos. Lo que solía hacer anteriormente, ahora no podía hacerlo. También estaba extremadamente cansada y no podía entender por qué. En el trabajo, estaba luchando cada vez más físicamente, pero no mentalmente. Mentalmente estaba más fuerte que nunca. Tenía muchas ideas, pero no el tiempo suficiente para implementarlas todas. Como Coordinadora de Servicios de Aprendizaje, tenía colegas que habían trabajado conmigo durante años. No quería que mi discapacidad volviera a interferir en mi vida. Sin embargo, estaba consciente de que era probable que fuera así. Pero igual, sabía que encontraría una solución para lo que fuera. Sólo recé para que junto con las lágrimas brotara también el sol.

CAPÍTULO 21

Era increíble lo rápido que estaban creciendo las niñas. Ambas eran recogidas por el autobús escolar y llevadas a la escuela. Desde el principio, fueron opuestas, pero me alegraba que se amaran y se llevaran bien como las mejores de las amigas. Ariel estaba teniendo dificultades académicas y veía como batallaba con las expectativas de la escuela. A Ariana le iba bien en todas sus clases, pero los profesores se quejaban de que no hablaba. Les decía a los maestros que ella hablaba en casa, pero, aun así, siempre expresaban una preocupación.

Quizás debido a mi profesión con los servicios para discapacitados, sospeché que Ariel podría tener una discapacidad debido a sus dificultades con la lectura, la ortografía y la escritura. La escuela prefirió darle intervenciones en lugar de evaluarla para discapacidades. Cuando tenía la intervención, parecía mejorar, pero tan pronto como se la quitaban, tenía dificultades de nuevo. Noté problemas con todo lo relacionado con el idioma. A veces la veía luchar incluso para hablar. Por ejemplo, solía decirme: "Mami, no puedo encontrar mi cosita". Le preguntaba: "¿Qué cosa?" Ella trataba de recordar el nombre de la cosa como si estuviera en la punta de la lengua, pero no salía la palabra. Ella respondía: "¿Ya sabes, la cosa?" Era frustrante para ella e igualmente difícil para mí.

Ariel nunca se quejaba y no faltaba a la escuela, aunque era obvio que era muy difícil para ella. Además, estaba ansiosa todo el tiempo.

Ella se asustaba si me perdía de vista en la tienda. Nunca podía ir a un pasillo diferente porque se ponía demasiado ansiosa. También estaba ansiosa por la noche. Desde muy niña, se aseguraba de que todas las puertas estuvieran cerradas incluso con doble cerradura. Quería que todas las ventanas estuvieran cerradas, aseguradas y con las persianas bajadas. Como nunca conocí a su madre biológica no sabía nada de ella. No sabía si esa ansiedad era hereditaria en su familia. Sus notas escolares siempre fueron de C's y a veces D's. Lo bueno era que los comentarios de las maestras siempre hablaban de su amabilidad y voluntad para ayudar a los demás.

Por otro lado, a Ariana le fue bien académicamente, pero luchaba socialmente. Parecía meterse en problemas debido a su inteligencia y su falta de voluntad para hablar. Mientras yo estaba en el trabajo, cuando Ariana estaba en el primer grado, recibí una llamada de su maestra. Quería informarme que Ariana había pasado por debajo de todos los baños y los había cerrado con llave. Según su maestra, encontró a Ariana riéndose porque las niñas tenían que ir al baño, pero no podían entrar porque las puertas estaban cerradas.

No podía creer que Ariana hubiera hecho eso porque era tímida pero no mala. Por la noche, cuando le pregunté a Ariana sobre lo que hizo en la escuela, dijo que ella no había cerrado con llave los baños. Insistía que ya estaban cerrados cuando entraron y que pasó por debajo para abrir las puertas. Sin embargo, admitió haberse reído cuando una chica seguía intentando entrar al baño, pero no podía. Le pregunté: "¿Por qué no le dijiste a tu maestra?" Ella simplemente encogió sus hombros. Le dije: "¿Te gustaría que alguien se riera si no pudieras entrar en el baño y tuvieras un accidente?" Ella dijo que no. Le dije: "Bueno, quiero que le pidas perdón a la niña. También llamaré a tu maestra para decirle lo que realmente sucedió. Mientras tanto, estás castigada en tu cuarto para que tengas tiempo de pensar en lo que pasó hoy".

Ella tuvo otro altercado con su maestra de segundo grado. Ella estaba obteniendo puras A's, pero su maestra seguía comentando que Ariana no hablaba y no respondía cuando le dirigían una pregunta.

Una vez más, su maestra llamó para quejarse del comportamiento de Ariana. Ella dijo: "Ariana tomó algunos Rice Krispie Treats (golosina hecha con cereal y bombones) del gabinete donde tengo comidas ligeras para los niños". La maestra explicó que a los estudiantes se les había dicho explícitamente que no comieran cosas del gabinete sin permiso. Una vez más, me sorprendió recibir otra queja sobre ella.

También me sorprendió porque teníamos Rice Krispie Treats en casa. Siempre los compraba para tener algo rápido que pudieran comer, pero ella rara vez los comía. Sabía que teníamos algunos en casa, así que no podía entender por qué ella tomaría uno sin permiso. Le dije a la maestra que lo discutiría con Ariana y lo manejaría apropiadamente. Llamé a mi mamá durante mi lonche y le dije que la maestra de Ariana había llamado y se había quejado de que Ariana tomara un Rice Krispie Treat. Mi mamá no estaba contenta, pero no con Ariana sino con la maestra por hacer un problema de algo tan simple. Ella dijo: "¿Qué piensa ella? Es como dejarle una botella de tequila a un alcohólico y esperar que no la beba". Le dije: "Pero hizo mal en tomar algo que no le pertenece". Ella dijo: "Los niños son inocentes. Ella es sólo una amargada".

Cuando llegué a casa, le pregunté a Ariana: "¿Qué pasó hoy en la escuela?" Ella no dijo nada." Le dije: "Bueno, tu maestra me llamó y me dijo que tomaste un Rice Krispie Treat sin permiso. ¿Es cierto?" Ella dijo: "Todos mis amigos lo hicieron". Le pregunté: "¿Por qué lo hiciste tu?" Ella dijo: "Porque mis amigos me dijeron que lo hiciera y que no fuera culichi". Le pregunté: "¿Le dijiste eso a la maestra?" Ella encogió los hombros. Pregunté de nuevo: "¿Le dijiste a tu maestra que tus amigos te dijeron que tomaras uno?" Ella dijo que no. Le dije: "Te mereces un castigo porque escuchaste a tus amigas y tomaste algo que no era tuyo". Sus ojos se abrieron de par en par y dijo: "¿Estoy castigada otra vez?" Le dije: "Mañana le llevarás una caja de Rice Krispie Treats que tú vas a comprar con tu dinero. Se la llevarás a tu maestra y te disculparás".

Mi vida era consumida con mis dos hijas de rápido crecimiento y mi trabajo. Estaba constantemente en movimiento. Empecé a sentirme más exhausta que nunca. No podía entender por qué. Los inviernos eran especialmente difíciles para mí. Había días en los que era un completo sacrificio levantarme e ir a trabajar. Sin embargo, siempre superaba mis dolores. Un invierno, durante las vacaciones, recibimos mucha nieve y me desanimé porque mis dolores empeoraron a causa de eso.

Aunque mi papá era mayor, todavía insistía en quitar la nieve de mi camino. Un día después de palear la nieve, entró y se sentó en el sofá de mi sala. Yo estaba en la cocina, pero pude verlo mientras preparaba el desayuno. Me dijo: "Acabo de limpiar tu nieve. Hoy fue pesada". Le dije: "Papá, no puedo creer que eligió traernos aquí a Chicago cuando podría haber elegido a Florida o California". Con una expresión sombría, dijo: "Has tenido mucho éxito aquí en Chicago". Respondí: "Sí, pero hubiera sido más feliz con mejor clima". Se levantó lentamente mientras yo continuaba cocinando. Él dijo: "Me voy". Dije: "Está bien, gracias por limpiarme la nieve".

Más tarde ese día, mi mamá vino a mi casa y me pregunto: "¿Qué pasó?" Con confusión pregunté: "¿Sobre qué?" Ella dijo: "Tu papá está muy dolido por lo que le dijiste". Le pregunté: "¿Qué dije?" Me contó que mi papá se había ofendido porque le dije que no debería habernos traído a Chicago. Riendo dije: "Tiene que estar bromeando. Mire el clima afuera. Odio vivir aquí". Ella dijo: "Pero tu papá se sacrificó mucho para traernos a Chicago. Deberías pedirle perdón". Obstinadamente dije: "No creo que haya sido grosera o irrespetuosa. Le estaba dando mi opinión y debería haberlo entendido". Mi mamá dijo: "Sabes que tu papá se siente orgulloso, especialmente porque tú eres tan exitosa". Le dije: "Lo sé, y siempre estaré agradecida, pero todavía no creo que hice nada malo al decirle lo que siento sobre la nieve". Ella no siguió insistiendo, se levantó y se fue, y nunca volvimos a hablar de esto.

Mi actitud era afectada por cómo me sentía. Me preguntaba si todos los dolores y molestias que sentía eran indicios de que el polio me estaba regresando. Intenté buscar información sobre el polio, pero era escasa. Sin embargo, encontré información sobre una condición llamada síndrome post poliomielítico y estaba claro que tenía todos los síntomas descritos. Hablé con mi médico de cabecera y pedí ver a un especialista, lo cual aprobó. Fui a ver al Dr. Seever, quien era una eminencia sobre el polio y quien trabajaba en Rush Hospital en Chicago. Me dio gusto ver a un médico en Chicago que fue un líder durante la epidemia de polio en la década de 1950. Era interesante aprender de todo el daño devastador que causó el polio. Me confirmó que estaba sufriendo de post poliomielitis. Dijo: "Su fatiga, sus dolores corporales y su debilidad muscular se deben al síndrome post poliomielítico.

El Dr. Seever, probablemente tenía más de 80 años, pero de inmediato ganó mi confianza. Por fin, alguien me comprendía. Me empezaba a preocupar y me decía a mí misma, "tú no eres floja". Hablar con él doctor me permitió entender que no me estaba volviendo loca, sino que los síntomas se debían al daño causado por el polio durante los cuarenta años anteriores. Además de sus conocimientos, disfruté de su humor. Me dijo que todos los supervivientes de polio que había conocido eran de personalidades de tipo A. Me reí y dije: "Pero yo no". Sarcásticamente, él respondió: "Sí, claro". Explicó la ciencia detrás de los síntomas que estaba sintiendo, lo que explicaba por qué después de cualquier actividad física, como ir de compras, lavar la ropa, o cocinar, me sentía incapaz de moverme. Me ayudó mucho hablar con alguien que comprendía por lo que estaba viviendo.

Después de ver a este médico, hice algunos cambios. El médico me dijo: "Necesita reducir sus actividades. Ya tiene todas las medallas. No tiene que demostrar su valor a nadie porque ya lo hizo". Le dije: "Pero trabajo y tengo dos hijas". Él dijo: "¿Quiere vivir de forma independiente?" Respondí: "¡Por supuesto!" Con una expresión seria dijo: "A este ritmo, usted perderá su independencia en diez años. Debe reducir lo que hace". Me preguntó si estaba recibiendo adaptaciones en el trabajo. Le dije que no necesitaba ninguno. Él dijo: "Por supuesto que sí. Necesita un horario reducido para poder descansar". Le di las gracias y le dije que me daba mucho en qué pensar y que buscaría soluciones.

Es curioso cómo había trabajado por tantos años para ayudar a los estudiantes a encontrar adaptaciones, pero nunca había pedido adaptaciones para mí. Ahora con la ley que nos protege, las cosas eran diferentes y el acceso era un derecho legal que teníamos. A lo largo de mi educación, había aprendido a adaptarme por mí misma al encontrar soluciones y abogar por mis necesidades. No es extraño entender por qué había hecho lo mismo en Harper. Decidí que quería vivir independientemente lo más que pudiera por mí, mi esposo y mis hijas, así que tenía que hacer cambios.

Pedí la acomodación para poder trabajar un día de la semana desde casa. Tom, que siempre era tan comprensivo, no tuvo ningún problema con mi solicitud. Él sabía que mi petición era razonable y que yo trabajaría mucho y no me aprovecharía. Sin embargo, sugirió que pidiera mi acomodación oficialmente y la solicitara a Recursos Humanos. En 2006, me diagnosticaron con síndrome pos poliomielítico y me dieron la acomodación de trabajar desde mi casa los miércoles.

Además de obtener la aprobación para trabajar un día desde casa, también cambié el tipo de silla de ruedas que usaba. El Dr. Seever había enfatizado que no debería presionar a mi cuerpo o de lo contrario podría rendirse y ya no querer trabajar. Siempre ignoré el dolor y sólo hice lo que tenía que hacer sin prestar atención a mi cansancio o a mis dolores. Tenía que cambiar la forma en que me movía en Harper. Decidí comenzar a usar una silla de ruedas motorizada, lo que significaba que tendría que cambiar el tipo de vehículo que condujera. Fue una difícil decisión y la había prolongado demasiado. Por alguna razón, pensaba que, si usaba una silla de ruedas eléctrica, significaba que me estaba rindiendo. No tenía idea de que la silla de ruedas eléctrica me daría más libertad de la que jamás hubiera imaginado.

El costo de una camioneta modificada fue casi el doble que el de un minivan normal. La modificaron con una rampa donde podía subir con mi silla eléctrica y transferirme al asiento del conductor, además de los controles manuales que siempre usaba. El primer miniván que compré costó $63,000. Me sorprendía el costo y aún más me sorprendía saber que no había apoyo financiero disponible. La única oferta era de General Motors, que daba a las personas con discapacidades un reembolso de $1000. Refinanciamos nuestra casa para sacar parte del capital de la propiedad para la compra. Afortunadamente, mi seguro cubrió el costo de mi silla de ruedas motorizada. Fue fabuloso conducir a lugares sin necesidad de ser empujada. Me movía rápidamente sin el daño extenuante a los músculos de mis brazos. Después de experimentar los beneficios, mis preocupaciones se desvanecieron.

Trabajar los miércoles desde casa fue de lo mejor, aunque me estresaba por querer demostrar que estaba trabajando. Siempre decía que trabajaba más duro en casa que cuando estaba en el trabajo. En casa, no había distracciones como ponerse al día con las colegas sobre la vida personal o interrupciones de personas que tenían preguntas rápidas. Prendía mi computadora portátil temprano y trabajaba sin parar en todos los proyectos en los que estaba involucrada. Durante este tiempo, también pensaba en ideas de programas para continuar apoyando a los estudiantes.

Estábamos experimentando una disminución de estudiantes que se inscribían en el programa de tutoría de pago por servicio, PASS, porque la economía de nuestro país no iba bien. Escribí una propuesta de permiso para un semestre de sabático para investigar cómo servir mejor a los estudiantes después de descubrir qué era lo que los motivaba. Mi solicitud fue aprobada, así que tomé un semestre para trabajar en este proyecto. Visité todas las escuelas secundarias del distrito de Harper e hice presentaciones a grupos de estudiantes con discapacidades. Hablé con audiencias de todos los tamaños, grupos de diez a quinientos. Mis habilidades para hablar en público mejoraron enormemente con esta experiencia.

Además, también hacía presentaciones en las iglesias de mi área. Compartía mi historia y la importancia de la fe. Un día, mientras hacía la compra, una mujer se me acercó y me dijo: "Cambiaste mi vida". No tenía ni idea de lo que estaba hablando, así que le pregunté: "¿Me conoces?" Ella dijo: "Escuché tu historia en mi iglesia". Ella continuó: "Compartiste tus experiencias con los embarazos y cómo adoptaste una niña". Dije: "Sí, fui bendecida". Ella dijo: "Gracias. Cuando te estaba escuchando, me acababa de enterar de que estaba embarazada". Me detuve en medio de la isla y escuché con atención. Luego dijo: "Estaba embarazada y estaba pensando en tener un aborto, pero después de todo lo que tu pasaste, me di cuenta de que abortar sería un error". Luego señala a una bebé en su carrito y dijo: "Ella está aquí por ti". Me quedé sin palabras y agradecí a Dios por usarme como instrumento para ayudar a esa mujer.

El sabático fue durante el otoño del semestre del 2007. No podría haber sido un mejor momento. Dios claramente siempre me está cuidando. Aunque trabajé muy duro, mi sabático me ofreció flexibilidad porque programaba las presentaciones en días que me convenían. Esto era muy beneficioso porque mi papá se cayó el 4 de julio, Día de la Independencia de Los Estados Unidos, y se rompió su cadera. Similar a como yo me había quebrado huesos tantas veces antes, se la rompió sin hacer nada peligroso. Estaba sentado en la cocina, tomando sus medicamentos cuando se le cayó una pastilla. Cuando se inclinó para recogerla, se resbaló de la silla y se rompió la cadera. Tuvo un reemplazo de cadera exitoso, pero por alguna razón, desarrolló demencia mientras estaba en el hospital. No sabemos si fue por la anestesia o por los analgésicos que estaba tomando. Después de ser dado de alta del hospital, regresó a casa, pero estaba totalmente incapacitado.

Mi sobrino Adrián, el hijo de Mon, había estudiado para ser asistente de enfermería certificado, así que aceptó ayudar con la recuperación de mi papá. Debido a que el sabático ofrecía flexibilidad, tuve tiempo de ir a visitar a mi papá frecuentemente. Me entristeció mucho cuando empezó a perder la memoria y no me reconocía. Necesitaba cuidados constantes porque intentaba levantarse con el riesgo de caerse. Salí de su casa llorando un día porque me preguntó: "¿Quién eres tú?" Le dije: "Soy yo Cuali, su hija". Él respondió: "No, no lo eres. Cuali tiene el pelo corto y tu pelo es largo". Cuando vivía con él, en su mayor parte, tenía el pelo corto. Lo había dejado crecer en los últimos años. Estaba tan triste que me fui a casa y tomé unas tijeras, como la vez que me caí cuando estaba en la universidad, y me corté el cabello. Quería que mi papá me reconociera. Yo lo amaba tanto.

Mi preocupación no era sólo por la salud de mi papá, sino también por el bienestar de mi mamá. Ella no dormía y se preocupaba por mi papá constantemente. Sabía que ella temía el final de la vida de mi papá, pero yo temía lo mismo porque él no estaba mejorando. Su cadera parecía haberse curado, pero, aun así, no podía caminar y su mente estaba más confundida que nunca. Dios mío decidió llamarlo a casa, el 15 de diciembre del 2007, treinta y seis años exactos después del día en que nos había traído a Chicago. Murió con todos alrededor de su cama, su mayor tesoro, su familia. Durante años, me venía a la mente el recuerdo de una conversación que tuvimos durante un invierno. Me sentía horrible y muy culpable por no haberme disculpado por preguntarle por qué nos trajo a Chicago. Quería que supiera lo agradecida que estaba, pero era demasiado tarde. Mi papá fue un hombre magnífico.

Celebramos su velorio, funeral y entierro poco después de su muerte. Estábamos devastados por perder a un hombre que había entregado toda su vida para mantener a su familia para que lográramos el sueño americano. Durante años guardé el pequeño recipiente de cerámica en forma de corazón con las cenizas de Cristian. Nunca encontraba el lugar apropiado para dispersar las cenizas, así que las guardé en el gabinete de curiosidades de nuestra sala. Sin discutirlo con nadie, ni siquiera con Isidro, llevé el precioso recipiente al velorio de mi papá. Cuando me acerqué y vi a mi papá, muchos pensamientos inundaron mi mente. Se veía tan digno con su traje de tres piezas que había usado para la celebración de su aniversario con mi mamá. Agarré el pequeño corazón de cerámica y lo puse entre sus manos. Silenciosamente dije una pequeña oración y dije: "Papá, cuida de tu nieto. Cristian cuida de tu abuelito". Sabía que mi hijo no podía estar en mejores manos. Esto me trajo paz durante muchos años. Ahora, se tendrían el uno al otro.

Mis niñas eran demasiado pequeñas para entender lo que pasaba. Sin embargo, reconocieron que mi mamá estaba extremadamente triste. Yo estaba preocupada porque mi mamá iba a estar sola, así que hablé con Isidro y le pregunté si estaría bien que las niñas durmieran en la casa de mi mamá por un tiempo para que ella no estuviera tan sola. Isidro estuvo de acuerdo con mi idea, pero yo también quería asegurarme de que las niñas estuvieran de acuerdo. Hablé con las niñas y les dije: "Ariel y Ariana, mamá China está sola en su casa. Papá Lalo se fue al cielo. ¿Quieren dormir allí para hacerle compañía? Ariel preguntó: "¿Tiene miedo?" Respondí: "No, pero ella está triste". Ambas dijeron: "Sí. No queremos que mamá China esté triste". Llamé a mi mamá y le pregunté si le gustaría que las niñas fueran a dormir con ella. Las recibió con los brazos abiertos. Todas las noches, después del trabajo, las recogía y las llevaba a casa para hacer la tarea. cenar, tomar baños y prepararse para ir a la cama. Una vez que estuvieran listas, corrían al lado. Al principio, pensé que esto duraría algunas semanas, pero tanto las niñas como mi mamá quisieron que fuera un arreglo permanente. Sólo esperaba no estar cometiendo un error.

Basado en toda la investigación y el trabajo que hice durante mi licencia sabática, formulé una idea para un nuevo programa para sustituir el programa PASS que comenzamos en 1993. Recomendé que los estudiantes se inscribieran en una clase específica que los preparara para la universidad y que la persona que impartiera el curso se convirtiera en el entrenador académico del estudiante. Les mostré cómo, en lugar de pagar cuotas para un programa, los estudiantes traerían dinero de matrícula. El programa Academic Coaches Empowering Students (ACES) comenzó en el otoño de 2008 y todavía existe hoy. Siempre había sido una de las profesoras que enseñaba el curso titulado Experiencia del primer año (FYE101) y cada año agregaba a los estudiantes nuevos de las clases a mi cargo de casos.

Hicimos algunas evaluaciones exhaustivas de resultados para ACES y los resultados fueron muy positivos. Los estudiantes con discapacidades que estaban en ACES tendían a tener más éxito. Las tasas de retención y el GPA fueron más altos para los estudiantes en el programa que para los que no lo estaban.

Durante años, daba una clase para estudiantes con diversas discapacidades junto con una consejera y amiga, Stacey, quien enseñaba una sección para estudiantes que estaban en el espectro del autismo. Desarrollamos el plan de estudios juntas y nos divertíamos mucho. Al principio, no sabíamos cómo resultaría. Pero después de un primer año exitoso, vimos los beneficios para ambas poblaciones. Los estudiantes en el espectro del autismo pudieron ver el comportamiento social apropiado de mis estudiantes con otras discapacidades. Los estudiantes de mi sección que tenían una variedad de discapacidades, como problemas de aprendizaje, trastorno por deficiencia de atención, ansiedad y depresión, podían ver el alto rendimiento académico de los estudiantes que, de otro modo, verían sólo como "raros". Esto resultó ser una experiencia gratificante tanto para nosotros como para los estudiantes.

Stacey y yo también viajábamos juntas a conferencias para compartir nuestra experiencia con la enseñanza de nuestras clases específicas para estudiantes con discapacidades. A menudo ella decía que aprendía mucho al ver la falta de acceso que yo sufría en las conferencias. Además, ella estaba sorprendida por la ignorancia de los demás cuando interactuaban conmigo. Por ejemplo, una profesional con un doctorado sentada en nuestra mesa en una conferencia dijo: "¿Cómo reaccionan los estudiantes cuando te ven en una silla de ruedas?" Stacey no podía creer que tuviera el valor de hacerme una pregunta tan estúpida, especialmente cuando no me conocía. Otro profesional en la conferencia me dijo: "Vi a alguien más en una silla de ruedas; Quizás ustedes dos puedan echarse una carrera". Le había advertido a Stacey que no viajara conmigo porque siempre pasaría por situaciones iguales. Lo que la sorprendía más fue que yo no me ofendía, o al menos, no lo demostraba.

Durante una de nuestras conferencias en Florida, Stacey estaba decidida a que me sentara en la playa con ella. Le dije que normalmente no podía ir a las playas porque las sillas de ruedas tienden a hundirse en la arena, lo que hace que sea imposible para mí o para otros empujar. Sin decirme nada, investigó y descubrió sillas de ruedas especiales para arena. Ella dijo: "¡Vamos a la playa! Te alquilé una limusina". Pude transferirme a la silla con ruedas infladas que no se hundían y ella me empujó hacia la arena. Me encantó el viaje, aunque hacía mucho calor. Nos sentamos y, por primera vez, fui uno más entre la multitud. Después de un par de horas, volvimos a donde había dejado mi propia silla. ¡Intenté transferirme, pero no pude! Probablemente debido al agotamiento por el calor, me sentía débil. Ella me vio luchando, así que dijo: "Déjame buscar a alguien que te ayude".

Stacey buscó a la mejor víctima para ayudarnos. Vio a un hombre afroamericano alto vestido muy bien con ropa formal de negocios. Ella le dijo: "Señor, mi amiga está batallando para poder sentarse en su silla de ruedas. ¿Te importaría ayudarnos?" El caballero respondió: "Soy un huésped del hotel. No trabajo aquí". Stacey sonrió y dijo: "Oh, sólo estaba preguntando porque te ves fuerte". El hombre se sintió avergonzado porque asumió que Stacey se lo había pedido porque era moreno y probablemente trabajaba en el hotel. Después de esa situación incómoda, se sintió obligado a ayudarme. Usé su brazo como palanca y pude transferirme.

Debbie, una colega de ADS, también viajaba conmigo a conferencias. Tenemos millones de ejemplos de las dificultades que enfrentaba debido a mi discapacidad física. Para empezar, era difícil para mí abordar un avión. Tenía que ser ayudada por el personal del aeropuerto. Me tienen que subir a una silla donde sólo cabe la mitad de mi trasero. Es como si estuvieran subiendo equipaje pesado al avión.

Además, teníamos problemas constantes con las habitaciones de hotel, que se suponía eran accesibles, pero la cama era muy alta o la regadera no tenía asiento. Incluso con esos problemas nos divertimos mucho. A veces, teniendo una bolsa de palomitas de maíz y una caja de chocolate era todo lo que necesitábamos. Sin duda nuestra risa compensaba no poder utilizar las instalaciones del hotel como la alberca por falta de acceso. Uno de los mejores viajes que tuvimos fue en Nuevo México cuando fuimos a ver el espectáculo anual de los grandísimos globos de colores. No piensen que no íbamos a las sesiones de la conferencia y que todo era pura diversión y turismo. En verdad aprendíamos.

Incluso en el campus de Harper, tuve varias experiencias en las que sufrí agresiones por parte del personal sin que el agresor se diera cuenta porque ellos frecuentemente pensaban que eran agradables y tenían buenas intenciones. Tengo muchos ejemplos, pero los que más me molestaron fueron:

- Que me digieran que tengo suerte porque no tengo que usar tacones altos e incómodos (si supieran lo que pasó cuando me probé un par).
- Que la secretaria se pusiera nerviosa y hablara por teléfono cuando llegué a una reunión y dijera: "Oh, aquí tenemos una silla de ruedas. No esperábamos una". Quería decirle, "¿qué hay de mí? ¿Qué tal la PERSONA en silla?"
- Que alguien me preguntara si podía colgar su abrigo en mi silla de ruedas. Hasta donde yo sé, no soy guarda ropas.
- Que alguien programara un evento de la facultad en el segundo piso de un edificio sin ascensor. Vaya, tal vez era mejor no tratar de ser social con mis colegas.

Estos ejemplos realmente me sucedieron. La mayoría de las veces, no me molestaban. Sin embargo, cada incidente destruía una parte de mí y me dejaba una cicatriz que a menudo no sanaba.

Aunque Stacey, Debbie y muchos otros creen que las situaciones de falta de acceso no me molestaban, estaban equivocadas. Cada vez que pasaba por una situación difícil, era como una nueva herida a mi confianza o autoestima. Con el tiempo, aprendí a seguir adelante y a no concentrarme en mis sentimientos. Sin embargo, cuando estaba sola y recordaba los incidentes dolorosos, a veces lloraba. Tal vez porque mi mamá me modeló cómo ser fuerte, pude sobrevivir y continuar. Nunca me permitía el tiempo suficiente para sacar a relucir el dolor. ¡Seguía adelante porque tenía algo más que lograr!

Ariel y Ariana estaban acostumbradas a que yo viajara y trabajara mucho. Aun así, se daban cuenta de que nuestra familia era única. Sabían que teníamos que averiguar el acceso cada vez que íbamos a un evento público. Estaban acostumbrados a que fuéramos espectadores en lugar de participantes en muchos de sus eventos. Las involucramos en todo. Participaron en gimnasia, karate, béisbol, tocar el violín, tocar el piano y servir como monaguillas, por nombrar algunos ejemplos. También les hicimos probar cosas que nunca experimentamos nosotros. Para hacerlo, siempre seguíamos la filosofía de trabajar mucho para poder jugar mucho. Siempre que dudaban en probar algo, les decía: "Por favor, háganlo porque yo nunca lo he podido hacer". Por ejemplo, Ariana no estaba segura de querer montar a caballo, pero la convencí cuando le dije: "Por favor, súbete al caballo y cuéntame cómo se siente porque yo nunca he podido subirme a un caballo".

Nos tomábamos unas vacaciones al menos una vez al año. Empezamos ir de vacaciones cuando ellas tenían dos años y hemos continuado hasta el día de hoy. Aprendieron sobre la ignorancia de las personas con respecto a las discapacidades al ver cómo otros reaccionaban hacia nosotros debido a nuestras limitaciones físicas. Hay muchos ejemplos de personas que dicen o hacen cosas ignorantes. Por ejemplo, una vez, cuando estábamos en la caja registradora después de hacer las compras, uno de los cajeros le dijo a Ariana: "¿Te molesta ayudarla? Eres muy buena por hacerlo". Ariana se sorprendió por oír una pregunta tan directa e ignorante. De camino a casa, Ariana compartió lo ignorante que era el cajero y dijo: "Mamá, fue grosero por pensar que yo te cuido. Yo te ayudo, que es diferente".

Tuvimos nuestros cinco minutos de fama cuando la cadena de televisión ABC hizo una noticia sobre nuestra familia. Una reportera que transmitió un informe semanal sobre temas de discapacidad nos entrevistó después de que la contacté para ver si podía hacer una historia positiva sobre la crianza de los hijos por padres discapacitados.

Ella organizó que su equipo de cámara viniera y tomara imágenes de nuestra casa. Entrevistó a Isidro, a las niñas y a mí sobre nuestras experiencias como familia. Hizo un trabajo maravilloso al representar a una familia estadounidense saludable que vivía un estilo de vida pleno, feliz y, sobre todo, normal.

Tanto Ariel como Ariana han aprendido de primera mano las dificultades que tenemos para encontrar un acceso adecuado, incluso con la ADA. Durante algunos de nuestros viajes, fue difícil para nosotros encontrar habitaciones accesibles. A veces teníamos que cambiar de planes porque no tenían alojamiento adecuado para nosotros. Estoy segura de que ellas desarrollaron una mayor paciencia, aunque a menudo expresaban su enojo hacia cómo eran las cosas. No me sorprendería que se convirtieran en defensoras de la accesibilidad. Están acostumbradas a leer para encontrar funciones de accesibilidad. Como les decía a menudo, "¿Ves mi foto?" Sabían que el acceso para discapacitados siempre estaba marcado con el letrero azul universal para sillas de ruedas.

Las primeras vacaciones que tomamos fueron en un lugar cercano en Lake Geneva, Wisconsin. Tom, que era dueño de una multipropiedad, nos consiguió una estancia de una semana. Fuimos valientes para viajar con niñas pequeñas, pero trajimos a una compañera, mi sobrina y ahijada, Erika, la hija de Reyna. No pudimos hacer mucho, pero al menos el cambio de escenario fue beneficioso. La actividad favorita de Ariana era jugar con las rocas del jardín justo afuera de nuestro condominio.

También hicimos un paseo en barco que podría haber terminado mal. Isidro recibió instrucciones sobre cómo operar un barco pequeño, y yo escuché cuando le advirtieron enérgicamente que no pasara de las banderas azules alrededor del lago. Estaba ocupada preparando a las niñas junto con Erika. Comenzamos nuestro recorrido y me complació la forma en que Isidro lo estaba navegando. Esto fue hasta que lo vi acercarse demasiado a las banderas azules. Le dije: "Se te dijo que no pasaras las banderas azules". Dijo: "Oh, sólo dicen eso porque no quieren que veamos esas áreas que probablemente son más hermosas".

Justo cuando terminó de responder, cruzó las banderas azules. No fuimos demasiado lejos antes de que el bote se atascara. Entró en pánico y dijo: "¿Qué hago?" Dije: "No lo sé; tú eres el que fue entrenado". Claramente preocupado, dijo: "¿No estabas escuchando? Sabes que yo me olvido de las cosas". Irritada, dije: "Te dije que no pasaras las banderas azules, pero no me hiciste caso". Comenzó a presionar cualquier botón que veía. Sudando, dijo: "¿Qué hago?" Recordé que llamé para hacer la reserva del barco, así que tenía el número en mi teléfono celular. Volví a marcar y dije: "Hola, acabamos de alquilar un barco. Somos la pareja con discapacidades. Estamos estancados y necesitamos ayuda". Preguntaron: "¿Cuál es su ubicación?" Eché un vistazo rápido y respondí: "Estamos junto a un puente enorme". Le di el marcador del lago. Dijo que esperáramos y que vendrían a ayudarnos. No es como si tuviéramos otra opción. Nos sacaron. Sabía que era inútil decirle a Isidro: "Te lo dije".

Otras dos vacaciones memorables que tomamos cuando las niñas aún eran muy pequeñas para recordar fueron las de Kings Island en Kings Island, Ohio, cerca de Cincinnati. Este parque de atracciones es un país de ensueño para los niños pequeños porque, al igual que Disney, ven personajes que están en sus programas de televisión favoritos para niños. Las niñas pudieron tomarse fotos con Dora la Exploradora, Blues Clues y SpongeBob SquarePants. Debido a que Isidro y yo no podíamos subir a las atracciones, les permitimos a ellas subir a las atracciones donde siempre pudiéramos verlas. ¡Ellas la pasaron de maravilla!

Además, hicimos un crucero a las Bahamas. Para este viaje, le pedimos a mi hermana Kika que nos acompañara por precaución. Las niñas tenían unos tres años y todos notaron lo lindas que estaban vestidas como cuatas. Algunas personas preguntaron si eran gemelas incluso cuando se veían tan diferentes. Ariana era pequeña y Ariel era mucho más grande. Siempre quisimos que nuestras hijas tuvieran los mejores recuerdos. Quizás nuestro objetivo era compensar todo lo que les faltaba por tener dos papás con discapacidades.

CAPÍTULO 22

A mi papá todavía le echábamos mucho de menos. No estábamos preparados para otra pérdida familiar que afectó a toda la familia. Ni siquiera un año después de la muerte de mi papá, la única hija de Kika, Jacky, murió en septiembre del 2008 a la edad de veintisiete años. Le diagnosticaron con lupus desde la adolescencia, pero siempre dio una buena pelea. Fue devastador para Kika y toda la familia despedirse de una joven tan hermosa y amorosa. Incluso mis hijas, que a menudo pasaban tiempo con Jackie cuando las cuidaba, sufrieron con esta pérdida. Para ayudarlas a superar su dolor, les sugerí a Ariel y Ariana que le escribieran una carta a Jacky. Las grabé mientras leían su carta. Ariana le dijo que siempre se quedaría con una camiseta de Hannah Montana que Jacky le había regalado. Hasta el día de hoy, Ariana todavía conserva la camiseta con etiquetas y todo.

También yo batallé con su muerte y me cuestionaba cómo Dios tomaba decisiones sobre quién vive y quién muere. Después de saber cómo me afectó el polio y cómo no tuve atención médica, me preguntaba por qué Dios me permitió vivir. Jackie, por otro lado, tenía la mejor atención médica, con los mejores médicos, pero nada la ayudó. Incluso pase por una forma de culpa de sobreviviente. Sabía que nuestras condiciones eran diferentes, pero aún me preguntaba por qué volví yo a la vida. Quizás esta pregunta persistente fue mi motivación para seguir presionando, como si quisiera descubrir mi propio propósito y destino.

Igualmente fue difícil saber cómo consolar a Kika. ¿Cómo consuelas a una madre afligida? Incluso hoy, Kika no ha encontrado consuelo. Mi mamá se mantuvo fuerte para tratar de ayudar a Kika, aunque ella también estaba sufriendo, especialmente después de despedirse de su esposo de cincuenta y siete años ni siquiera un año antes. Kika comenzó a aislarse y perdió su chispa de vida. Sus dos hijos, Eddie y Netito, y su esposo Ernest hacían todo lo posible para ayudarla a seguir adelante. Una forma en que toda la familia lamentó una pérdida tan grande fue participando en la caminata anual sobre el Lupus en honor a Jacky. Colectivamente recaudaron dinero y lo donaron a la Fundación Lupus para financiar más investigaciones y trabajar para encontrar un mejor tratamiento para el lupus.

No sé si las pérdidas de dos familiares y mi nuevo diagnóstico de síndrome post poliomielítico me hicieron algo. Las niñas dejaron de necesitar mi ayuda física porque estaban creciendo, así que comencé a encontrar mi propio consuelo detrás de la computadora. Después del trabajo, ¡literalmente había terminado con todo lo que yo era capaz de dar! Trabajaba tan duro que para cuando llegaba a casa, todo lo que podía hacer era levantarme de la silla y sentarme en la cama. Me escondía detrás de la computadora trabajando, escribiendo, viendo novelas en la computadora y jugando al póquer en línea. Solía encontrar un escape estableciendo relaciones con jugadores de póquer de todo el mundo. Fue un nuevo descubrimiento y comenzó a consumir mis pensamientos. Formé fantasías con las personas que conocía, sabiendo que probablemente nunca las conocería. Me quedaba despierta hasta tarde, jugando y charlando con estos amigos virtuales.

Esta nueva diversión tomó mucho tiempo, pero creía que era mi manera de evitar caer en la depresión. Mientras me acercaba a los 50, muchos pensamientos nublaron mi mente. Estaba cansada de luchar y los juegos en línea y las relaciones me servían como escape. Podía reinventarme siendo quien quisiera ser, que a menudo terminaba siendo alguien que no tenía una discapacidad. Hice amistades de Iowa, Maine, Boston, California, Carolina del Sur e incluso de Francia. No fue hasta mucho después de conocerlos que revelaba mi discapacidad. Sólo terminé conociendo a un par de esos amigos cara a cara. Por supuesto, el tiempo que pasé en las computadoras cumplió su propósito cuando lo necesitaba.

Un amigo en línea me demostró que el mundo es más pequeño de lo que pensamos y que todos estamos interconectados. No tenía idea de que una de mis colegas de la facultad, Marianne, era la hija de un amigo que conocí mientras jugaba Texas Hold'em Poker. Durante una pequeña charla, compartí que jugaba al póquer en línea como pasatiempo y diversión. Mi colega dijo: "Oh, mi papá también juega al póquer en línea". Luego dije: "Juego por fichas gratis, por lo que no se invierte dinero". Ella intervino, "También mi papá. ¿En qué sitio juegas?" Respondí: "Pokerstars". Descubrimos que su papá, Grizzly, era uno de mis amigos en línea. Ese verano, Marianne hizo los arreglos para que conociera a Grizzly cuando vino de California para ver a su familia. De hecho, vivimos en un mundo pequeño.

A pesar de este pasatiempo consumidor, seguía trabajando duro. Mis niñas estaban terminando su educación primaria. Ariel siguió batallando en la escuela, así que antes de graduarse, presioné a su escuela secundaria para que la examinara por problemas de aprendizaje. Todo el tiempo había sospechado que Ariel tenía una explicación por todas sus dificultades. Cuando finalmente la evaluaron, demostró que yo había tenido la razón desde el principio. Le diagnosticaron una discapacidad de aprendizaje en el lenguaje. Su coeficiente intelectual demostró que era inteligente, pero que su procesamiento afectaba su lectura y escritura. Cuando ingresó a la escuela secundaria, calificó para recibir servicios bajo la ley. Se le dio un plan de educación individualizada (IEP) que enumeraba sus adaptaciones.

La adolescencia es difícil para la mayoría, pero para Ariel fue el momento más turbulento de su vida. Además de tener un diagnóstico de discapacidad de aprendizaje, noté otros comportamientos preocupantes. La llevé a su médico, quien la refirió a un psicólogo que le diagnosticó ansiedad. Cumplió quince años y comenzó a ser desobediente y rebelde. Era una buena muchacha, pero se resistía a lo que sentía. Yo sabía que era difícil para ella saber que tenía discapacidades y saber que fue adoptada. Comenzaron a caer sus grados en la escuela y cuanto más la empujaban, más se resistía. Empezó a expresar sus sentimientos cuando menos lo esperábamos. Le dije: "Ariel, si te organizas más, no estarías tan apurada y ansiosa". Sin que yo lo esperara, ella dijo: "Mamá, no estoy hecha como tú y Ariana. No tengo tus genes". Entonces supe que su adopción estaba en su mente.

Ariel estaba luchando emocionalmente debido a su ansiedad diagnosticada y probablemente debido a su adopción. Las niñas todavía se quedaban con mi mamá, aunque constantemente las revisaba para asegurarme de que todavía quisieran dormir con mi mamá. Les encantaba estar ahí. Ariana incluso dormía en la misma cama con mi mamá. Ariel dormía en su propia habitación. Ariel y yo estábamos en una batalla constante. La llevé a ver a un psicólogo y, aunque él no ayudó con mi relación con ella, ella perdió mucho peso por su cuenta. Esto ayudó con sus sentimientos sobre sí misma.

Mi mamá las vigilaba de cerca, pero noté que Ariel quería más libertad. Me había negado a que tuvieran teléfonos móviles hasta que empezaron la secundaria. Ariel estaba constantemente en el teléfono. Ella era mi hija de "alta drama", que se obsesionaba con los problemas con sus amigos. Ella estaba en su primera relación y seguía rompiendo las reglas del teléfono. Yo percibía que la relación no era saludable porque ella seguía transfiriendo dinero de su trabajo de medio tiempo a su novio. Escribir era mi mejor forma de comunicarme con ella. Aquí está el primer párrafo de una carta que le envié en octubre del 2016:

27 de octubre del 2016

Una carta del corazón para mi hija Ariel -

Ariel, te amo. Puedes pensar que no te entiendo, pero lo hago. Ahora eres una mujer joven y quiero tratarte como tal. Pero necesito tu ayuda. Quiero confiar en que tomarás las decisiones correctas y que no saldrás lastimada. Quiero creer que lo que te he enseñado en la vida te importa. Quiero protegerte para que no te lastimen y no quiero que las lágrimas rueden por tu rostro. Soy estricta y sé que a veces eso puede parecer injusto o cruel, pero tengo grandes expectativas para ti. Estoy orgullosa de ti por quien eres, tu fuerza, tu personalidad directa y tu determinación. A veces, sólo quiero abrazarte y quiero que sigas mis consejos. Te he dicho una y otra vez que NADIE quiere lo mejor para ti más que yo.

Este tipo de comportamiento requería de mi atención más enfocada, así que comencé a dedicarle más tiempo y a distanciarme de la computadora. Me sentía triste porque había ayudado a tantos estudiantes, pero no podía ayudar a mi propia hija. Ella y yo no estábamos de acuerdo en casi nada. Descubrí que la mejor forma de comunicarnos era a través de mensajes de texto. Al menos en los mensajes de texto, ella compartía cómo se sentía, aunque a veces me dolía. Quería convencerla de que buscara asesoramiento, pero se negó. Todavía recuerdo una de las conversaciones más difíciles que tuvimos. Tratando de tener una relación positiva, le pregunté: "Ariel, ¿qué quieres este año para Navidad?" No estaba preparada para su respuesta cuando dijo: "Quiero conocer a mi madre biológica". No sé cómo encontré las palabras, pero dije: "Si eso es lo que quieres, puedo ver si puedo ayudarte. Recuerda, no todo depende de nosotros. Ella también tiene que quererlo". Aunque fue una conversación difícil, creo que fue la mejor. Ella aprendió que yo sería su apoyo sin importar.

El trabajo fue una buena distracción de los problemas del hogar. Las llevaba a la escuela y luego me iba a trabajar. En el trabajo, estaba desarrollando relaciones más estrechas con los estudiantes, especialmente con los estudiantes latinos. Algunos estudiantes me llamaban su mamá de Harper porque sentían que el apoyo que les daba en Harper se parecía al cuidado de una mamá. Fui premiada por esto al ganar el premio "Extra-Five Minute", que fue otorgado a un miembro de la facultad que hizo todo lo posible para apoyar a los estudiantes. Me sorprendió mucho este premio. Cuando la vicepresidenta me llamó y dijo que quería reunirse conmigo, me preocupo de que fuera sobre un problema de estudiante. En cambio, quería notificarme que los estudiantes me habían nominado para obtener este premio.

Los estudiantes siempre han tocado mi vida. Los tres estudiantes que me llamaban mamá de Harper siempre serán especiales para mí. Primero, Gaby, quien lucha con problemas de aprendizaje, conectó conmigo porque siempre la ayudé académica y personalmente. Le faltaba confianza en sí misma, pero era una estudiante muy trabajadora. A pesar de sus dificultades, completó su título de Asociado en Ciencias Aplicadas en Servicios Humanos. Además, era una ayudante estudiantil de ADS, por lo que cuando se abrió un puesto, solicitó y fue contratada. Me encantaba su éxito y sobre todo verla en la oficina todos los días que trabajaba. Independientemente de lo que pase, Gaby estará en mi vida.

Juan es mi segundo hijo de Harper. Además de tener una discapacidad de aprendizaje, también tiene una discapacidad física debido a la violencia con armas de fuego. Estaba muy enojado con la vida y no había aceptado su nueva discapacidad la cual lo había convertido en un usuario de silla de ruedas. Como resultado, continuó involucrándose con malas influencias y terminó en prisión. Durante su encarcelamiento, me mantuve en contacto con él a través de cartas, recordándole que la universidad siempre estaría lista para él después de su liberación. Después de cumplir su condena, se inscribió nuevamente en Harper y ahora se convirtió en un hombre nuevo con un profundo deseo de prosperar. Trabajó mucho en todas sus clases y se involucró con el club de estudiantes Latinos Unidos. Luego se trasladó a la Universidad de Northern Illinois, donde actualmente está cursando su licenciatura en negocios. Juan es especial para mí y es alguien que me ayudó tanto como espero haberlo ayudado a él. Demostró que el éxito pertenece a cualquiera que lo desee. Sé que cualquier persona puede hacer que sucedan milagros. Y es por eso por lo que fuimos entrevistados para las noticias por Ligia Granados.

Mi tercera y más joven hija de Harper es Daisy. Daisy es simplemente hermosa por dentro y por fuera. Tiene un trastorno de ansiedad diagnosticado y proviene de una familia de bajos ingresos. Es muy inteligente e incluso con luchas que nadie de su edad debería tener, siempre persevera. Ella ayuda a mantener a su familia y lo hace de manera desinteresada. Ella es una de las personas más generosas y buenas que conozco. Ella siempre mostró su profundo aprecio con expresiones de amor sencillas pero significativas. Todavía tengo todas sus tarjetas y regalos que sé que escribió y compró con todo su corazón. Daisy también es una firme creyente en Jesús y sabe que Él y sólo Él puede ayudarnos en nuestros tiempos difíciles. Incluso con todas sus responsabilidades, ha participado en numerosos viajes misioneros. La admiro por quien es. Yo haría cualquier cosa para apoyarla.

Estos tres estudiantes son sólo algunos ejemplos de los muchos estudiantes que conocí durante mi trabajo en Harper. Muchos han seguido adelante, con suerte para continuar con una vida exitosa. Me mantengo en contacto con algunos a través de las redes sociales, las tarjetas navideñas y el correo electrónico. Otros, como mis tres hijos de Harper, siempre serán especiales para mí. Probablemente me ayudaron más de lo que yo les ayudé a ellos. Son mis constantes recordatorios de por qué Dios quizás me dio otra oportunidad y por qué me desperté de mi coma cuando me dio el polio. Son hermosos jardines de rosas que surgieron de mis muchos años de sufrimiento y lágrimas.

Mi discapacidad nunca me impidió vivir la vida al máximo o ayudar a mis propias hijas a vivir muchas experiencias. Una vez que crecieron, comenzamos a ir de vacaciones a otros lugares. La mayoría de las veces hacíamos viajes por carretera para tener un transporte accesible y confiable. Manejamos hasta Miami, Florida, Canadá y South Padre Island, Texas. Hemos estado en Disney en Orlando, Florida tres veces, una cuando tenían once años, otra vez a los trece y finalmente cuando eran adultas mayores de dieciocho. En lugar de una quinceañera, que es una celebración mexicana a los quince, fuimos a Hawaii. Hicimos otro crucero a Belice y Honduras como regalo de graduación de la escuela secundaria. Hemos formado recuerdos duraderos. Quizás debido a mi infancia y nunca haber ido de vacaciones, le he dado una alta prioridad a nuestra necesidad de darles la mejor niñez posible.

Para tener el privilegio de poder viajar, me esforcé constantemente por servir a los estudiantes de la mejor manera posible. Como profesora titular, vi que era mi responsabilidad de poner siempre a los estudiantes en primer lugar. Dediqué mi carrera a ser la voz de los estudiantes marginados que no tenían voz, que incluye a los estudiantes con discapacidades y al gran creciente número de estudiantes latinos. El presidente de la universidad me escogió para formar parte de un grupo de trabajo para discutir temas de diversidad e inclusión en el campus. Para mí fue importante esforzarme por hacer de Harper una universidad mejor y más acogedora para estudiantes diversos. Además, tuve la oportunidad de trabajar de cerca con una de mis amigas favoritas, Juanita.

En el 2017, estaba observando una nueva necesidad en el campus porque ahora se estaban inscribiendo estudiantes con discapacidades más complejas. A medida que trabajaba más de cerca con los profesores, reconocí que los miembros del profesorado estaban batallando por saber cómo servir mejor a los estudiantes con discapacidades. Decidí solicitar otro semestre sabático. El enfoque era crear material para ayudar a los profesores a saber cómo mejor instruir y apoyar a los estudiantes. Mi solicitud fue aprobada, así que pasé el semestre investigando el tema, contactando a estudiantes anteriores y escribiendo.

Durante las vacaciones de primavera de mi semestre sabático, nos fuimos de vacaciones a South Padre Island, Texas que está cerca de la frontera de México. Queríamos intentar hacer arreglos para que Ariel pudiera conocer a su madre biológica. Desafortunadamente, la amiga de Kika dijo que no pudo dar con el paradero de la madre biológica de Ariel. Me preocupaba que esto fuera devastador para Ariel. Después de enterarme de la noticia, hablé con Ariel y le dije: "Ariel, no podrás conocer a tu madre biológica". Ariel preguntó: "¿Por qué?" Le dije: "No la pudieron localizar. Por favor, recuerda que esto no se trata de

ti; se trata de que ella no está". Le expliqué que no sabíamos las circunstancias bajo las cuales fue dada por adopción y estresé el hecho
que su madre biológica tendría sus razones. Luego dije: "Si quieres,
todavía podemos ir a México para que puedas ver dónde naciste".
Ella pensó por un segundo y respondió, "No, está bien." Ella no dio
una razón, pero pensé que era porque la inmigración era un tema
controversial en ese tiempo y probablemente le daba ansiedad de
pensar en cruzar la frontera.

Cuando el clima empezaba a mejorar, me sentaba afuera para
escribir mi proyecto. Me encantaba observar a mi mamá y lo duro
que trabajaba en el jardín. Me di cuenta de que en un abrir y cerrar
de ojos había envejecido. Estaba tomando más medicamentos para
la presión arterial y sus pasos al caminar parecían más dificultosos.
Muchos me comentaban que después de la muerte de mi papá, mi
mamá sólo siguió viviendo porque tuvo a mis hijas a quien cuidar.
Incluso con su envejecimiento, ponía a todos los demás primero. Si
necesitaba ayuda con algo, ella sería la primera persona con la que
podría contar. Si uno de mis gatos se salía corriendo, la llamaba para
que viniera a meter los gatos. Incluso a su edad, el invierno anterior
cuando mi camioneta se atascó en el callejón, la llamé. Me sentía
culpable por llamarla porque antes de que me diera cuenta, salió con
una escoba y una calabaza plástica de Halloween llena de sal para
ayudarme. Mientras la miraba me sentía muy honrada de ser su hija.
Incluso pensé, espero en mi futuro ser al menos el diez por ciento de
la mujer que es ella.

Expresar mi amor por ella con palabras no fue algo que practiqué.
Sin embargo, espero haberle mostrado cuánto la amaba. Le pagaba
semanalmente por el cuidado de mis hijas, pero seguí pagándole incluso después de que crecieron. Se sentía mal y, a menudo, intentaba
devolverme el dinero, pero yo le decía: "Este es el pago de su pensión de su jubilación". Sin embargo, ella intentaba seguir ganando el
dinero que le daba. Mi mamá tenía la llave de mi casa y, a menudo,
notaba que había sacado mi basura. También compraba todas las

cosas de jardinería que necesitaba y dejaba mi jardín tan precioso. Nunca podré pagarle todo lo que hizo por mí.

El resultado de mi licencia sabática fue la creación de material que luego usé para el desarrollo de un curso para profesores donde ofrecía consejos y sugerencias sobre cómo acomodar y apoyar a los estudiantes con diez de las más comunes discapacidades. Enseñé el curso por primera vez en el otoño de 2018, dándome la oportunidad de conocer a los profesores en una capacidad diferente. La clase se llenó y los miembros de la facultad estaban completamente comprometidos. Desarrollé buenas amistades cercanas con varios miembros de la facultad, incluso una se convirtió en una amiga que bromeando le decía que tenía el corazón latino. Kathleen, miembro de la facultad de inglés como segunda lengua, habla español con fluidez y tiene un corazón de oro. Cuanto más la conocía, más me sentía bendecida de tenerla como amiga. Y luego está Anne, con quien trabajé durante tantos años desde que era consejera, pero a quien realmente llegué a conocer gracias a la clase que di. Ella me brindó apoyo durante los momentos más difíciles de mi carrera.

Las amistades positivas también resultaron de mi participación en Diverse Relationships Engaged in Affirming Multiculturalism (DREAM). La asociación DREAM tenía como objetivo apoyar a los profesores y al personal de color mientras trabajábamos en Harper. Verónica, que ahora es una de mis queridas amigas, fue la presidenta de DREAM a quien conocí después de que regresó de una ausencia médica. Admiraba a Verónica porque incluso a pesar de sus problemas de salud, siempre se mantuvo positiva. Gerardo, un nuevo miembro de la facultad del departamento de español, a quien asesoré a través de DREAM, se convirtió en uno de mis amigos más queridos en poco tiempo. Me sentí muy cómoda con él desde el momento en que lo conocí. Su sentido del humor iluminaba muchos de mis días.

Mi departamento ADS había experimentado muchos cambios, pero las amistades fuera de la oficina mantuvieron mi energía y dedicación para hacer de Harper una universidad acogedora. Disfrutaba colaborar con ellos a través de DREAM y una comunidad de práctica que Kathleen y yo comenzamos para ayudar a los profesores a desarrollar relaciones con sus estudiantes. Se convirtieron en mi red de apoyo, al igual que Juanita, no sólo en lo profesional sino personalmente. Siempre nos reímos mucho y nos sentíamos cómodos siendo nosotros mismos. Sé que no les importaba mi discapacidad. Se burlaban de mí porque era demasiado ambiciosa y siempre hacía las cosas en la mitad del tiempo que les decía que lo haría.

Alrededor de este tiempo, comencé a contemplar la jubilación. Debido a mi síndrome pos poliomielítico, sentía un cansancio extremo. También me diagnosticaron diabetes tipo II entre otras condiciones de salud. Cumplir cincuenta años no me sentó bien. ¡El envejecimiento y la discapacidad no se llevan bien! Tenía ganas de trabajar en otros proyectos sin el compromiso de tener que ir a trabajar todos los días. Además, sentía que Dios me estaba enviando mensajes haciéndome saber que mi tiempo en Harper había terminado. Sabía que tenía que encontrar el mejor momento para mi retiro, pero esperaba que llegara pronto porque estaba luchando por mantener mi motivación.

En 2018 ocurrieron varios eventos que cambiaron mi vida y que empeoraron las cosas para mí. Primero, debido al deseo de Ariel de crecer rápido, poco después de cumplir los dieciocho, decidió mudarse con un novio al que sólo conocía de unos meses. Estábamos peleando para que ella mantuviera las reglas que teníamos en nuestro hogar y ella quería más libertad. En enero del 2018, se mudó. Yo estaba desolada, preguntándome en qué había fallado. Le recordé a Ariel que mi casa siempre sería de ella. Le dije: "Siempre apoyaré tu salud y tu educación. Estamos aquí cuando nos necesites". No pude hacer nada para evitar que tomara esta decisión. Sabía que no era la vida que quería para ella. Sólo esperaba que encontrara la felicidad y se recuperara. Esto cambió nuestras vidas. De repente, nos convertimos en una familia de tres.

Ariana estaba siguiendo lo que imaginé que era mejor para mis hijas. Se concentró en sus estudios en la escuela secundaria y se graduó entre el cinco por ciento superior de su clase de graduación. Decidió asistir a Harper para aprovechar el beneficio de matrícula gratuita que tenía como beneficio de mi empleo. Su objetivo profesional era estudiar medicina. Sin embargo, reconoció que era introvertida y, por lo tanto, probablemente no disfrutaría interactuar con los pacientes. Concluyó que ser una patóloga sería interesante para ella. Ingresó con un montón de créditos y estaba muy avanzada, lo que le permitió que trabajara en el campus mientras mantenía una carga de cursos manejable. Fue contratada por la Oficina de Admisiones como asistente estudiantil. Yo sabía que estaba en buenas manos porque mi mejor amiga en Harper, Juanita, la vigilaría.

La razón más importante por la que el 2018 fue probablemente uno de los peores años de mi vida fue porque el 19 de abril del 2018 mi mamá dejó esta tierra para unirse con mi papá en el cielo. Su salud empeoró después del verano del 2017. Todavía tuvo un verano completo de jardinería, pero alrededor de su cumpleaños en agosto comenzó a experimentar palpitaciones del corazón. Los médicos recomendaron un marcapasos y ella se sometió al procedimiento. Sin embargo, los médicos no contaban con que el marcapasos causara otros problemas cardíacos. Su sangre ahora fluía demasiado rápido hacia el corazón. Necesitaba cuidados constantes porque no podía caminar de forma independiente debido a sus problemas de salud. Nuestra familia se unió para determinar el mejor plan de atención para ella.

Cada uno de mis hermanos decidió tomarse un día por semana para cuidarla. Yo era responsable de hacer los horarios y resolver cualquier problema de apoyo financiero. Al principio, mis hermanos no se quedaban a dormir y Ariel y Ariana continuaban durmiendo con ella como de costumbre. Sin embargo, cuando su salud comenzó a deteriorarse, cada hermano o hermana se tomaban una noche para quedarse con ella. Fue tan difícil ver a mi mamá de esta manera. Ella había sido la que siempre se preocupaba por nosotros, pero ahora dependía de los demás.

Tuvimos una última Navidad con ella en el 2017. Según nuestra tradición, llenamos su casa con el legado que dejaron mis papás, una gran familia amorosa. Nos tomamos nuestras últimas fotos con ella. Primero, todos mis hermanos y yo la rodeamos mientras ella se sentaba en el medio. En segundo lugar, se tomó una foto con sus yernos y nueras, nuestras parejas que habían llegado a quererla y respetarla. Tercero, se tomó una foto con sus nietos y otra con sus bisnietos. En el momento de su muerte, tenía veintitrés nietos y veintidós bisnietos con dos más en camino.

Durante los primeros meses del año nuevo, mi nivel de estrés era incontrolable. Estaba lidiando con el estrés de la mudanza de Ariel, el estrés de mi trabajo habitual y la deterioración de la salud de mi mamá. Es interesante que nuestra mente a veces nos protege cuando más lo necesitamos. Durante la primera semana de abril, ingresé en el hospital con una condición muy aterradora. Era un día para trabajar desde casa, así que llevé a Ariana a la escuela, tomé un café y volví a casa para trabajar. No estoy segura de lo que sucedió, o cuándo sucedió, pero todo el día fue borroso.

Recogí a Ariana de la escuela y le dije: "¿Cómo llegué aquí?" No estaba bromeando. No tenía idea de lo que estaba haciendo. Incluso conduje de regreso a casa sin darme cuenta de lo que estaba haciendo. Se hizo evidente que algo andaba mal cuando borré por completo todo lo que estaba guardado en mi memoria a corto plazo. Ariana trató de evaluar lo que había sucedido y me decía: "Mamá, ¿te caíste?" Mientras revisaba mi cabeza para ver si tenía algún golpe respondí: "No lo creo. Pero espera, mi cabello está mojado. ¿Me bañé?" Ariana pensó que, si me hubiera caído, todavía estaría en el suelo porque no hubiera podido levantarme. Ariana estaba tan preocupada que llamó a Isidro y le dijo: "Algo anda mal con mamá. Ella no recuerda nada". Isidro llegó a casa de inmediato y verificó que no hablaba de manera coherente. Me llevaron a la sala de emergencias de Loyola por temor a que haya sufrido un derrame cerebral. Fui admitida al hospital y me hicieron muchas pruebas. Llegaron a la conclusión de que tenía una enfermedad poco común llamada "Amnesia global transitoria". Explicaron que mi cerebro se había apagado temporalmente causando que mi memoria de corto plazo se borrara.

Afortunadamente, con esta condición, el cerebro se vuelve a conectar después de varias horas y vuelve a la normalidad. Partes de ese día siguen siendo un misterio. Pude rastrear algunas de las cosas que hice mirando pistas de mi correo electrónico y revisando las llamadas de mi teléfono celular. Aparentemente, sí trabajé porque vi que creé un PowerPoint para una presentación. Había hecho varias llamadas a California, pero después de analizar los números, era obvio que pensaba que estaba en el trabajo porque todas las llamadas comenzaban con un ocho, el número que marcamos cuando estamos en la oficina. Mi mente me dio unas vacaciones de dieciocho horas.

Lamentablemente, incluso con esa amnesia temporal, volví a la realidad y a lo inevitable. Decirle adiós a la persona más importante de mi vida fue insoportable. La visitaba todas las noches e incluso con su mala salud, ella siempre se preocupaba por mí. En el invierno, mis pies se enfrían mucho, así que cuando la visitaba, me pedía mis pies para calentarlos con sus manos amorosas. Tuvimos muchas conversaciones significativas cuando iba a verla. En una de nuestras conversaciones ella dijo: "Me quedé sin extensiones", refiriéndose a la conversación que tuvimos cuando nació Ariana. Ella dijo: "Tus niñas ahora son mayores y ya no me necesitan". Respondí rápidamente: "Mamá, todos la necesitamos". Ella simplemente sonrió y dijo: "Mi trabajo está completado".

Entonces mi mamá le pidió a mi hermana que le consiguiera una cajita que siempre usaba para guardar documentos valiosos. Mi hermana y yo no teníamos idea de lo que quería. Buscó en la caja y sacó un trozo de papel gastado. Era obvio que el documento doblado se había leído muchas veces y luego se había vuelto a doblar. Me lo entregó y dijo: "Lee esto". Abrí la carta con cuidado, no quería romperla, e inmediatamente reconocí la letra de Isidro. Leí la carta y la fecha era antes de que Isidro y yo nos habíamos casado. Me sorprendió saber que Isidro le había escrito una carta a mi mamá antes de nuestro matrimonio. En la carta le prometía a mi mamá que me amaba y que siempre me protegería. Lloré y dije: "No tenía idea de que le había escrito esto. Nunca me lo dijo". Ella dijo, "Esta carta es lo que me ayudó a sobrevivir cuando te mudaste a Texas". Era evidente que había leído la carta muchas veces y que la apreciaba. Cuando me dijo que podía quedármela, no sabía que se estaba despidiendo.

Otra conversación que tuve con ella fue sobre Isidro. Ella dijo: "Estoy tan feliz de que hayas encontrado la pareja perfecta para tu vida". Dije: "Sí, es un buen hombre". Ella dijo: "Cuando sea el momento de irme, estaré lista porque no me preocuparé por ti". Le dije: "Mamá, todavía la necesito y siempre será así". Ella dijo: "Estarás bien sin mí". No quería ni pensar en la idea de que algún día ella se iría. Sin embargo, entendí lo que estaba diciendo. Aunque tengo una familia amorosa, cada uno de mis hermanos y hermanas tenían su propia familia y no podrían ayudarme como lo había hecho mi mamá durante tantos años. Ahora tenía mi propia familia y mi mamá reconoció que serían el mejor apoyo para mí.

Mi mamá era muy lúcida y sabia incluso con su salud debilitada. Ella todavía estaba consciente de todo. Fue doloroso para ella enterarse de que Ariel se había mudado con su novio. Durante una de mis visitas me dijo: "Asegúrate de ayudar a Ariel". Le dije: "Mamá, fue su decisión mudarse". Ella dijo: "Lo sé. Pero eres su mamá y si no la ayudas, ¿quién lo hará?" Le pregunté: "¿Cómo puedo ayudarla si ya no vive aquí?" Ella dijo: "Dale el coche y ayúdala con todo lo que necesite". Cuando Ariel se mudó, le dije que tenía que dejar el auto que le habíamos comprado. También le dije que no la ayudaría económicamente excepto con su salud y educación. El amor de mi mamá por su familia superó cualquier límite y ella me ayudó a darme cuenta de que siempre apoyaría a mis hijas, independientemente de cualquier error que cometieran.

Probablemente la conversación más significativa que tuve con mi mamá durante las últimas semanas de su vida fue cuando dijo: "Finalmente sé la respuesta". Tomando su mano, le pregunté: "¿Respuesta sobre qué?" Ella dijo: "Desde que naciste, busqué una respuesta de por qué te dio polio". Inmediatamente recordé que a menudo discutíamos las razones por las que pensábamos que Dios me había elegido para tener una discapacidad. De hecho, en varias ocasiones quiso culparse a sí misma, pero yo siempre le decía que se detuviera. Le pregunté: "¿Por qué cree que me dio polio?" Ella dijo: "Para que ayudaras a tantos estudiantes con discapacidades. Tenías que trabajar con ellos para inspirarlos". Esta fue la mejor explicación que recibí en toda mi vida. Mi destino había sido atravesar los muchos valles de lágrimas para sentirme humilde y ser el apoyo de otras personas con discapacidades. Quería decirle cuánto la amaba, pero como de costumbre, las palabras no salieron. Sólo la abracé.

Dos semanas después, mi mamá fue internada en hospicio, pero en su propia casa. Fue una decisión difícil para nuestra familia porque sabíamos que esto significaba que no había esperanza para ella, y el objetivo era simplemente mantenerla cómoda. Todos los días, una enfermera venía a tomar sus signos vitales. Apenas estaba comiendo, pero todavía estaba muy consciente. Estaba programada para que yo fuera a una conferencia; contemplé cancelar mi viaje, pero todos, incluida la enfermera, me dijeron que ella podría estar de la misma manera durante semanas. Fue difícil para mí decidirme, pero me sentía obligada porque la universidad ya había pagado mi pasaje aéreo y la tarifa de inscripción. Además, mi mamá estaba estable o al menos eso pensé.

Juanita y yo fuimos a Los Ángeles. Tan pronto como llegué al hotel, llamé a mi mamá. No sabía que estaría teniendo mi última conversación con ella. Dije: "Hola mamá. ¿Cómo está?" Ella dijo: "Estoy bien. ¿Comiste?" Dije: "Sí mamá. Estoy en Los Ángeles, pero regresaré en tres días. ¿Qué quiere que le lleve?" Ella dijo: "Cigarros". Confundida, dije: "¿Por qué cigarros cuando usted no fuma?" Mi mamá nunca había fumado en toda su vida. Ella respondió: "Tienes razón. Nunca he sido buena ni siquiera para eso". En múltiples ocasiones siempre se sintió inferior porque no había hecho muchas de las cosas que habían hecho otras mujeres. Fue tan humilde por no reconocer que había sido la mejor hija, esposa, mamá, suegra, abuela, tía y ser humano.

Después de la llamada me quedé inquieta. Llamé a Isidro que trabajaba desde la casa. Él había regresado a la escuela en Harper y había recibido un certificado en Asistente de oficina médica, por lo que dejó el mundo empresarial y comenzó a trabajar para una compañía de seguros médicos. Le dije: "Acabo de hablar con mamá. Por favor, ve a visitarla todos los días. No estoy en paz". Me dijo: "Estaba planeando hacer eso de todos modos. No te preocupes". Colgué el teléfono, pero algo me dijo que no debería estar en California. Aunque estaba físicamente en la conferencia, mi mente y mi corazón estaban con mi mamá.

La salud de mi mamá empeoró. Recibí una llamada de su enfermera porque yo me puse como contacto cuando hice los arreglos para el hospicio. Me dijo que ahora mi mamá no respondía y que sólo la estaban poniendo cómoda. No había forma de que pudiera continuar en la conferencia. Le dije a Juanita que tenía que irme inmediatamente pero que ella podía quedarse. Ella dijo: "No me quedaré. Me iré contigo". Pagamos una tarifa adicional para cambiar nuestros vuelos y le prometí a Juanita que se lo devolvería. Ella dijo: "De ninguna manera. Me voy porque quiero y me preocupo por ti". En el aeropuerto hablé con Isidro, quien me llamó y me dijo: "Cuali, tu mamá te está esperando. ¿Vuelves?" Respondí: "Sí. Estoy en el aeropuerto y llegaré a las siete de la noche." Él dijo: "¡Bien! Avísame cuando llegues para que pueda recogerte".

Ningún vuelo había sido tan largo, ni siquiera el vuelo a Hawaii. Estaba desesperada por llegar a casa. Me sentía fatal por haberla dejado. Juanita era como una hermana, ayudándome y preparándome para el peor día de mi vida. Trató de calmarme y consolarme, pero yo era un desastre total. Cuando llegué al aeropuerto, llamé a Isidro para que viniera a buscarme. Me despedí de Juanita y le agradecí. Pude ver su preocupación por mí porque estaba consciente de lo que estaba a punto de pasar. En el minivan Isidro me puso al día sobre mi mamá. Dijo: "Toda la familia está allí. Todos piensan que ella sólo te está esperando". A estas alturas, dejé que se abrieran la fuente de lágrimas y comencé a llorar.

Fui inmediatamente a la casa de mi mamá y rápidamente me dirigí a su habitación sin saludar a nadie. Lloré y le pregunté a mi mamá: "¿Qué pasó? La dejé bien". Agarré su mano y comencé a acariciarla. Estaba rodeada de familiares. Llorando le dije: "La amo mamá. Si necesita irse, está bien. ¡Estaré bien!" Mi sobrina, Vanessa, le humedeció los labios secos con un trozo de algodón empapado. Respiraba con dificultad. Esperaba que me estuviera escuchando. Repetí: "Mamá, está bien si se va con papá. Voy a estar bien". Vanessa, usando su teléfono, puso la canción "Somewhere Over The Rainbow" (En algún lugar sobre el arco iris), mientras yo continuaba hablando con ella. Pensaba: ¿Por qué no le decía a menudo cuánto la amaba? Me quedé allí un par de horas, cada minuto me dolía más que el anterior. No podía soportar no ver sus hermosos y amorosos ojos cafés. Mi hermana Tere iba a pasar la noche con ella. Insistió en que nos fuéramos todos a casa y que nos avisaría si había algún cambio. Aunque estaba extremadamente cansada, me fui sólo porque vivía justo al lado y podía apresurarme si fuera necesario.

Probablemente dormí un par de horas porque sabía que vendrían días difíciles. Me levanté muy temprano para ir a verla, pero cuando estaba en el baño lavándome los dientes, vino mi sobrino Ángel a decirme que mi mamá había muerto. Con la boca llena de pasta de dientes, lloré descontroladamente. Rápidamente me enjuagué la boca y me fui de prisa a verla. Se veía tan tranquila y no podía creer que su alma ya no estaba en su cuerpo. Después de la muerte de mi papá, mi mamá había dispuesto que la enterraran junto a él. Mis hermanos mayores se encargaron de los arreglos, sus nietos crearon un video con muchas fotografías, y yo escribí su obituario. Fue algo muy difícil de escribir porque en pocas palabras tuve que describir todo lo que mi mamá significaba para nosotros. Este es el obituario que se publicó, pero no capta todo lo que mi mamá significaba para nosotros:

> ¡El trabajo de Virginia Herrera en la tierra está completo! Fue llamada a la paz eterna el 19 de abril del 2018. Era un ser humano extraordinario, una devota hija de la difunta Petra y Consolación Díaz, una amorosa esposa del difunto Eulalio

Herrera, madre de Bella (Baltazar) Corral, Angelita (Humberto) Olivarez, Tere (Ismael) Navar, Kika (Ernesto) Silva, Mon (Edilia) Herrera, Reyna (Lencho) Duarte, Lalo (Irene) Herrera, Cuali (Isidro) Herrera y Rique (Betty) Herrera, y abuela de 23 nietos, bisabuela de 22 con 2 en camino. Hermana de 5 hermanos y tía de muchos. Virginia era una sirvienta por naturaleza, cuidando de su familia, su mayor tesoro. Cuidaba su jardín lleno de flores con la misma devoción y amor que atendía a las necesidades de todos los que encontraba. Ella nunca será olvidada. Familiares y amigos deben reunirse para la Visitación el viernes 20 de abril del 2018 de 3:00 pm a 9:00 pm en Russo's Hillside Chapels, 4500 Roosevelt Road, Hillside, Illinois 60162 (Ubicado entre Mannheim y Wolf Road). Funeral el sábado 21 de abril del 2018 desde Russo's Hillside Chapels a las 8:30 a.m. y luego al Santuario de Nuestra Señora en la Iglesia Católica St. Charles Borromeo, 1637 N 37th Avenue, Melrose Park, Illinois 60160. Misa de entierro cristiano celebrada puntualmente a las 10:00 am Sepelio en Mount Emblem Cemetery en 520 E Grand Avenue, Elmhurst, Illinois, 60126.

La parte más difícil del proceso de despedida fue su entierro. El velorio estuvo colmado de gente que acudió a despedirse a una mujer que los había tocado de una forma u otra. Creo que nunca había visto a tanta gente. Pasé por el velorio y el funeral agobiada y fuera de sí. Era como si estuviera viviendo una horrible pesadilla. El Padre Luis, mi amigo de DePaul que celebró el 50 aniversario de bodas de mis papás, ahora oficiaba el funeral de mi mamá dieciocho años después. Cuando terminó la misa, la procesión al cementerio duró varios kilómetros. Pedimos incluir un paseo por el frente de su pequeña casa en Franklin Park que había recibido a tanta gente. La procesión fue detenida por un tren que normalmente interrumpía el tráfico en Franklin Park. Cualquiera hubiera pensado que había muerto una celebridad. Sin embargo, era sólo mi mamá, una mujer sencilla y humilde que dignó el mundo con su existencia.

El entierro fue más difícil de lo que había previsto. Es como si finalmente me hubiera despertado dándome cuenta de lo que realmente estaba sucediendo. Tan pronto como me bajé del miniván y vi a la multitud rodeando el ataúd, no pude contenerme de dolor grité: "¡Por favor, no la pongan allí!" No podía respirar y, literalmente, me quería levantar para evitar que los hombres enterraran lentamente el ataúd donde mi preciosa mamá ya descansaba en paz. Estaba tan hermosa con su vestido dorado que se había puesto por última vez para celebrar los cincuenta años de felicidad con mi papá. Era como si todas las lágrimas y tanto sufrimiento hubieran lavado sus arrugas haciéndola lucir angelical. Finalmente me di cuenta de que esto era todo. Ya no la volvería a ver. Ya no podría ser totalmente yo y había perdido a la mujer que más me apoyaba y entendía en la vida. ¿Cómo viviría sin ella? Ella había sido el viento bajo mis alas. Todo lo que era se lo debía a ella.

Según nuestra cultura y costumbres católicas, celebramos una novena en su nombre. Durante nueve días después de su entierro, nos reunimos todos en su casa. Pusimos un altar con las muchas flores y plantas hermosas que habíamos recibido. Mis hermanas Bella y Angelita dirigieron el rosario y las oraciones. Cada noche la casita, incluyendo todo espacio, se llenaba de gente. Nos turnamos como anfitriones trayendo comida para repartir al final del rosario. Todas mis sobrinas y sobrinos trabajaron en unión para repartir la comida como si los hubiéramos contratado para ser meseros. Me sentía orgullosa de que todos pudieran ver a la mujer extraordinaria que conocía y adoraba. Fue extremadamente difícil pasar toda la novena, pero estaba contenta. Esperaba que ella viera desde el cielo y finalmente se diera cuenta de que no era tan insignificante como a menudo se sintió a lo largo de su vida.

CAPÍTULO 23

Después de la muerte de mi mamá, tuve muchos momentos oscuros. ¡La extrañaba mucho! Cuando me iba a trabajar, echaba de menos verla laborando en su jardín y cómo anhelaba que me ofreciera una taza de arroz con leche. Cómo desearía haber aceptado cada taza que me ofrecía. En casa, cuando no podía alcanzar algo que estaba alto, casi marcaba su número para que pudiera correr a ayudarme. Cuando los gatos se me escapaban pensaba en ella porque a menudo venía al rescate. Ahora ella se había ido y no podía ayudarme. Sé que todos mis hermanos, hermanas y toda la familia la extrañaban, pero yo no sólo la extrañaba, la necesitaba. Darme cuenta de ello me hizo sentir culpabilidad durante mucho tiempo. Sentía que todo lo que le traje fue dolor y sufrimiento en su corazón. Ella había sufrido mucho por mi culpa. Odiaba pensar en cuánto lloró a causa del polio y las secuelas que causó. Ella me había devuelto a la vida, pero ahora yo tendría que aprender a vivir sin ella.

Como solía hacer, me adormecí empujando hacia adelante. Mi grupo de amigos me sostuvieron y me trajeron sonrisas en el trabajo. Mi familia y yo nos apoyamos mutuamente, especialmente durante el proceso de preparar su casa para venderla. Limpiamos toda su casa, muchos de nosotros tomamos fotografías y artículos que eran importantes para nosotros. Su horno tostador descompuesto donde había cocinado cantidades infinitas de pizza, sus muchas macetas y jarrones, y sus pertenencias personales, todos encontraron hogar en nuestras familias. Ella era tan minimalista y estaba contenta con lo que tenía. Encontramos cajas llenas de regalos sin abrir y sin usar que le habíamos dado. Lo único que quería asegurarme de tener era su cama donde Ariana había dormido con ella durante tantos años. Todos estuvieron de acuerdo en que la cama le pertenecía a Ariana. Recuerdo que mi hermano mayor le dijo a Ariana: "Te mereces esta cama. Mamá vivió muchos años más gracias a ti y a Ariel".

Vendimos la casa y mi hermano mayor, Mon y mi hermana mayor, Bella, dividieron nuestra herencia en partes iguales. Dejé el dinero en el banco recordando dolorosamente todos los sacrificios que mis papás habían hecho para dejarnos algo después de su muerte. Lo que de seguro no sabían era que ya nos habían dejado la mejor herencia de la historia: nuestro amor mutuo y nuestra unidad. Aunque mi mamá era el conducto para mantenernos unidos a todos, todos juramos que seguiríamos unificados y cuidándonos unos a los otros. Esta es una promesa que no tengo ninguna duda de que cumpliremos. Mis papás plantaron un buen jardín y nosotros éramos su cosecha. Desde el cielo de seguro están felices de observar el fruto.

Desde su muerte, nunca volví a ser la misma. Sentía que faltaba una parte importante de mí. Mis hijas ahora estaban encontrando su camino. Mi relación con Ariel mejoró porque yo escuche los consejos de mi mamá de estar siempre ahí para apoyarla. Incluso, volvió a casa con su familia. Ariana continuaba prosperando con sus metas, ganando muchas becas y reconocimientos por su trabajo y dedicación. Isidro seguía siendo mi compañero de quien siempre dependo. En el trabajo, estaba logrando el reconocimiento del campus. Todavía estaba haciendo la diferencia en las vidas de los estudiantes lo mejor que podía. Pero las cosas no eran iguales.

Incluso con lo que me estaba pasando emocionalmente con la pérdida de mi mamá, un grupo de profesores, liderados por Marianne y Verónica, me nominaron para el premio de la facultad más distinguida del año 2019. Este es el reconocimiento más alto otorgado anualmente a un miembro de la facultad que lo merece por todas sus contribuciones. Fue muy sorprendente cuando fui seleccionada.

Además de un premio monetario, me invitaron a hablar ante una audiencia durante la Convocación de Harper. Cuando me notificaron, la única persona en la que pensé fue en mi mamá. Ella siempre había estado en las sombras animándome. Cada logro que había recibido era gracias a ella, desde ese terrible momento de contraer el poliomielitis hasta el día que ella dejó de existir físicamente en este mundo. Decidí dedicarle mi discurso. La audiencia se emocionó, evidenciada por una ovación de pie, porque hablé desde mi corazón. Aquí está el discurso que di:

Buenas tardes a todos -

Me siento honrada de haber sido seleccionada como la facultad distinguida de este año. Quiero agradecer a Motorola Solutions Foundation por este Premio Endowed for Teaching Excellence, a la facultad que me nominó para este reconocimiento, a mi División de Desarrollo Estudiantil que apoyó mi nominación y al comité de selección del premio por seleccionarme para este prestigioso premio.

Abraham Lincoln dijo una vez: "Todo lo que soy o espero ser, se lo debo a mi ángel Madre". Esto es cierto para mí. Verán, hasta el día de hoy, mi madre sigue siendo el viento bajo mis alas a pesar de que dejó esta tierra hace un año en abril. Nadie hubiera imaginado que yo, una latina de bajos ingresos que fue diagnosticada con polio a la edad de 9 meses en México y gateo hasta llegar a los Estados Unidos, algún día estaría aquí aceptando un honor tan distintivo. Mi madre a menudo se preguntaba por qué Dios me eligió para adquirir esta enfermedad cuando sus otros 8 hijos se salvaron. A lo largo de mi vida, a menudo yo me hacía la misma pregunta, a menudo buscando una respuesta para la causa de mi condición que me dejó sin poder caminar. Creo que fue mi discapacidad y la esperanza de mis papás lo que los motivó a venir a los Estados Unidos en busca de una vida mejor cuando tenía seis años.

Incluso después de que me independicé al adaptarme a mi discapacidad, perseguí el sueño americano a través de la educación, me casé y formé mi propia familia, ella siempre tuvo esa pregunta. No fue hasta un par de semanas antes de fallecer en abril del 2018 que me dijo que finalmente encontró la respuesta. Con su voz frágil, me dijo que descubrió que yo tenía una discapacidad para poder motivar y apoyar a los estudiantes con discapacidad a trabajar duro para encontrar su propio camino.

Mi mamá fue una de las mujeres más sabias que jamás conoceré. Ella señaló lo obvio. Ella me ayudó a darme cuenta de que mi trabajo en Harper no era sólo un trabajo, ni siquiera una carrera. Mi trabajo en Harper ha sido el propósito de mi vida y mi pasión. Soy muy afortunada de tener la certeza de saber por qué fui puesta en esta tierra.

Me siento extremadamente bendecida de que mi camino me haya llevado a Harper College en agosto del 1991. Harper me ha ofrecido muchas oportunidades para crecer profesionalmente y, lo más importante, personalmente. Además de tener mentores positivos, he trabajado con innumerables estudiantes con diversas discapacidades, cada uno me ayudó a desarrollarme y crecer profesionalmente y cada uno me enseñó una lección que me convirtió en la persona que soy hoy. He crecido en mi fe, y mi filosofía de la educación se ha solidificado aún más. Ahora estoy segura de que cada persona, cada estudiante, independientemente de su diversidad, es valioso, tiene potencial y tiene un propósito.

Estoy más que agradecida a la vida por permitirme trabajar en Harper, donde tuve el privilegio de trabajar con muchos profesores y personal dedicados. Ya sea para trabajar en un proyecto o programa, formar parte de un comité o consultar sobre un estudiante, descubrí que hay muchos profesores y personal distinguidos aquí en Harper que están igualmente interesados en darles a los estudiantes la esperanza que necesitan para tener éxito en vida. Muchos de estos empleados ya no son sólo compañeros de trabajo, sino que se han convertido en mis más queridos amigos y miembros de mi familia Harper. Colegas, mi único deseo para ustedes es que continúen usando el tremendo poder que tienen como educadores para ayudar a los estudiantes a alcanzar sus sueños sin importar sus habilidades, discapacidades u otras formas de diversidad.

A todos los estudiantes que están siendo reconocidos esta noche e incluso a los que no lo fueron, quiero que sepan que creemos en USTEDES. Encontrarán su propio camino que los llevará a descubrir su propio propósito, aunque sea más tarde en la vida como yo. Trabaja duro, cree en tu propio potencial, sueña alto y, sobre todo, deja tu huella con respeto y amabilidad. Porque es a través del impacto que tiene en los demás que realmente tendrán éxito. Sueña lo imposible, ármate con el apoyo de los demás y créeme, lo imposible algún día se hará realidad.

Por último, para mi esposo, mis dos hermosas hijas y mis 8 hermanos y sus familias, quiero que sepan que ustedes son el mundo para mí. Les agradezco por estar siempre presente y animarme, especialmente cuando dudaba de mi capacidad para continuar. Su amor incondicional nunca ha pasado desapercibido.

Mi querida madre en el cielo, nunca se venció conmigo, incluso cuando le decían que mi futuro no parecía prometedor, ¡Le dedico este reconocimiento! Todo lo que soy y todo lo que todavía espero ser, se lo debo a usted.

¡Gracias!

Además, me sentía honrada una vez más cuando fui nominada y seleccionada para estar en el Salón de la Fama de la Coalición Nacional de Mentores de Discapacidades. Cada año, las personas son honradas por marcar una diferencia en las vidas de las personas con discapacidades a través de la tutoría. No tenía idea de que había sido nominada por mi primera hija de Harper, Gaby. Es un reconocimiento que estoy agradecida de haber recibido porque siempre me esforcé por pagar adelante todo el apoyo que recibí a lo largo de mi vida.

Estos reconocimientos fueron el resultado culminante del trabajo que había realizado. De alguna manera, sentía que mi tiempo en Harper estaba concluyendo. Sabía que si me jubilaba cuando fuera elegible por primera vez, sería penalizada. Por la noche, luchaba por decidir qué era lo siguiente para mí. No dormía mucho y mi salud se veía afectada por mi dolor. Me di cuenta de que nunca me permití lamentar la pérdida de la persona más importante de mi vida.

Una noche, estaba teniendo otra noche inquieta. Me levanté y fui a mi jardín, miré al otro lado de la cerca hacia la casa que solía ser de mi mamá. Miré hacia el cielo y hablé con mi mamá. Le dije: "Mamá, no sé qué hacer. Estoy tan cansada de la pelea. Si decido jubilarme, perderé mucho dinero". Mi mamá respondió, pero no con palabras sino con recuerdos. Recordé que una vez me había dicho que las decisiones basadas en el dinero no son buenas. Luego continué mi conversación y, mirando al cielo una vez más, dije: "Mamá, no quiero sentirme que me estoy dando por vencida. Me enseñaste a nunca rendirme". Una vez más, sin palabras, sentí la respuesta de mi mamá. Fue como si ella me dijera: "Ya has superado cualquier expectativa. No estás renunciando. Simplemente te vas a reinventar." No había soñado con mi mamá ni había visto señales como contaban mis hermanos y hermanas. Pero esa noche, mi mamá me apoyó como siempre lo había hecho. Me fui a la cama y dormí tranquilamente durante unas horas.

Después de consultar con mis médicos y mi familia, decidí que me daría tiempo para concentrarme en mí misma y en mi bienestar emocional y físico. Solicité una licencia médica a partir de mediados de noviembre, un año y medio después de que mi mamá dejó esta tierra. No estaba segura sí me retiraría al final del año escolar, pero sabía que quería decidirlo a más tardar en marzo. Durante mi licencia médica, mi hija sugirió que escribiera un libro y dedicárselo a mi mamá, lo cual pudiera ser una buena terapia para mí y ayudarme a resolver tantos recuerdos dolorosos que tenía. Para su corta edad, Ariana es muy sabia. No es sorprendente el hecho que cuando ella era pequeña y la agarraba en mis brazos le decía: "Eres un pedazo de cielo en mis brazos". Después del fallecimiento de mi mamá, aunque ya no la sostengo en mis brazos como lo hacía cuando era niña, le dije: "Ariana eres una parte de mi mamá". Eso para mí es un pedazo de cielo.

Si Dios permite, en mi futuro tendré muchas razones para celebrar. Estoy segura de que Ariel encontrará su camino con un trabajo que le encante, y que Ariana terminará sus estudios en algo relacionado con las ciencias y luego encontrará un buen trabajo. Isidro seguirá siendo mi fiel compañero y yo seré la de él. Celebraremos muchos aniversarios de bodas siguiendo el ejemplo de mis padres porque sus valores también fueron parte de mi herencia. Sin lugar a duda, seguiré impactando vidas de una forma u otra. ¡Dios es bueno!

Me retiré de mi trabajo a la edad de 55 años. ¡Tenía tanto miedo! Me preguntaba: "¿Qué me protegerá de mis siempre presente dudas sobre mi propio valor?" No tenía idea de que escribir estos recuerdos sería tan terapéutico. Me sorprendió recordar tantas partes de mi vida. Mientras escribía y revivía momentos difíciles, lloré, pero también celebré. Estoy aquí. Vencí mis obstáculos. Lo hice por el amor eterno de Dios y su guía para encontrar el propósito de mi vida. No sé qué será de mi futuro, pero estoy segura de que estoy preparada. Mi vida ha sido tan significativa y todas las lágrimas que lloré sirvieron para hacerme la mujer que soy ahora. Sí, hubo muchos valles de lágrimas; todo el mundo los tiene. Pero vencí y Dios me ha recompensado cada día con momentos felices con mi hermosa familia y mis amistades. Sé que hice lo mejor que pude porque mis padres me enseñaron a perseverar en los momentos difíciles de la vida. Sólo espero que mi mamá me mire desde arriba y reconozca que el valle de lágrimas que vivió en la tierra la llevó al jardín más hermoso del cielo.